INTELIGÊNCIA POLÍTICA E ESTRATÉGIA NAS CAMPANHAS ELEITORAIS

Dados Internacionais de Catalogação na Publicação (CIP)
(Câmara Brasileira do Livro, SP, Brasil)

Moura, Paulo
    Inteligência política e estratégia nas campanhas eleitorais/ Paulo Moura. – 1. ed. – Petrópolis, RJ : Vozes, 2023.

Bibliografia.
ISBN 978-65-5713-886-1

1. Campanhas eleitorais 2. Campanhas eleitorais – Brasil.
3. Ciência política 4. Comunicação – Aspectos políticos.
5. Eleições – Brasil – Manuais, guias, etc.
6. Estratégia de marketing 7. Marketing político.
8. Política I. Título.

22-139988   CDD-320

Índices para catálogo sistemático:
1. Eleições: Estratégia: Campanha eleitoral: Ciência política   320
Henrique Ribeiro Soares – Bibliotecário – CRB-8/9314

PAULO MOURA

INTELIGÊNCIA POLÍTICA E ESTRATÉGIA NAS CAMPANHAS ELEITORAIS

EDITORA
VOZES

Petrópolis

Provérbios 2:6

© 2023, Paulo Moura

Direito de publicação:
2023, Editora Vozes Ltda.
Rua Frei Luís, 100
25689-900 Petrópolis, RJ
www.vozes.com.br
Brasil

Todos os direitos reservados. Nenhuma parte desta obra poderá ser reproduzida ou transmitida por qualquer forma e/ou quaisquer meios (eletrônico ou mecânico, incluindo fotocópia e gravação) ou arquivada em qualquer sistema ou banco de dados sem permissão escrita da editora.

CONSELHO EDITORIAL

Diretor
Volney J. Berkenbrock

Editores
Aline dos Santos Carneiro
Edrian Josué Pasini
Marilac Loraine Oleniki
Welder Lancieri Marchini

Conselheiros
Elói Dionísio Piva
Francisco Morás
Gilberto Gonçalves Garcia
Ludovico Garmus
Teobaldo Heidemann

Secretário executivo
Leonardo A.R.T. dos Santos

Editoração: Letícia Meirelles
Diagramação: Jeff Santos
Foto de miolo: Arquivo pessoal página 65
Revisão gráfica: Lorena Delduca Herédias
Capa: Heitor Pontes
Foto de capa e contracapa: Carlos Cajueiro

ISBN 978-65-5713-886-1

Os direitos autorais desta edição serão doados ao NACC – Núcleo de Apoio a Crianças com Câncer/Pernambuco.

Este livro foi composto e impresso pela Editora Vozes Ltda.

DEPOIMENTOS

"Paulo Moura é um tipo raro. Afável, tenaz e astuto. Ele é um estrategista excepcional, um líder inovador e visionário. Paulo Moura sempre abriu novos caminhos, indo além do esperado para compreender verdadeiramente a mente dos eleitores e desenvolver estratégias vencedoras."

Duncan Smith, diretor da Mindlab International Ltd,
Brighton, Reino Unido.

"Hoje, mais do que nunca, precisamos de consultores políticos ousados, criativos, que compreendem e pratiquem a sua profissão sob a premissa de enxergar o futuro como um bem coletivo. Nesse sentido, a trajetória de Paulo Moura fala por si mesmo, sem dúvida este livro é testemunho de uma vida dedicada à consultoria política."

Giselle Perezblas, estrategista política,
CEO da Auguro Estratégia, Cidade do México, México.

"Com uma trajetória de sucesso e reconhecimento internacional, Paulo Moura nos presenteia com esse livro que reúne em uma única publicação a teoria e a prática da comunicação inovadora e estratégia política moderna."

Olesksandr Stanislaw Lozovytskyi,
Ph.D. em Ciência Política, Kiev, Ucrânia.

A Deus, amigo verdadeiro, pela sabedoria, inspiração e estratégia.

Aos meus pais, sempre vivos em minha memória.

A minha esposa Luciana, pelo amor e carinho de todos os dias.

Aos meus filhos: Felipe, Mateus e Maria, meus amores e razões do meu viver.

SUMÁRIO

Agradecimentos —————————————— **12**

Prefácio —————————————— **16**

Introdução —————————————— **20**

1 Inteligência Política —————————————— **27**

1.1 Papel da inteligência nas campanhas eleitorais   40

1.2 Inteligência Artificial e uso de dados nas campanhas   51

1.3 Caminhos e métodos   59

2 *Marketing* Político —————————————— **65**

2.1 Em busca do conceito

2.2 Visão do mercado   73

2.3 Clientes   79

2.4 Diagnóstico multidisciplinar e avaliação de imagem   82

2.5 Posicionamento político   95

2.6 Planejamento de comunicação   98

2.7 Monitoramento e coordenação da comunicação digital   104

2.8 Geração de conteúdo crítico   106

2.8.1 Uso do conteúdo crítico   113

2.8.2 Verdades e mentiras   117

2.9 Diálogo com o jurídico   131

3 Estratégia — **135**

3.1 As lentes da estratégia

3.2 Definição do discurso-base e posicionamento político — 141

3.3 Planejamento estratégico e tático — 149

3.4 Análise e interpretação de pesquisas de opinião — 155

3.5 Elaboração do tema e da mensagem central — 163

3.6 Engajar e motivar pessoas — 166

3.7 Debates — 168

3.7.1 O Plano de Governo como base — 182

4 Comunicação — **187**

4.1 *Briefing* e caminhos criativos — 191

4.2 Processo criativo da campanha — 210

4.2.1 Equipe de criação — 216

4.3 Definição de conceito e abordagem criativa — 234

4.4 Identidade visual — 241

4.5 *Slogans* e semântica — 247

4.6 Influenciadores digitais e criativos — 263

4.7 Produção de conteúdo digital — 267

4.7.1 As redes sociais

4.7.2 O conteúdo é rei — 273

4.8 *Mídia* e monitoramento — 290

4.9 Produção audiovisual — 294

4.9.1 Atuação da equipe audiovisual — 301

Glossário ———————————— 314

Referências ———————————— 324

AGRADECIMENTOS

Ao longo de minha caminhada, tive o privilégio de conhecer e conviver com pessoas que me inspiraram e fizeram a diferença em minha vida. Me recordo com carinho e gratidão eterna do convívio com o publicitário italiano e artista plástico Italo Bianchi, meu vizinho, durante minha infância e adolescência. Com ele, dei os meus primeiros passos no mundo da comunicação. Essa relação foi fundamental para desenvolver o meu senso estético e objetividade na comunicação, hoje um diferencial das campanhas eleitorais assinadas pela minha empresa. Além disso, foi possível aprofundar minha visão sociológica sobre o ser humano e as relações em sociedade. Aquele período marcava o despertar do meu interesse pela comunicação, pela arte e política.

Este livro contou com a colaboração da jornalista e doutora em Ciência Política Priscila Lapa, do cientista político e doutor em Ciências Sociais Cláudio André de Souza e do publicitário Edison Martins, que conspiraram para fazer os meus relatos e ideias muito melhores do que são. Atuaram de forma intensa no projeto como autênticos coautores, trazendo inspiração, sugestões valiosas, continuidade às pesquisas gerais e bibliográficas, revisão e edição preliminar. Os acertos e as informações aqui contidos devem-se certamente a eles. Já os erros são inteiramente meus.

Meu agradecimento primeiramente a Deus, pelas bênçãos e inspiração de vida, trabalho e criatividade.

Aos meus filhos Felipe, Mateus e Maria, minha eterna gratidão e carinho por me sentir o pai mais amado do mundo e por fazerem florescer o melhor de mim. Amo vocês filhos, para sempre!

Minha esposa Luciana merece também um agradecimento muito especial pelo amor, carinho e apoio sem limites.

Agradeço aos meus irmãos Connie, Andrea, Monica, Dagoberto Jr e Pedro (em memória); a minha sogra Cristina; minhas enteadas Marina e Alice; minhas cunhadas e cunhados Mônica, Bruna, Katy, Jim, Fábio e Reginaldo pelo suporte e afeto diário.

Todas as minhas conquistas profissionais não fariam o menor sentido se eu não tivesse minha família e Deus como base de tudo.

Devo muito também à inteligência, à criatividade, ao pensamento crítico, à generosidade e aos cuidados e afetos dos seguintes profissionais: Anderson Farias, Andréa Rêgo Barros, Alexandre Pons, Anésio Guimarães, Artur Cabral, Caca Barreto, Carlito Asfora, Carlos Bezerra, Carlos Cajueiro, Costa Neto, Daniel Zago, Dimas Rohn, Eduardo Catão, Eloy Ribeiro, Elson Jr, Fernando Catão, Graziela Mello Vianna, Heitor Pontes, Henrique Leahy, Jefferson Santos, João Ricardo Freitas, Leo Crivellare, Luiz Marcelo Cruz, Luiz Mariano Neto, Manoel Santos, Marcelo Lacerda, Marcelo Mateus, Miranete Trajano de Arruda, Murilo Cavalcanti, Osvir Thomaz, Paulo Garcia, Rafa Gomes, Romulo Godoi, Thiago Jesus, Verônica Queiroz, Wagner Ramos e Wanderley Porto. Sem a contribuição e o envolvimento de vocês em minha vida, certamente este livro seria menos interessante.

PREFÁCIO

Fenômenos complexos requerem, para sua interpretação, instrumentos analíticos adequados e repertório conceitual vasto. Mas, além de interpretar as campanhas eleitorais, o estrategista Paulo Moura traz nesta obra a visão de quem faz as campanhas acontecerem, sob a ótica da conexão entre *marketing*, estratégia e comunicação, apresentando os elementos estruturadores que devem ser considerados na análise desse fenômeno social e na própria elaboração das estratégias de *marketing* e comunicação.

É por isso que a leitura é indicada ao público que se interessa pelo estudo acadêmico das campanhas e ao público que é parte autora, criadora e executora dos processos envolvidos em uma disputa eleitoral. Tem grande valia, também, para todos aqueles profissionais de *marketing*, de pesquisa e de comunicação, que ainda não atuam nesse mercado, mas que podem encontrar na obra o caminho para dar os primeiros passos e se integrarem ao *marketing* eleitoral.

A inovação na abordagem sobre as campanhas eleitorais não se dá apenas pela forma, mas também pelo conteúdo, como o próprio Paulo Moura nos ensina ao longo dos capítulos. A ênfase tão somente naquela ou nesse não leva aos resultados efetivos. Por isso, o autor conecta as partes integrantes uma campanha eleitoral como engrenagens que se movem em conjunto sob a regência da inteligência política. Aliás, o conceito de inteligência política, como Paulo Moura nos apresenta, é uma sacada incrível acerca das conexões entre *marketing*, estratégia e comunicação e, também, entre forma e conteúdo.

A inteligência política se revela, ao longo do livro, como um movimento articulado entre leitura de cenários;

tomada de decisões; definições estratégicas; planejamento adequado; execução criativa impecável e entrega de resultados. Mas isso tudo não fica no campo abstrato, apesar da carga conceitual robusta que alicerça a obra; a narrativa de experiências concretas, vivenciadas em diversos contextos regionais e em disputas para cargos diversos, simplesmente é encantadora e capaz de nos prender, enquanto leitores ávidos por informações de bastidores, reais, vivas e, portanto, pedagógicas.

Desprendido da aspiração de ser um compêndio acadêmico, assim como fugindo da fórmula de "manual" e receitas prontas sobre o como fazer, o livro foi escrito com a inteligência de quem tem domínio pleno sobre o que faz, sempre disponível a novos aprendizados e perseguindo a excelência que se reflete em cada entrega realizada aos seus clientes, algumas delas disponibilizadas ao longo da obra de maneira visual inovadora. Por meio desses *cases*, fica muito mais fácil apreender o que Paulo Moura nos traz acerca da conexão entre conceito emocional e criativo, exposta de maneira fácil e, ao mesmo tempo, sem deixar de mostrar a complexidade dessa combinação.

A leitura, sem dúvidas, nos faz alargar a visão sobre como funciona uma campanha eleitoral. Ao trazer minúcias sobre a criação de peças, honrando parceiros com quem tem atuado ao longo dos anos, o autor descortina a dinâmica que tanto encanta no *marketing* político-eleitoral, inclusive com aspectos muito atuais desse universo, como o dilema das *fake news* e o uso de dados nas campanhas.

A generosidade profissional de Paulo Moura é, por fim, o que dá "alma" a esta obra, escrita com entusiasmo, zelo, afinco e muita, muita paixão, aquela mesma que move a política e seus atores, tornando as campanhas eleitorais fenômenos intensos e complexos a serem pensados de maneira inteligente.

Priscila Lapa
Jornalista, doutora em Ciência Política

INTRODUÇÃO

Quem costuma prestar atenção em campanhas eleitorais, na tentativa de desvendar os jogos ocultos por trás do *show* de imagens, *jingles, fake news* e *slogans,* que tanto as caracterizam no Brasil, sabe que alguns ditos populares se transformaram em hipóteses a serem confirmadas pelos estudiosos dos fenômenos políticos. Um deles é: "com dinheiro e estrutura, qualquer candidato vence a eleição".

Outra máxima ouvida por aí, mais recentemente, é a de que o candidato sozinho, disputando por qualquer partido "nanico", sem acesso aos recursos tradicionais de campanha, como tempo de televisão e rádio, utilizando recursos caseiros, pouco sofisticados, se tiver uma rede de seguidores robusta, pode vencer disputas até mesmo para os mais altos cargos da República.

Estariam aí, portanto, os ingredientes para garantir o sucesso eleitoral no contexto em que as redes sociais se tornaram os instrumentos mais valiosos para aproximar os eleitores de seus representantes.

Voltando um pouco no tempo, ainda nos anos 1990 e início dos anos 2000, as campanhas eleitorais no Brasil estavam fortemente associadas a espetáculos midiáticos concebidos pelas mentes brilhantes de marqueteiros, considerados verdadeiros "magos" que tinham a capacidade de transformar as figuras mais esdrúxulas em grandes vitoriosos, reconhecidos pelo público como grandes lideranças políticas e detentores de uma aura heroica.

Aos marqueteiros também se atribuiu a profissionalização das campanhas eleitorais. Mas, com a presença de alguns desses profissionais em escândalos políticos, as disputas se tornaram pano de fundo da contestação dos cidadãos sobre tudo o que se relaciona à classe política. As promessas que soam pouco factíveis, as falas ensaiadas que não passam verdade, a ausência de conteúdos consistentes, tudo isso exigiu a revisão dos padrões do *marketing* político e eleitoral no Brasil.

Assim, as campanhas passaram a cumprir um novo papel: o de resgatar a credibilidade dos atores políticos diante de um cidadão mais engajado, informado e mais interessado em política, mas também mais suscetível a notícias falsas e à atuação dos mecanismos que integram a própria lógica das redes sociais, como as "bolhas" responsáveis pela pouca disposição para o debate republicano.

Um novo tempo começou para o *marketing* político e eleitoral, mas não do zero. Alguns pilares se mantêm, com as devidas adaptações a um mundo em constantes mudanças, cada vez mais rápidas e avassaladoras. A proposta deste livro é abrir o universo das campanhas eleitorais, na ótica de quem tem nelas o amálgama do seu negócio. Não se trata de mais um manual para traçar o passo a passo rumo à vitória, com fórmulas de sucesso testadas e aprovadas. Não acreditamos que produtos de prateleira conduzam quem quer que seja aos seus objetivos políticos. Apostamos, sim, na inteligência como um método de trabalho: permite a articulação de elementos que funcionam para projetar atores em determinados contextos e permitir que vençam eleições, afirmem seu espaço de poder e se tornem lideranças, mas sem fórmulas mágicas.

Este livro conjuga uma trajetória de estudos com a vivência. Não tem a pretensão de ser um projeto acadêmico, mas tem, no conhecimento científico, o alicerce que fundamenta tudo o que construímos profissionalmente no campo da inteligência política. Seu conteúdo interessa àqueles que habitam o universo da política e àqueles que têm o interesse em conhecê-lo melhor.

O livro nasce de um investimento profundo na formação acadêmica, que ocorreu concomitantemente à experiência concreta no mercado das campanhas eleitorais e do *marketing* político. Foi um privilégio ter essa oportunidade de vivenciar na prática os conhecimentos adquiridos na academia. Esta obra é, sobretudo, um relato verdadeiro do que vivenciei profissionalmente, ao mesmo tempo em que busco ser didático. Alguns públicos talvez sintam frustração, por buscar maior embasamento teórico. Mas isso foi fruto de uma escolha. Nossa intenção não foi conceber, outrossim, um manual de autoajuda para campanhas eleitorais. Buscamos apresentar os temas com linguagem clara, objetiva e com fluidez.

A provocação para escrever sobre esse tema veio em um momento bem decisivo para a maior parte da classe política e para os profissionais que atuam no campo das estratégias e da comunicação eleitoral. Refiro-me ao processo de mudanças na sociedade, em grande parte impulsionado pelas novas formas de comunicação, que têm os canais digitais como caminhos preferenciais para as trocas de mensagens e informações, ao mesmo tempo em que, especificamente no Brasil, vivenciamos um processo de acirrada crise de credibilidade e imagem da classe política. Além disso, a crise política que o Brasil enfrenta nos leva a um campo de reflexão sobre o futuro e a forma como podemos tratar essa crise com alguma margem de oportunidade.

A conjugação desses aspectos impactou profundamente na forma de políticos e sociedade se comunicarem e se relacionarem. Foi quando me dei conta de que era pertinente contribuir para a reflexão sobre as formas de atuação nesse segmento, abordando nossas percepções, experiências e conhecimentos perante os desafios que os diversos fenômenos do mundo contemporâneo nos impõem.

Reconheço que este livro não é uma obra acabada, mas um convite a mergulhar no universo da inteligência política, o grande guarda-chuva que conecta *marketing*, estratégia e comunicação. Inteligência é o fio condutor, que permite a conexão entre elementos aparentemente dispersos e sem sentido, que fazem parte ou interferem em uma disputa eleitoral. Em um mundo permeado de informações, novos desafios se impõem aos estrategistas e às equipes de campanhas. A inteligência política é, sem dúvida, uma forma de conceber um projeto, que vai além da técnica. Ela é a base da ousadia criativa que faz a diferença.

1

Exploramos o conceito de inteligência política, suas conexões com outros campos e atividades profissionais e acadêmicas.

A aplicação desse conceito ao universo das campanhas conduz o leitor às etapas seguintes do livro, que exploram os pilares da dinâmica eleitoral.

2

Tratamos do marketing político, apresentando as atividades que o compõem, entre elas o diagnóstico multidisciplinar, a avaliação de imagem e o planejamento da comunicação.

Abordamos também aspectos relevantes da judicialização das campanhas eleitorais, que impactam diretamente as ações do marketing político.

3

Tratamos da estratégia, que, aplicada ao campo das campanhas eleitorais, permite a definição do discurso-base e do posicionamento político, da mesma forma que funciona como o alicerce do planejamento estratégico e tático.

A análise e interpretação de pesquisas de opinião, um dos aspectos mais sensíveis de uma disputa, também é abordada neste capítulo, demonstrando a sua importância para todas as demais atividades em uma disputa.

4

Trata da comunicação, fechando os três elementos sob a conexão da inteligência política.

Mesclando as bases conceituais com os casos colecionados ao longo de minha vida profissional, os leitores terão a oportunidade de vivenciar os bastidores das campanhas, observando como se criam as estratégias e como a inteligência é a luz para cada decisão a ser tomada.

As respostas não estão prontas e sequer pretendemos ofertá-las como uma fórmula de sucesso. Esta obra é um convite à reflexão sobre campanhas eleitorais e a política de forma inovadora.

Boa leitura!

CAPÍTULO 1

INTELIGÊNCIA POLÍTICA

Inteligência é um conceito que se aplica a diversos meios e, por isso, quase sempre surge acompanhado de algum complemento: inteligência empresarial, inteligência empresarial estratégica, inteligência competitiva, inteligência estratégica organizacional, inteligência estratégica antecipativa, inteligência de negócio (*business intelligence*). Atualmente, também se complementa com o adjetivo "artificial", se referindo à simulação de uma inteligência similar à humana, pelo uso de sistemas, com a programação de ordens específicas e até de decisões autônomas, com base em padrões acessados em bancos de dados.

Mergulhar nesse universo da inteligência nos ajuda a compreender como ela pode ser o diferencial que conecta forma e conteúdo, fazendo com que estratégias sejam eficientes no *marketing* político.

No contexto da Segunda Guerra Mundial, surgiram diversas publicações que apontavam a conexão entre estratégia e a atividade da inteligência, entre elas *Strategic Intelligence Producion*, de Washington Platt (1974), e *Strategic Intelligence For American World Policy*, de Sherman Kent (1947). Nessas obras, fica evidente como a produção e a utilização de "estimativas estratégicas" são fundamentais para a decisão no campo de macropolíticas.

A partir de 1950, as esferas governamentais e o mercado passaram a enxergar os conhecimentos oriundos da área militar como a base de um pensamento estratégico com ampla aplicação. O uso intensificado da *internet*, quatro décadas depois, também teve um impacto na formulação de caminhos para a tomada de decisões, levando ao desenvolvimento do conceito de inteligência em contextos de competição e, portanto, de formulação de estratégias.

Um desses conceitos que combinam inteligência com estratégia é o de inteligência empresarial (IE), que tem como foco o ambiente externo (DEGENT, 1986), mapeando competidores, clientes, tecnologias, políticas governamentais, situação geopolítica e fatores socioeconômicos, para gerar indicadores que possam ser acompanhados e gerenciados pela organização.

Assim, a inteligência pode ser vista como um instrumento que ampara a tomada de decisões, diante da necessidade permanente das organizações de adequarem e ajustarem suas funções e operações cotidianas às necessidades do meio ambiente interno e/ou externo em que estão inseridas (REZENDE, 2003).

Outra forma simples, porém precisa de conceituar IE se aproxima da noção de "busca proativa de informações estratégicas" (LESCA; FREITAS; CUNHA, 1996 *apud* FACGION; BALESTRAN; WHEYB, 2002). Contudo, não se trata apenas de buscar informações, mas sim de saber utilizá-las em análises de processos e em tomada de decisões.

Uma aplicação da inteligência empresarial é a inteligência empresarial estratégica, que é um método ético e legal, cuja função é abastecer com informações o planejamento estratégico de uma organização. Seu objetivo é conhecer e antever fatos e situações com potencial de afetar um empreendimento, consoante à missão e aos objetivos organizacionais. Com aplicação natural no ambiente empresarial, também pode ser utilizada de forma efetiva em organizações governamentais. A inteligência estratégica vem, ao longo dos séculos, sendo um dos mais importantes processos sistêmicos destinados a prover o decisor com informações, para facilitar o correto assessoramento do processo decisório e o equacionamento dos planejamentos de ação política.

A inteligência competitiva (IC), por sua vez, pode ser definida como um processo de análise e captação de informações sobre a concorrência. Nesse caso, podemos vê-la como conhecimento capaz de promover uma ação; é informação que se transforma em algo acionável (KAHANER, 1996). Outra definição de IC enfatiza a ideia de processo contínuo: "é um processo sistematizado de obtenção de informação externa estratégica, para a organização estabelecer uma estratégia informacional mapeada, que demonstre as fontes de informação necessárias para sua atuação competitiva" (TYSON, 1998).

Considerando que a competitividade é formada de fatores externos e internos, a IC deve dar conta de informações como o conhecimento corporativo, os recursos humanos, os recursos financeiros e as estratégias (TARAPANOFF, 2006). Entre os objetivos da IC, destacam-se:

- geração de produtos informacionais úteis;

- assessoramento dos processos de tomada de decisão e de planejamento e suporte à comercialização e à melhoria da competitividade, nos níveis estratégico, tático e operacional;

- desenvolvimento da capacidade de agir proativamente, com dimensão estratégica;

- integração da inteligência nos processos de negócios, de maneira a torná-los eficazes, efetivos, proficientes e parte de uma organização.

A partir disso, as organizações elaboram um Sistema de Inteligência de Negócios, que se torna a base do conhecimento sobre a organização e o mercado onde está inserida, com o propósito de diminuir os riscos na tomada de decisão. Observe-se que a inteligência estratégica e suas aplicações guardam importante interface com planejamento, decisão e ações correspondentes.

Tem como base a existência de um ciclo de geração de informação que alimenta os processos, o que não é feito sem uma metodologia específica, uma cultura organizacional e uma estrutura adequada. Também não é qualquer informação considerada interessante, de modo que o foco deve estar naquela diferenciada e que deve ser, assim, validada. Isso é feito com visão de futuro, com olhar para as oportunidades e, não menos importante, com suporte em TI atualizado.

A inteligência pode, em suma, ser definida como um modo hábil de processar mudanças, compreender os fatores do ambiente e procurar por novas oportunidades. Para isso, ela precisa do amparo de sistemas, que, além de processar informações, proporcionem operacionalizar as noções de tempo e de espaço, de amplitude e de profundidade, e de estreito alinhamento da política com a organização, o que envolve questões estratégicas. Para o Professor Silvio Meira (2021, p. 97), "inteligência estratégica é a habilidade de perceber, sintetizar e integrar elementos que funcionam como um todo para atingir objetivos comuns". No mundo conceituado como *figital*[1],

---

1. O Professor Silvio Meira apresenta o conceito de *figital* como sendo o espaço competitivo para todos os mercados, que foi se redesenhando com o tempo. Seria composto por três dimensões: física, digital e social. A dimensão física é onde estão as lojas da década de 1950, antes da chegada dos primeiros computadores e equipamentos

inteligência e estratégias devem levar em conta o ciclo de vida das informações em um sistema complexo.

Na mesma lógica, a atividade de inteligência política está relacionada a fatores que podem influenciar direta ou indiretamente uma disputa. Uma visão sistêmica do ambiente em que ocorre a disputa é essencial, mas o que de fato importa mapear, acompanhar, analisar? Na era em que é preciso lidar com um turbilhão diário de informações, a inteligência é o caminho mais eficaz para separar o que é útil e necessário do que é inexpressivo e irrelevante.

Outro exercício possibilitado pela inteligência é o de calcular os riscos que cada elemento da conjuntura pode representar para os competidores. E, mais além, como antevê-los e saber tomar as decisões corretas para evitar que aconteçam. Mas de que maneira isso é feito? Basicamente analisando o impacto de todos os fatores, isolados ou em conjunto, para os objetivos de cada competidor.

Assim como na IC, a inteligência política não é apenas uma abstração conceitual. Ela precisa entregar algo à estratégia de uma campanha eleitoral, assim como faz no universo das organizações de mercado. Dessa maneira, é fundamental gerar produtos informacionais úteis, que possam ter diversos formatos. A partir deles, deve-se assessorar a tomada de decisão, por meio de um planejamento estruturado. Como decorrência, deve-se capacitar o candi-

---

eletrônicos de processamento de informação. A dimensão digital começa a aparecer na década de 1970, com os computadores, na de 1980, com os celulares e os CDs, tornando-se ubíqua dos anos 2000 em diante. A dimensão social aparece na década de 1990, com a internet comercial e se torna universal depois da década de 2000, de um lado habilitada por nuvens computacionais e de outro, empoderando pessoas com smartphones. Disponível em: https://silvio.meira.com/silvio/nem-real-nem-virtual-o-mundo-e-figital/. Acesso: 4 out. 2021.

dato e sua equipe para agir proativamente, além de integrá-los a todas as etapas da campanha.

Da mesma forma como acontece no desenho do planejamento de uma empresa, em uma campanha eleitoral, a atividade da inteligência tem como ponto de partida uma análise baseada em fatores racionais acerca da "visão" construída para aquela candidatura (considerando o contexto atual da disputa): quais os objetivos a serem alcançados, levando em conta a condição atual do candidato e dos principais oponentes, a partir do binômio "ameaças + oportunidades"?

Pontos fortes, fracos e neutros são detectáveis pela inteligência, a partir da percepção sobre o que de fato é relevante para os eleitores e sobre a imagem que se deseja projetar. Não são conceitos fáceis como aparentam. O que é uma força quando se olha para um objetivo, pode ser uma fraqueza sob outro ponto de vista. Mais uma vez, o que fará a diferença é a capacidade de ler o contexto. Um exemplo: no contexto político atual, candidaturas femininas têm se tornado fortes, porque está se ampliando a percepção sobre o papel da mulher na sociedade e na política. Essa é uma agenda que avançou bastante nos últimos tempos, de modo que as mulheres ocupam cada vez mais espaço nas campanhas eleitorais. Há um tempo, ser mulher não era uma credencial de "força"; hoje o é.

Outro exemplo: juventude. Ser um candidato ou candidata jovem não é um fator de força ou fraqueza em si. Qual o cargo em disputa? Qual o desejo do eleitor: mudança ou continuidade? E, diante disso, qual o peso do fator experiência? A inteligência é o processo pelo qual a leitura sobre esses fatores é feita, considerados isolados e em conjunto, como alicerce da estratégia.

A inteligência atua, sobretudo, na formulação de cenários, com a velocidade necessária para dar as respostas efetivas e no tempo certo. E nisso há muita lição aprendida na formulação de estratégias de segurança, que permitem prever eventos futuros e conduzir as instituições a traçarem metas e objetivos para evitar surpresas. De acordo com Schwartz (2003), três elementos merecem atenção em qualquer contexto turbulento: (i) sempre haverá surpresas; (ii) será possível lidar com elas; (iii) muitas podem ser previstas, ou, no mínimo, podemos fazer boas suposições sobre como a maioria se dará. Nesse contexto, não há como não pensar no ataque às Torres Gêmeas, em 11 de setembro de 2011, um dos eventos que marcaram a história recente. Duas décadas antes de acontecer, comissões de inteligência respeitadas internacionalmente haviam sinalizado que algo muito semelhante poderia ocorrer, inclusive muitas previsões citando especificamente o *World Trade Center* como alvo (HAMADA; MOREIRA, 2020).

Não estamos falando de algo trivial, mas da capacidade de antever fatores que poderão ocorrer no futuro, à luz de eventos históricos e do presente. Muitos estudiosos têm esse exercício analítico como seu fazer profissional, com métodos testados. Marcial e Grumbach (2008) tratam os desafios desses estudos como "sementes do futuro" e buscam dar consistência à atividade de identificação de possibilidades e cenários plausíveis. Neste livro, buscamos demonstrar como esse esforço intelectual pode ser útil à formulação de estratégias eleitorais.

> A inteligência atua, sobretudo na formulação de cenários, com a velocidade necessária para dar as respostas efetivas e no tempo certo.

Figura 1 – As sete sementes do futuro

Fonte: Elaborado pelo autor, com base em Marcial e Grumbach (2008).

O primeiro elemento a ser considerado entre as sementes do futuro são os **atores**, definidos como indivíduos, grupos, decisores ou organizações que influenciam ou recebem influência significativa do sistema e/ou do contexto considerado no cenário. Entre todos os fatores, os atores figuram entre os mais importantes, já que são os verdadeiros agentes de mudança, mesmo em eventos nos quais não podem impedir sua ocorrência.

O segundo são as **tendências de peso**, conceituadas como os eventos cuja perspectiva de direção é suficientemente consolidada e visível para se admitir sua permanência no período considerado. São movimentos muito prováveis de um ator ou variáveis dentro do horizonte do cenário, que irão dar o "tom" nos enredos e não podem deixar de ser contempladas ou mesmo analisadas em qualquer estudo prospectivo.

O terceiro são **fatos ou elementos predeterminados**, já conhecidos e certos, cuja solução ou controle pelo sistema ainda não se efetivou. Ao mesmo tempo em que não são determinantes para a definição da lógica dos cenários, estão presentes no enredo e, se desprezados, podem impactar no desenrolar dos fatos.

O quarto são os **fatores portadores de futuro**, captados como sinais ínfimos, por sua dimensão presente, existentes no ambiente, que podem sinalizar a existência de incertezas críticas, de surpresas inevitáveis ou coringas (*wildcards*). Sua importância na construção de cenários decorre do fato de determinarem sua lógica e de sinalizarem a existência de outras sementes.

O quinto elemento considerado por Marcial e Grumbach (2008) como sementes de futuro são as **incertezas críticas**, compreendidas como as variáveis incertas que são de grande importância para a questão principal. Ao mesmo tempo que são consideradas as sementes mais importantes, são as que apresentam maior grau de incerteza para a questão principal.

A sexta categoria de sementes são as **forças previsíveis**, cujas raízes estão em fatores que já operam no presente, embora não se saiba quando irão se configurar, quais as suas consequências e como nos afetarão. Geralmente são classificadas erroneamente como tendências.

A sétima e última categoria de semente são os **coringas ou *wildcards***, que podem ser apontados como as grandes surpresas, difíceis de serem antecipadas ou entendidas, justamente porque possuem pequena probabilidade de ocorrência. Têm grande impacto, e geralmente surpreendem a todos, porque se materializam muito rapidamente, de modo que os sistemas sociais não podem efetivamente respondê-los. Alguém cogitou a pandemia de covid-19, decretada pela Organização Mundial da Saúde (OMS) em 2020, que afeta todo o planeta ao longo de anos?[2]

A maior parte dos formuladores de estratégias eleitorais não considera essas sete sementes e focam em apenas um conjunto específico de fatores, quase sempre aqueles que aparentam ser óbvios no cenário daquela eleição. Acontece que, com contextos de disputa cada vez mais complexos, quanto mais robusta for a base da inteligência, menor é a chance de se cometer erros que podem comprometer os resultados. O mesmo não se pode dizer de governos, que, em razão da natureza da sua atividade, são levados a desenvolver estratégias de atuação de médio e longo prazos. Ainda que, muitas vezes, os instrumentos utilizados para realizar essas projeções sejam extremamente frágeis, a elaboração de políticas públicas passa pela identificação das demandas presentes na sociedade combinada com a capacidade projetiva sobre ações (e orçamentos correspondentes).

No jogo eleitoral, há uma motivação intrínseca dos atores políticos em desenvolver carreiras duradouras. Ainda que nem sempre uma candidatura tenha o objetivo de vitória imediata, às vezes o que se busca é o fortalecimento de uma liderança política; a perspectiva de galgar degraus mais altos é quase sempre o que move as ações de um indivíduo que decide participar da vida pública.

---

2. Em dezembro de 2019, a Organização Mundial da Saúde (OMS) recebeu alerta sobre vários casos de pneumonia na cidade de Wuhan, província de Hubei, na República Popular da China. Tratava-se de uma nova cepa (tipo) de coronavírus que não havia sido identificada antes em seres humanos. Em 11 de março de 2020, a covid-19 foi caracterizada pela OMS como uma pandemia. O termo "pandemia" se refere à distribuição geográfica de uma doença e não à sua gravidade. A designação reconhece que, no momento, existem surtos de covid-19 em vários países e regiões do mundo. Disponível em: https://bityli.com/zNNVxE. Acesso: 6 mar. 2022.

Pensando-se em campanhas eleitorais, os atores a serem considerados para a elaboração das estratégias não são apenas aqueles envolvidos diretamente na disputa, ou seja, os candidatos (ou pré-candidatos). A quem eles estão politicamente vinculados? Quem são as lideranças políticas a quem prestam suporte? E aqueles que os apoiam? Em sua trajetória política, com que atores mantiveram relação próxima ou foram adversários? Nacionalmente, quem são os seus principais líderes e adversários? No contexto local, existem personagens que, mesmo não disputando cargo eletivo, gozam de prestígio e popularidade? Com quem esses personagens estão politicamente vinculados? No contexto da campanha, quem forma o núcleo duro em torno do candidato? O que pensam, o que falam e como agem esses atores?

As tendências de peso geralmente já estão no radar do estrategista da campanha, mas nunca é demais alertar sobre como se deve considerá-las, quando se trata do uso da inteligência. Que fatores muito provavelmente estarão no pano de fundo de uma disputa eleitoral? Aqui recorro a um exemplo na história recente do Brasil, que foi a Operação Lava Jato. No contexto das eleições que se passaram quando a referida operação estava em curso e ocupava boa parte do noticiário político do país, o posicionamento dos candidatos quanto aos fatos por ela revelados era o mínimo que o eleitor exigiria. Ficar neutro quanto a esse tema poderia ser um erro estratégico, considerando disputas para cargos nacionais.

Pela atividade de inteligência, a partir da análise de dados primários e o monitoramento da repercussão dos fatos na *internet*, foi possível detectar os desdobramentos do tema "Lava Jato" nas disputas locais, observando, entre outras coisas, se escândalos políticos locais poderiam ganhar força narrativa, já que estava presente no cenário político brasileiro o tema "combate à corrupção". Desconsiderar essas conexões não era uma opção estratégica. Mais recomendado era explorá-las ou buscar neutralizá-las.

Fatos portadores de futuro não são detectados de maneira trivial. É necessário ter análises inteligentes e consistentes para dar a devida sustentação. Sendo assim, não é uma atividade solitária, que deve ser feita pelo marqueteiro de forma isolada. Ele deve ser um dos integrantes de um time que atuará no levantamento, na sistematização e na análise das informações.

Na comunicação, a inteligência tem diversas aplicações, que devem ser consideradas na atividade do *marketing* político. A Inteligência em Comunicação está interligada ao posicionamento, à reputação e à competitividade de empresas (PORTIOLLI, 2019). Entre os objetivos do uso da inteligência estão o impulsionamento dos resultados; o entendimento do público acerca de uma marca; a análise da reputação; a identificação de oportunidades e o mapeamento de ameaças. Em suma, a Inteligência em Comunicação orienta o posicionamento da marca. Em campanhas eleitorais, funciona da mesma forma, visto que o posicionamento não é aleatoriamente determinado.

Entre as definições estratégicas que devem ser tomadas a partir da aplicação de técnicas de inteligência estão: quais os objetivos da comunicação e como se alinham aos objetivos do candidato? Que palavras-chave ou conceitos-chave devem ser utilizados nas ações da campanha? Quais termos são relevantes para pesquisar e monitorar no meio digital? Que pontos de convergência e divergência existem em relação à comunicação dos concorrentes?

Considero que a estratégia é o que faz com que um candidato não se distancie dos seus objetivos. Para Meira (2021), estratégia é o processo de transformar aspirações (o que se quer ter) em capacidades (como ser/ter o que se quer). Um conjunto de conhecimentos técnicos é fundamental para "operar" a inteligência. A conjugação da inteligência com a estratégia permite apontar para a comunicação do candidato a hora certa de agir, o conteúdo certo, o instrumento certo, na dose certa.

1.1 Papel da inteligência nas campanhas eleitorais

A inteligência é um caminho que leva a respostas, pois abre a percepção sobre cenários e possibilidades. Por meio dela, é possível observar e potencializar as conexões que formam as engrenagens de uma campanha eleitoral. Podemos definir a inteligência política como o guarda-chuva sustentado pelos pilares do *marketing* político, da estratégia e da comunicação:

Figura 2 – A inteligência como guarda-chuva

Fonte: Elaboração do autor (2022).

Uma questão central para se aprofundar em como a inteligência contribui na formulação e execução de estratégias eleitorais é: qual o papel das campanhas eleitorais na decisão do voto? A amplitude das respostas trazidas por áreas do conhecimento como a Ciência Política é matéria prima fundamental para profissionais que operacionalizam as estratégias eleitorais. Mas nem sempre os cientistas políticos que formulam estudos e pesquisas sobre as eleições têm a real dimensão da dinâmica de uma campanha eleitoral, da construção das estratégias, do planejamento de comunicação, das articulações políticas, dos aspectos jurídicos e de como se chega aos resultados.

Nem sempre acadêmicos e estrategistas trilham os mesmos caminhos, já que cada campo usa suas próprias lentes metodológicas. Um tem um compromisso com a explicação de fenômenos políticos, entre os quais as campanhas; o outro é o próprio fomentador do fenômeno.

Ao mesmo tempo, para ambos, interpretar os anseios, desejos, valores, emoções, pensamentos e comportamentos do eleitor é tarefa primordial, assim como a apreensão do contexto, dos elementos da conjuntura que são processados pelos cidadãos e formam o pano de fundo da disputa.

Outro campo acadêmico que se debruça sobre o universo das campanhas, a fim de interpretar seus efeitos e compreender as dinâmicas por elas produzidas, é o da Comunicação e, mais especificamente, o da Comunicação Política. Há uma vasta e qualificada produção acadêmica que busca elucidar a interação entre os *media* e os processos políticos da atualidade. Mergulhar nessa vastidão de estudos permite compreender melhor as estratégias comunicativas das candidaturas, especialmente no que se refere à sua função de conduzir e mediar o diálogo político entre os candidatos e os eleitores (FIGUEIREDO et al., 1997).

As modificações sofridas pelas campanhas ao longo do tempo têm sido alvo de estudos acadêmicos. Norris (2000), por exemplo, classifica as disputas como pré-modernas, modernas e pós-modernas. As primeiras, ocorridas até os anos 1950, eram curtas, com orçamento reduzido, com foco no rádio e em materiais impressos. As segundas, contextualizadas entre os anos 1960 e 1980, começaram a fazer uso das pesquisas de opinião para embasar as estratégias, assim como a ter na televisão um canal prioritário para difusão das mensagens.

As campanhas pós-modernas (pós 1990) caracterizam-se por orçamentos altos, pesquisas de opinião recorrentes e pela diversidade dos meios de comunicação a serem explorados. A interatividade também é apontada como uma marca dessa terceira fase. Norris (2000) aponta que estratégias mais tradicionais e mais modernas coexistem nas campanhas eleitorais.

Do ponto de vista da comunicação, há variadas publicações científicas mostrando que as campanhas eleitorais modernizadas têm como pano de fundo sociedades espetacularizadas ou até mesmo estados espetacularizados (SCHWARTZENBERG, 1978; DEBORD, 1997). O cerne da questão, que fundamenta a ideia de espetáculo, é a construção da realidade contemporânea, a partir da interação de experiências televividas com experiências propriamente vividas. Assim, o meio televisivo aparece como configurador da sociedade, um espaço por onde necessariamente passa a sociabilidade da maioria dos indivíduos (ALMEIDA, 2002).

Um dos desafios é compreender como essas sociedades "midiocentradas" se relacionam com a esfera política, sobretudo quais os impactos para a relação fundamental entre representantes e representados. Sem dúvidas, o fenômeno da "videopolítica" diz respeito à centralidade da televisão no modo de se fazer política, a partir do qual os agentes moldam sua linguagem ao veículo e usam técnicas cada vez mais sofisticadas, como condição de participar de forma competitiva do jogo político (SARTORI, 1989).

A vida dos partidos não anda fácil; nas democracias contemporâneas também se observa o fenômeno de declínio dos partidos, fazendo emergir um novo formato de governo representativo, a partir dos anos 70: a democracia de público, segundo um dos maiores teóricos da atualidade, Bernard Manin (2013). Seria uma espécie de retorno ao voto de confiança pessoal, motivado pelo que mencionamos anteriormente: a televisão como um lugar privilegiado da esfera pública, que favoreceu uma maior proximidade entre representantes e representados, prescindindo dos partidos como intermediários. Na democracia de público, há a expansão do "candidato-comunicador" e do "eleitor-espectador".

Por isso, os políticos privilegiam, nas suas estratégias de comunicação, formas de enaltecer seus atributos e qualidades pessoais, apresentando-se como pessoas preparadas para enfrentar problemas novos (MANIN, 1995, p. 25-26). Nesse contexto, as disputas eleitorais se tornam personalistas e reativas, uma vez que os eleitores tendem a responder, por meio do voto, a questões apresentadas pelos candidatos durante as campanhas. Esse é o aspecto central da democracia de público: os cidadãos reagem diante de temas que lhe são propostos a cada eleição pelos candidatos no palco da política.

A mudança em relação a fases anteriores do processo democrático proporcionou o uso mais amplo do *marketing* nas campanhas eleitorais. Tradicionalmente, as estratégias dos candidatos eram originadas nas discussões intrapartidárias, baseadas no programa político-ideológico das agremiações, assim como nos contatos do candidato com suas bases sociais de apoio e com grupos organizados de interesse. Com a chegada da democracia de público, ao lado do aumento da complexidade social, o posicionamento do eleitorado se diversificou e deixou de ter correspondência estrita com as estratificações classistas tradicionais.

Assim, foi necessário recorrer a instrumentos mais sofisticados e eficientes para se captar a opinião pública, o que desencadeou o uso massivo de pesquisas de opinião pelos partidos e pelos estrategistas de campanhas. Foi dessa forma que se estruturou o *marketing* político-eleitoral, compreendido como um processo de obtenção de informações por meio de pesquisas para posteriormente utilizá-las na construção de plataformas e discursos que promovam resultados favoráveis dos candidatos na disputa pelos votos. O padrão da cobertura feita pelos meios de comunicação também retroalimenta esse formato das campanhas, marcadas pela personalização, pela profissionalização e pelo apelo sedutor-emotivo (RIBEIRO, 2004).

As formas como os recursos e as ferramentas de tecnologias digitais de comunicação estão sendo incorporadas às práticas políticas e sociais cotidianas estão sendo amplamente estudadas pelos pesquisadores que se dedicam a compreender a democracia digital e como se formatam a comunicação política e as campanhas eleitorais nesse novo contexto atual.

Um dos focos da academia atualmente é interpretar de que maneira os novos formatos de ativismo dos cidadãos na democracia digital fortalecem a capacidade concorrencial da esfera da cidadania, por meio de elementos como a transparência, a participação ou a influência sobre a decisão política.

> A academia também tem procurado analisar como os novos meios de manifestação contribuem para promover ou incrementar direitos e liberdades; e até que ponto as interações atuais, da forma como ocorrem, promovem o pluralismo, por meio de ações voltadas para aumentar ou assegurar a diversidade de vozes e opiniões (GOMES, 2011).

A agenda de pesquisa no Brasil também tem a contribuição de vários estudiosos que debatem aspectos teóricos e metodológicos (GOMES et al., 2011) e temas como as experiências, entraves e desafios na utilização das tecnologias digitais em campanhas eleitorais (MARQUES et al., 2013), o potencial das ferramentas interativas, especialmente o uso político das plataformas digitais de mídias sociais (CERVI et al., 2016; ALDÉ; MARQUES, 2015), e os condicionantes do ativismo político online (RIBEIRO et al., 2016; SANTANA, 2015).

Mas de que forma os estrategistas e marqueteiros lidam com esses fenômenos que a academia estuda e analisa? Até que ponto esses profissionais se comprometem com a produção de espetáculos? Minha percepção é que existem limites a essa rotulação das campanhas como espetáculos midiáticos. A academia, pela sua própria natureza, olha para o tema focada em dados e conceitos, linhas de pensamento. Porém, muitas vezes, há uma desconexão com a realidade comercial das campanhas. Os orçamentos são limitados e, portanto, nem todas as referências que o cliente nos apresenta são exequíveis. Nem sempre é possível produzir algo "grandioso". Contudo, talvez se formos adotar o sentido de espetáculo, conforme aquilo que está no dicionário, como algo que atrai o olhar, sim, esse é um dos aspectos essenciais do nosso trabalho.

Ousaria ponderar sobre algumas provocações, em nome do "bom" debate. Para Serpa (2016):

> A política, certamente mudou de estratégia na busca do voto e da conquista eleitoral: a moda tornou-se a sedução, e a estratégia vigente, agregar simpatia calorosa e competente à imagem dos políticos, uma tentativa de atribuir atividade emocional à imagem do candidato, deixando o pleito eleitoral mais festivo (SERPA, 2016, p. 42).

As campanhas funcionam dentro dessa lógica de construção de uma imagem, mas eu diria que não nessa intensidade. Sou, até certo ponto, crítico da pirotecnia nas campanhas brasileiras, que poderiam ser muito mais informativas, porém sem perder a ousadia criativa, atentando para o refinamento estético.

Alguns estrategistas e marqueteiros não assimilaram o conceito de que "menos é mais". Não é preciso algo muito rebuscado, sobretudo em campanhas majoritárias, nas quais serão tratados projetos e planos de governo. Nas campanhas proporcionais, acredito, há um espaço maior para o discurso mais "politizado", com mais "sustentação", em razão dos nichos.

Alguns partidos já trazem uma agenda mais estruturada e a campanha não pode se distanciar disso. O Partido Socialismo e Liberdade (PSOL), por exemplo, tem uma *persona* muito bem definida em torno dos ideais políticos que defende. Legendas como o Partido Verde (PV) e o Partido dos Trabalhadores (PT) trazem o elemento político já agregado, de forma que candidatos proporcionais por esses partidos trazem um pouco desse DNA.

Todavia, nas campanhas majoritárias, o cliente demanda do estrategista na elaboração de soluções, para melhor estruturar o discurso, sem abrir mão da criatividade necessária. Se eu olhar pelo viés da Ciência Política, o processo eleitoral está cada vez mais despolitizado, sobretudo para campanhas majoritárias. De fato, as majoritárias poderiam ser mais informativas. Nas proporcionais, há menos estrutura para se investir na perspectiva do espetáculo e da pirotecnia.

Temos alguns exemplos clássicos de parlamentares que já têm sua bandeira antes mesmo de iniciar o processo eleitoral, como é o caso do senador e ex-jogador de futebol Romário (PL), um personagem midiático que construiu sua plataforma em torno das bandeiras do esporte e de políticas públicas de suporte às pessoas com Síndrome de Down. Ele pensa seu mandato pelas lentes dessas bandeiras. Outro exemplo é o do ex-deputado Jean Wyllys (filiado atualmente ao PT), que defende com propriedade a bandeira LGBTQIA+. Muitas vezes, em campanhas proporcionais, os cidadãos associam de maneira muito forte as bandeiras às pessoas.

Quando os potenciais clientes chegam até nós, meu primeiro passo é perguntar: por que você quer ser candidato? Por que acha que as pessoas vão votar em você? Qual sua principal bandeira? Geralmente, os candidatos a cargos proporcionais chegam com uma visão muito equivocada sobre o papel de um parlamentar. Então preciso, de forma didática, explicar quais as limitações da atuação de um deputado ou de um vereador.

Outro ponto crucial nesse debate é que a comunicação política abrange dois aspectos: conteúdo e forma. A academia olha muito para o conteúdo, mas quase sempre não analisa a forma. A forma a que me refiro está relacionada à parte criativa e às estratégias, que vêm para empoderar o conteúdo. O conteúdo sem a forma adequada não leva ao objetivo principal.

> A forma a que me refiro está relacionada à parte criativa e às estratégias, que vêm para empoderar o conteúdo.
> O conteúdo sem a forma adequada não leva ao objetivo principal.

Um aspecto a ser considerado é que a sociedade brasileira está se tornando mais politizada e consegue se fazer mais presente no debate público. As redes sociais dão voz a todos, inaugurando uma nova era, mas se tornaram, ao mesmo tempo, um espaço perigoso, subversivo, sobretudo pelo fenômeno dos *haters*.

Essa politização tem levado a uma percepção mais crítica sobre o papel do Legislativo e sobre o processo eleitoral. Não vigora mais a máxima segundo a qual "quem tem dinheiro está eleito". Observo, no mercado, experiências frustrantes e, ao mesmo tempo, animadoras, a partir dessa ideia de que grandes orçamentos decidem, sozinhos, disputas eleitorais. Vejo cada vez mais casos de grupos com todas as condições financeiras, que fazem altos investimentos, mas não ganham a eleição. Isso nos faz nutrir um sentimento mais republicano sobre a política e, mais precisamente, sobre a transformação da sociedade pela política.

Por outro lado, essa percepção nos leva a desmistificar algumas questões relacionadas à estratégia eleitoral: quais as suas limitações? Por exemplo, em quarenta e cinco dias

Inteligência Política

é possível fazer alguém ser amado? Isso não seria uma utopia? Defendo que tudo parte do que se busca.

E há sérias limitações sobre como incentivar o sentimento do "gostar". Prefiro apostar em algo mais plausível, que é despertar a atenção do eleitor cidadão. A propaganda não deve ser feita com a pretensão de alcançar o sentimento do *gostar*, mas para ser eficiente.

> A propaganda não deve ser feita com a pretensão de alcançar o sentimento do *gostar*, mas para ser eficiente.

Sinceramente, é subestimar o eleitor ter a pretensão de seduzi-lo. Mas eu posso despertar a sua atenção, principalmente em um cenário onde as campanhas são todas muito parecidas e a criatividade é negligenciada. A era em que predominavam fotos posadas, de comercial de margarina, com discurso previsível, já passou. Em vez de sedução, deve-se pensar em como ser eficiente. Para isso, é preciso ter um conceito emocional bem definido.

O conceito criativo é muito usado pelos profissionais de *marketing* político, mas boa parte deles não vai além. Isso não é trivial: que sentimento você quer despertar? Em todas as minhas campanhas, o sentimento principal que busco é o da admiração. Não passa pela sedução, essa questão meio romântica. Inclusive esse foco em seduzir o eleitor é frustrante, é um peso para o cliente.

Quando tivermos um cliente mais tímido, como fazer ele sorrir espontaneamente, em um período tão curto? Lembro com clareza o exemplo da campanha de Dilma Roussef: uma pessoa introspectiva, técnica, mas se queria impor a ela uma simpatia, uma coisa calorosa, humana, que não é da sua natureza. Simplesmente, nem todo mundo é assim. Contudo, mesmo em casos assim, a admiração pode ser despertada, no entanto, é necessário muita competência e criatividade para isso.

Lembro de um depoimento de um arte-finalista que atuou em nosso time em diversas campanhas eleitorais, Jeff Santos. Ficou marcado para ele um episódio com um cliente na cidade de Juazeiro, na Bahia. Nosso cliente era muito retraído, não interagia de forma muito natural com as pessoas. Assim, criamos um desafio: ele deveria ir a uma feira pública para comprar o máximo de produtos com apenas dez reais. Eis que ele voltou com apenas dois produtos. Voltei lá com ele para refazer as compras e acabamos retornando com o desafio cumprido. A proposta era fazer com que o candidato se soltasse, interagisse com as pessoas, criasse conexões. Isso é possível desenvolver, de forma muito genuína. É uma relação de confiança que se estabelece.

Quando dirigimos um vídeo, o elaboramos a partir do preceito de que não é tão importante aquilo que o candidato defende, as ideias, o quão preparado ele é. O que busco é que a pessoa diga: "eu gostei desse cara, quero conhecer mais sobre ele". O sentimento, nesse caso, é a admiração, e não exatamente a simpatia. Concordo com Duda Mendonça, quando diz: "comunicação não é o que você diz, mas o que os outros entendem". Assim, o norte da produção deve ser: "o que você quer que eles entendam?"

1.2 Inteligência Artificial e uso de dados nas campanhas

Para entender o conceito e o alcance da inteligência artificial e como ela pode ajudar na estratégia de *marketing* de empresas, partidos e personalidades políticas, é preciso recorrer a dois conceitos muito relevantes: *Big Data* e *Deep Learning*.

Big Data é o nome dado ao conjunto enorme e complexo de dados, que circulam nos diversos meios que compõem o mundo digital. Muitos apresentam-no como algo novo, mas não é exatamente assim. O termo surgiu em 1997, mas somente em 2005 foi oficialmente utilizado no artigo de Roger Mougalas[3]. O enfoque é justamente a quantidade de dados que é gerada todos os dias pela humanidade.

Em geral, para ser considerado um *Big Data*, cinco características são essenciais, conhecidas como "5Vs". Em geral, para ser considerado um *Big Data*, cinco características, conhecidas como "5Vs", apontadas no blog *HostGator* (2022), são essenciais:

Figura 3 – Características essenciais do *Big Data*

Fonte: Elaborado pelo autor, com base em Mougalas (2005).

---
3. O artigo de Mougalas é citado como um marco dentro do debate sobre *Big Data*, conforme Sangeetha e Sreeja (2015). Disponível em: encr.pw/1CAlu. Acesso: 19 jan. 2023.

Big Data implica uma grande quantidade de dados armazenados (volume); deve comportar diferentes tipos de dados (variedade); pressupõe processamento dos dados e retorno das informações procuradas em tempo real e de forma automatizada (velocidade); deve ser isento de erros e ambiguidades, ou seja, a informação retornada deve ser verdadeira; por fim, as informações extraídas dos dados devem ser úteis e devem oferecer valor agregado para o negócio.

A grande maioria desses dados não está disponível de forma estruturada: são informações que ainda não passaram por qualquer processo que lhe dê funcionalidade. Seria humanamente impossível analisar e estruturar a enorme enxurrada de dados injetada na internet. É justamente nesse ponto que entra a inteligência artificial: existem programas que podem fazê-lo e traçar esses perfis, procedendo uma análise autônoma na leitura e filtragem de relevância. É a partir do *Big Data* que a IA alcança um de seus maiores potenciais.

E de onde vêm esses dados? As fontes são diversas: dispositivos IoT[4]; câmeras de segurança; buscas na internet; postagens nas redes sociais; marcações e avaliações feitas em locais visitados por usuários; sinal de GPS. Isso significa que nós mesmos, cidadãos comuns, usuários de ambientes digitais, criamos os dados que as empresas precisam.

Estudiosos estimam que, diariamente, são gerados mais de 2,5 *exabytes* de dados. (um *exabyte* equivale a 1.000.000.000.000.000.000 *bytes*, ou 1 quatrilhão de *bytes*). Conforme publicado no *blog HostGator* (2022),

---

4. IoT é a sigla do inglês para Internet of Things, que pode ser traduzido como "Internet das Coisas".

estudiosos estimam que, em 2025, tenhamos à disposição 175 *zettabytes* de informações.

Por sua vez, *Deep Learning* é um conjunto de algoritmos desenvolvido a partir do estudo das redes neurais, que são modelos computacionais inspirados no sistema nervoso central do cérebro humano, capazes de realizar o aprendizado de máquina e o reconhecimento de padrões.

Essas redes neurais estão ligadas à capacidade de uma máquina aprender e aperfeiçoar seus padrões com base em grandes volumes de dados gerados, denominada de *Machine Learning*. O *Deep Learning* seria uma forma aperfeiçoada do *Machine Learning*, por meio de um sistema baseado no cérebro humano de várias categorias. Por ser uma forma mais sofisticada, é capaz de lidar com o *Big Data*.

Para melhor compreensão, alguns exemplos demonstram a clara aplicação do *Deep Learning* na vida cotidiana, como é o caso do reconhecimento facial e de voz, quando o mecanismo permite detectar e decifrar imagens e processamento de linguagem natural, como já ocorre na identificação de rostos para o reconhecimento via *smartphones* e sistemas de segurança. Outro uso é na identificação de traços que indiquem doenças como câncer e tumores em exames de imagem. É também a base tecnológica do *Google* Tradutor.

Como a IA, o *Big Data* e o *Deep Learning* podem ser usados no *marketing*? Um primeiro ganho é o conhecimento profundo do comportamento do consumidor/cidadão/eleitor, que permite traçar perfis de público, delimitá-los e utilizar essas informações para montar campanhas de *marketing* e de comunicação direcionadas e efetivas. Assim, permite o uso estratégico que proporciona traçar tendências, necessidades ou desejos a serem supridos.

O uso adequado desses mecanismos possibilita direcionar a publicidade e aumentar a conversão. A partir de critérios já selecionados, as mensagens das campanhas chegam ao consumidor que já tem potencial interesse, o que otimiza tempo e recursos. O uso de assistentes virtuais, atendimento automatizado e tecnologias semelhantes é bastante abrangente, apesar do desafio de humanização desse formato de comunicação.

Garantir uma boa experiência do consumidor para engajamento e fidelização é outro objetivo do *marketing*, que pode ser alcançado com o uso de ferramentas que envolvem IA, *Big Data* e *Deep Learning*. A ideia é oferecer ao cliente mais do que um produto, e sim uma experiência excelente, desde o primeiro atendimento até o momento do pós-venda. Dados estruturados relevantes são fundamentais no desenho dessa jornada do cliente.

Nas campanhas eleitorais, todo esse conhecimento é igualmente válido e ocupa cada vez mais centralidade no desenho das estratégias. O que se deseja, entre os objetivos centrais, é a construção de uma imagem pública, de uma reputação. O uso inteligente das informações propicia que se busquem as fontes adequadas, se faça o seu processamento e as utilizem da melhor forma, considerando os resultados desejados.

Entre os diferenciais de uma campanha, certamente a inteligência de dados proporciona um ganho imenso em relação àquelas que ainda não adentraram nesse universo. Nunca é demais lembrar que a inteligência tem muito mais a ver com a capacidade analítica para a leitura de cenários do que a força mecânica de armazenamento de dados. Isso se torna secundário. Claro que a velocidade para usar os dados é também um diferencial competitivo relevante, dado o ritmo de uma dinâmica eleitoral; mas é sobretudo importante usar as informações da maneira adequada. Os bancos de dados estão disponíveis para os candidatos e campanhas. A questão crucial é quem vai fazer uso das informações, a partir da sua capacidade analítica.

Dentro da equipe, portanto, é essencial que haja a atuação de profissionais de dados, os quais realizarão atividades de acompanhamento e monitoramento de informações; e de inteligência política. Eles podem ter formação acadêmica semelhante, mas atuam de forma complementar: o de acompanhamento "apenas" monitora as informações, enquanto que o de inteligência pensa o *dashboard*, a arquitetura da informação a ser consumida pelo profissional que atua no monitoramento.

Essa dupla de profissionais ajuda a pensar, junto ao marqueteiro, o nível de relevância das informações. Por isso, além de agilidade e disponibilidade, deve conhecer e dominar sistemas de informática e ferramentas de busca.

A experiência da eleição 2020, no contexto da pandemia de covid-19, em que boa parte dos trabalhos teve que se realizar de maneira remota, gerou aprendizados importantes para as futuras eleições. Saem na frente equipes que já tiveram experiência anterior exitosa. É essencial pensar nisso na hora de formar as equipes. Uma parte do time pode atuar remotamente.

> A experiência da eleição 2020, no contexto da pandemia de covid-19, em que boa parte dos trabalhos teve que se realizar de maneira remota, gerou aprendizados importantes para as futuras eleições.

No cotidiano, esses profissionais de *Business Inteligence* (BI) trocam experiências, com intensidade e velocidade, já que são pessoas que atuam quase 24 horas on-line. Seu principal papel é monitorar a presença do candidato e dos principais adversários nas redes sociais. Hoje em dia, estão disponíveis muitas ferramentas que já vêm com *dashboard*, um quadro visual com vários indicadores de desempenho e engajamento.

Os profissionais elaboram um critério de alerta e outro de intervenção, a partir das informações coletadas. Se avaliam que, na atuação digital, está tudo adequado aos objetivos da campanha, aparece a luz verde. Quando identificam fatos novos no contexto que podem impactar na imagem do cliente, como é o caso de uma declaração feita, acende a luz amarela. Essa informação chega imediatamente para o estrategista, via *whatsapp*, já com a indicação do fato atrelado, que gerou essa sinalização.

Outro exemplo é a quando há a atuação de *haters*, que podem gerar danos e outros fatos negativos. A chegada dessa informação para o estrategista permite que ele tome decisões. Quando é emitido um sinal vermelho, significa que algo saiu de controle, o que exige uma ação imediata, orientada pela inteligência. São fatos que geram danos ao engajamento e ensejam perigos quanto à postura. Nesses casos, o estrategista atua diretamente.

Vale sempre lembrar que o digital não é parte acessória em uma campanha eleitoral, mas algo transversal. Não é uma tendência, é real, não pode ser negligenciado em nenhum aspecto. Essa atuação digital fornece subsídios para estratégias estruturantes de uma campanha. É um grande erro tratar como algo à parte. Estar presente nas redes sociais não significa interação com o eleitor e não significa transformar isso em voto.

De forma didática: imagine que temos duas candidaturas para trabalhar, sendo uma sem muitos recursos e outra com muita estrutura, mas que negligencia o investimento em inteligência. Surge a questão sobre o que é mais importante: estrutura ou inteligência? Juntar as duas, na mesma intensidade, é o cenário perfeito. Mas, se não for viável, o recomendável é optar pela inteligência.

Isso me traz à mente uma campanha majoritária para prefeito no Estado do Maranhão. Era um contexto em que um candidato, que possuía uma estrutura, tinha sido vereador e optou por contratar uma equipe local em sua primeira disputa. Depois para a reeleição, começou a se sentir ameaçado, justamente por sentir que não tinha uma equipe de comunicação à altura do desafio. Tinha um forte trabalho de rua, muitas obras, muitas entregas, mas que eram desconhecidas da população. Quando chegamos para assessorá-lo, indagamos: "qual a sua ferramenta para medir o nível de aprovação da população?" Ele respondeu: "é na rua, o quanto as pessoas interagem positivamente".

Apresentamos a ele um conjunto de ferramentas que podem mudar a forma de perceber o mandato, os resultados alcançados. Na primeira vez que entregamos relatórios de pesquisa qualitativa e do monitoramento da presença digital, o prognóstico era muito desalentador: as pessoas não sabiam o que ele realizava. Ele não aceitava o resultado desse levantamento.

As pessoas da equipe tinham uma grande resistência, não compreendiam o que essas informações representavam e o impacto disso para a reeleição. Para que pudessem compreender, recorri a uma comparação que parece ingênua, mas é muito precisa. Refiro-me à história da galinha e da pata, que fazem ruídos bem diferentes na hora de colocar o ovo. O candidato tinha obras importantes a serem mostradas para a população, mas não conseguia fazer isso de forma competente nem utilizando os canais apropriados. No caso do ovo da pata, sabe-se que tem um valor nutricional bem maior do que o da galinha, mas como a pata não faz o mesmo ruído, é bem menos famoso e consumido pelas pessoas.

A partir daí, ele e sua equipe começaram a perceber do que se tratava. A resposta foi: como podemos resolver essa questão? A solução parecia simples: elaborar um plano de mídia para identificar os canais a serem utilizados para divulgar tudo o que vinha sendo realizado. Foi um trabalho de *marketing* político, mas depois fizemos a campanha propriamente dita, que resultou na maior votação da história do município. Em grande parte, foi resultado do trabalho realizado ao longo do mandato, não apenas no período eleitoral.

A diferença é que durante muito tempo ele usou apenas a "força" da estrutura, que tem um limite. Faltava inteligência: capacidade de leitura do diagnóstico preciso da situação local, velocidade na indicação de soluções na área de comunicação, implantação e monitoramento das soluções apresentadas. O melhor é unir os dois, estrutura e inteligência. Isso é oneroso, mas a probabilidade de resultado positivo é muito mais mensurável, palpável. É possível trabalhar até mesmo com previsibilidade.

1.3 Caminhos e métodos

Muitos me perguntam se o uso da inteligência nas campanhas eleitorais deve seguir algum método. Minha visão é que toda atividade profissional que busque resultados efetivos deve estar alicerçada em conceitos e métodos. Mas isso não significa que compreendamos "método" como uma "camisa de força" que aprisiona o estrategista em uma forma única de atuação. Campanhas eleitorais são fenômenos sociais e, como tal, são dinâmicos, ricos em mudanças, adaptáveis às circunstâncias e profundamente impactados pelo contexto. Assim, o método com o qual trabalho começa justamente pela compreensão dos cenários da disputa, pela definição dos objetivos a serem alcançados e pela estruturação das ferramentas adequadas.

O que aprendi ao longo de minha trajetória como estrategista é que a inteligência pode ser compreendida como um método. Sim, um método para analisar perdas e ganhos em cenários de incertezas. O foco é ter a sensibilidade e velocidade para aproveitar as oportunidades e gerenciar as perdas que, inevitavelmente, acontecerão. Especialmente na política, a inteligência pode ajudar a lidar com os jogos ocultos, que são muito mais frequentes do que se possa imaginar.

> Minha visão é que toda atividade profissional que busque resultados efetivos deve estar alicerçada em conceitos e métodos.

> O foco é ter a sensibilidade e velocidade para aproveitar as oportunidades e gerenciar as perdas que, inevitavelmente, acontecerão.

Assim, há um conjunto de procedimentos que podem ajudar a atingir os resultados, sobretudo com o uso de tecnologias para apoiar o estrategista na observação dos eventos e na tomada de decisão.

Uma inspiração para quem deseja atuar com inteligência política é o modelo elaborado por Rice e Zegart (2018), estruturado em quatro etapas: monitorar, analisar, compartilhar e medir.

Figura 4 – Etapas da inteligência estratégica

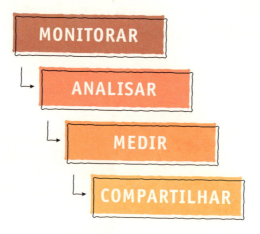

Fonte: Elaborado pelo autor, com base em Rice e Zegart (2018).

As autoras focam a visão de risco político como a probabilidade de que uma ação política possa afetar significativamente os negócios de uma empresa. De qualquer forma, ajuda a elucidar como fatos políticos podem ser apreendidos a partir do seu potencial para afetar uma conjuntura, o que é extremamente importante em um trabalho de elaboração de estratégias eleitorais.

Um conceito super adequado para a realidade das campanhas eleitorais, trazido por Rice e Zegart (2018), é o de "efeito peixe negro", que trata das "repercussões em cascata" de uma ação, a partir das redes sociais. Essas repercussões geralmente têm um efeito devastador sobre a reputação de empresas e, muitas vezes, são desencadeadas por episódios aparentemente imperceptíveis, corriqueiros. Em campanhas eleitorais, é fundamental ter no radar todos os eventos com potencial de atingir, em maior ou menor proporção, a reputação do candidato.

E como saber o potencial de risco? Claro que a experiência política conta muito; campanhas anteriores são fontes importantes para lições sobre riscos. Mas o texto de Rice e Zegart (2018) ajuda a pensar em categorias, quando aponta os dez principais riscos políticos dos dias de hoje: geopolítica, conflito interno, mudança de política, ramos de contrato, corrupção, alcance extraterritorial, manipulação de recursos naturais, ativismo social, terrorismo e ameaças cibernéticas.

Nem todos eles se aplicam ao contexto de todas as campanhas nas quais um estrategista político irá atuar. Mas a ideia é definir categorias de riscos que devem ser acompanhados no contexto em tela. Um caminho para se mergulhar na realidade da candidatura é a elaboração do diagnóstico multidisciplinar, que será detalhado no próximo capítulo.

Outra lição imprescindível, dada por Rice e Zegart (2018) é agir de forma preventiva, ou seja, a melhor maneira de lidar com crises não as ter. Dessa forma, quatro competências são apontadas como fundamentais para a gestão de riscos:

Figura 5 – Competências essenciais para a gestão de riscos

Fonte:
Elaborado pelo autor, com base em Rice e Zegart (2018)

O monitoramento é um elemento fundamental para a inteligência política, conforme demonstramos anteriormente, o que também está explícito no modelo de Rice e Zegart (2018). O alinhamento estratégico da campanha é essencial para nortear os processos de monitorar, analisar, compartilhar e medir os riscos. O *marketing* e a comunicação são os caminhos por meio dos quais esse modelo se desenrola.

A preparação para os riscos requer que o estrategista conheça a fundo o candidato, as potencialidades, mas sobretudo os pontos vulneráveis e ameaças. Essa mesma análise é aplicada aos adversários, para que já se pense em alternativas de ações, caso situações que explorem as vulnerabilidades do nosso cliente venham a ocorrer.

Em 2022, vivenciamos uma situação que serve como um exemplo para esse caso. Nosso cliente era candidato e, naquele momento, seu filho era diretor de um órgão estadual. Embora não houvesse impedimento legal para que atuasse no governo, preferimos, antecipadamente, afastá-lo do cargo público, a fim de evitar desgastes desnecessários à imagem do candidato. Ou seja: calculamos o risco e decidimos por não dar margem a possíveis desgastes por um fato aparentemente pequeno.

Outro caso foi o de uma pré-campanha, também em 2022, em que assessoramos um candidato que ocupava o cargo de senador e buscava, naquele período, viabilizar uma candidatura do seu grupo político a governador de Goiás. Usamos como estratégia fortalecer o seu nome nas redes sociais, ressaltando a sua imagem como gestor, a sua capacidade de gerir. Funcionou: as redes ganharam engajamento, dando uma grande visibilidade ao seu nome. O que não previmos é que isso causaria uma situação desconfortável dentro do seu grupo político, porque acabou despertando "ciúmes" e gerando uma divisão em sua base de apoio. Esse racha o levou à desistência da sua candidatura a governador. Esse é o caso em que os riscos são calculados a partir de elementos presentes na conjuntura.

CAPÍTULO 2

MARKETING POLÍTICO

2.1 Em busca do conceito

Como o *marketing* chegou à política? Quem o convidou? Ao longo da minha trajetória acadêmica e profissional, venho buscando não apenas executar a atividade de estrategista, mas conectá-la a um sentido, para mim, para minha equipe de trabalho, para meus clientes, para a sociedade. E dessa combinação da reflexão com a ação, nasce este livro.

Quando comecei a me interessar pelo *marketing* político, tive o privilégio de ser apresentado ao Monsieur Michel Bongrand, pioneiro do *marketing* político, fundador da Associação Internacional de Consultores Políticos (IAPC), que se tornou a minha principal referência profissional e fonte inspiradora dos meus estudos e pesquisas.

Esse primeiro encontro aconteceu no The Ritz Carlton, em Washington, nos Estados Unidos, no início dos anos 2000, durante congresso internacional da IAPC.
Foi Bongrand quem me estimulou a ingressar nesse universo.

Esse primeiro encontro aconteceu no The Ritz Carlton, em Washington, nos Estados Unidos, no início dos anos 2000, durante congresso internacional da IAPC. Foi Bongrand quem me estimulou a ingressar nesse universo.

A conjugação de três fatores, na visão do professor francês, foi responsável por "convidar" o *marketing* para a política: o sufrágio universal, a democracia e o desenvolvimento dos meios de informação/comunicação.

A definição de *marketing* apresentada pelo autor é:

> [...] Conjunto de técnicas que têm como objetivo adaptar um produto ao seu mercado, torná-lo conhecido do consumidor, criar a diferença com os produtos concorrentes e, utilizando um mínimo de meios, otimizar o lucro proveniente da venda (BONGRAND, 1986, p. 21).

A nova roupagem dada ao *marketing* político seria como um:

> [...] Conjunto de técnicas que têm como objetivo favorecer a adequação de um candidato ao seu eleitorado potencial, torná-lo conhecido do maior número de eleitores e de cada um deles, criar a diferença em relação aos concorrentes – e aos adversários –, e com um mínimo de meios, otimizar o número de sufrágios que é necessário ganhar durante a campanha (BONGRAND, 1986, p. 21).

É necessário esmiuçar tudo que decorre dessa adaptação para compreender melhor o território do *marketing* político. O primeiro ponto diz respeito ao próprio produto: enquanto, no *marketing* comercial, ele provém diretamente do mercado, visando à satisfação ou à criação de necessidades, no *marketing* político, há três aspectos a serem considerados sobre o produto: as ideias do candidato, a sua filiação e o próprio candidato.

O segundo ponto seria o mercado. No *marketing* comercial, o mercado é alvo de estudos, a fim de orientar a concepção do produto;

> No *marketing* político, há três aspectos a serem considerados sobre o produto: as ideias do candidato, a sua filiação e o próprio candidato.

no eleitoral, há a clientela eleitoral, e não propriamente um mercado. O mestre Bongrand explicita: "o *marketing* político permite qualificar e quantificar a clientela em função das ideias do candidato" (Bongrand, 1986, p. 22). Assim, pode haver uma inversão do processo, com a definição do perfil do candidato que melhor corresponda às expectativas do eleitorado-alvo.

O terceiro aspecto é o consumidor, que, no *marketing* político, é o cidadão eleitor. A sua atenção é captada e seu interesse é mobilizado por meio de informações que digam respeito ao seu futuro, ao da sua família e ao da sua cidade (ou região ou país). Ou seja, não há como apartar a informação da sedução. Ou, de forma complementar, não há como separar a forma do conteúdo.

> Ou seja, não há como apartar a informação da sedução. Ou, de forma complementar, não há como separar a forma do conteúdo.

O objetivo do *mix* de *marketing* é criar a diferença, o "a mais" em relação à concorrência; no *marketing* político, existe uma dupla concorrência, na visão de Bongrand (1986), entre os homens e entre as ideias. A questão central é como demarcar essa diferença. Isso pode se dar pelo estilo da comunicação, por meio da organização e seriedade da campanha e também graças às capacidades pessoais de se comunicar.

Considerando os contextos eleitorais da França e dos Estados Unidos, o autor explora o conceito de *floating votes*, que se refere às minorias as quais não sabem antecipadamente em quem vão votar, geralmente somando um terço do eleitorado. Como não baseiam suas escolhas em aspectos previamente determinados, esses eleitores prestam a atenção em pormenores, a partir de critérios afetivos e irracionais.

Outro aspecto é a venda, que, no *marketing* comercial, está relacionada diretamente ao preço. No *marketing* político, o foco é buscar a adesão, o comprometimento do cidadão, revelado por meio do voto. O lucro é substituído pela percepção de erro ou acerto na escolha do candidato, que perdura por todo o tempo de duração de um mandato. É assim que opera a noção de benefício (ou prejuízo) coletivo.

A origem do *marketing* político está ligada à informação. Ou melhor, à necessidade de organizar a ação e a informação. Esse processo passa por uma etapa de investigação prévia, na qual o profissional de *marketing* político busca apreender as satisfações e insatisfações dos eleitores e apontar os principais problemas do contexto (local, regional ou nacional). De certa forma, o conselheiro político desempenhava esse papel. O *marketing* político parte desse modo de atuar, acrescentando-lhe técnica, que permite apontar soluções, nas áreas da estratégia, do planejamento e da comunicação, que correspondam às necessidades identificadas.

No Brasil, o *marketing* político teve como marco a primeira campanha presidencial pós-ditadura, em 1989, com as candidaturas de Ulysses Guimarães (PMDB –

Partido do Movimento Democrático Brasileiro), Aureliano Chaves (PFL – Partido da Frente Liberal), Luiz Inácio Lula da Silva (PT – Partido dos Trabalhadores), Leonel Brizola (PDT – Partido Democrático Trabalhista), Mário Covas (PSDB – Partido da Social Democracia Brasileira), Paulo Maluf (PDS – Partido Democrático Social), Roberto Freire (PCB – Partido Comunista Brasileiro), Guilherme Afif Domingos (PL- Partido Liberal) e Ronaldo Caiado (PSD – Partido Social Democrático).

Naquela eleição, o vencedor, Fernando Collor, tornou-se um *case* para o *marketing* político, em razão da estratégia centrada no fortalecimento da imagem de um político independente, jovem e empreendedor. A comunicação da campanha, de forma pioneira, utilizou-se de recursos audiovisuais antes explorados pelas campanhas comerciais de produtos. Também foi nesse contexto que se fortaleceu a figura do marqueteiro, responsável pelo plano de comunicação, definição de conceito, cuidado estético, roteirização, criação de *jingles* e outras peças publicitárias.

Desde então, a cada eleição, mais profissionais do setor privado começaram a ingressar nesse mercado como uma oportunidade de trabalho; posteriormente os centros acadêmicos também foram formando profissionais para atuar nas campanhas. Com o tempo, foram surgindo nomes de expressão como Duda Mendonça, João Santana, Chico Santa Rita, só para citar alguns entre tantos talentos que formaram uma geração de marqueteiros brasileiros.

Muitos não passaram formalmente pela academia, como é o caso de Duda Mendonça, que se destacou pela genialidade criativa e capacidade de leitura de cenários. Suas campanhas eram regadas de emoção, cuidado refinado com a estética e objetividade nos textos.

No meu caso específico, logo após o encontro com o Monsieur Bongrand, percebi a necessidade de confrontar o que eu já fazia empiricamente com teorias da academia. Foi assim que decidi investir fortemente em minha formação acadêmica, a partir do ingresso na Universidade Federal de Minas Gerais, na formação em Marketing Político. Já tinha atuado em diversas campanhas Brasil afora e chegava à universidade com uma experiência diferenciada em relação aos demais alunos, inclusive, a alguns professores do curso.

O fortalecimento da formação acadêmica foi um divisor de águas, pois consegui aliar toda a impulsividade e irreverência criativa à base teórica que a academia me propiciou. Primeiro, ela me empoderou com métricas que até então eu não sabia identificar, fundamentais para a leitura de cenário, para a realização de projeção eleitoral e para dar embasamento a conceitos criativos que já produzia para as campanhas. Antes da academia, havia o talento, a habilidade; com a formação, passei a não depender apenas da inspiração, mas a ter uma produção mais estruturada. Vejo que há um conhecimento técnico instalado, que me permite atuar nas diversas etapas da campanha. À medida que fui alimentando a minha criatividade, fui tendo respaldo no conhecimento acadêmico para dar passos seguros e até mais ousados.

Quando crio um conceito e vou apresentá-lo ao cliente, o embasamento acadêmico é a força em que amparo a defesa do que está proposto. Isso se tornou uma fortaleza a ponto de nunca ter retornado de uma apresentação sem que o conceito tivesse sido aprovado. Não devo isso só ao talento criativo, mas a uma sustentação oral, baseada em conceitos, que a academia me proporcionou.

Para ilustrar esse aspecto, recorro ao exemplo da campanha para governo do Estado de Tocantins, em 2022. Durante a pré-campanha, quando apresentamos para o cliente e a equipe três opções de conceitos criativos, ainda vivenciávamos a etapa inicial, quando não se tem um relacionamento consolidado com o cliente. O candidato levou trinta pessoas para assistir à apresentação junto a ele, aumentando as expectativas para aquele momento. Quando um dos conceitos foi apresentado, o cliente ficou tão impressionado que solicitou que fosse utilizado na pré-campanha e já para a campanha. Conseguimos unir o talento criativo à capacidade de defender a nossa proposta.

E quando as estratégias fracassam? Bongrand (1986) constata que quase sempre a culpa será imputada ao "conselheiro político", ou porque fez um diagnóstico insuficiente do contexto, ou porque elaborou estratégias equivocadas ou que não foram devidamente executadas. O fato é que:

> [...] os que decidem raramente se dispõem a reconhecer que o adversário foi melhor do que eles próprios durante o desenrolar da campanha, ou que o conselheiro fracassou na campanha deles por não ter beneficiado de possibilidades financeiras suficientes (Bongrand, 1986, p. 26-27).

Outro aspecto importante é reconhecer o contexto em que se dá o embate eleitoral. Muitas vezes no período considerado pré-campanha, nomes são cogitados com certa viabilidade eleitoral, com atributos desejados pela população, mas que, com o passar do tempo, essas pré-candidaturas desidratam, culminando na desistência ou apoio a outras opções mais viáveis. Em 2022, na campanha presidencial, tivemos o caso da senadora Simone Tebet, que ganhou grande visibilidade, a partir dos debates e embates em relação à covid 19. Naquele momento, ela soube capitalizar isso com muita competência, sendo trabalhada como uma possível terceira via para a presidência da República.

Ao fim, ultrapassou em votos o candidato já conhecido Ciro Gomes[5]. No segundo turno, decidiu apoiar o candidato Lula, tendo um papel importante na eleição do seu aliado. O fato de não ter obtido êxito na sua campanha presidencial não quer dizer que ela saiu derrotada do processo. Muito pelo contrário, saiu fortalecida e com grande potencial para ser candidata em pleitos majoritários futuros.

Um caso no qual a estratégia adotada não funcionou adequadamente nas eleições majoritárias em 2022, foi o da Bahia. O candidato ACM Neto (União Brasil) dispunha de estrutura, recursos, avaliação positiva, boa capacidade de comunicação, iniciou a campanha bem à frente dos seus adversários nas pesquisas de intenção de votos, mas, a partir de equívocos estratégicos na condução da campanha, começou a declinar nas pesquisas. Embora sua equipe tenha percebido isso, não conseguiu reverter essa movimentação do eleitor em favor de seu adversário.

---

5. Segundo dados do TSE, em 2022, Ciro Gomes (PDT) teve o pior desempenho de suas participações em eleições presidenciais: ficou em quarto lugar, com 3,5 milhões de votos, o que representa 3% dos votos válidos. Já Simone Tebet (MDB) recebeu 4,9 milhões de votos, equivalentes a 4,16% dos votos válidos.

Marketing Político

2.2 Visão do mercado

Olhar para a história é um caminho profícuo para compreender como foi se moldando o *marketing* político no contexto nacional. Muitos autores já o trilharam, mostrando como o período republicano foi marcado pelo desenvolvimento de estratégias discursivas atreladas à construção de grandes personagens políticos. As campanhas presidenciais que ditaram as regras do jogo desse segmento no Brasil são apontadas como grandes espetáculos midiáticos, almejados por quem desejasse ser eleito para qualquer cargo público.

Não intento ser repetitivo recontando a história, já tão bem explorada em estudos acadêmicos e pelos profissionais de mercado. Para os propósitos deste livro, gostaria de apresentar aspectos que utilizo como balizadores das escolhas que realizo enquanto estrategista político.

Algumas campanhas eleitorais brasileiras se tornaram emblemáticas, seja pelos resultados alcançados, seja pela repercussão da campanha em si, independentemente dos resultados, ou pelos ciclos políticos que se iniciaram a partir delas.

A disputa presidencial de 1989, por exemplo, é uma delas. A partir da eleição de Collor, três aspectos passaram a ser alvo de análises, tanto pelos acadêmicos quanto pelos atores do mercado: o desempenho performático do candidato vitorioso; o peso dos programas eleitorais na formação das escolhas do eleitor e a interferência da mídia no processo eleitoral.

Mas, de maneira geral, como os clientes veem o marqueteiro? Primeiro é importante dizer que a sociedade e o público em geral veem, quase sempre, o marqueteiro como alguém

Inteligência Política e Estratégia nas Campanhas Eleitorais

que ficou rico da noite para o dia, que teve ascensão financeira rápida. Portanto, é um olhar de desconfiança. O quanto isso atrapalha a relação com os clientes?

Eu diria que a nova geração de políticos é muito mais sensível à importância do papel do estrategista no processo pré-eleitoral e eleitoral do que os mais tradicionais. Devido ao convívio mais próximo às tecnologias e interações por meio de redes sociais, sabem reconhecer o valor do *marketing*, da estratégia e da comunicação, realizados por profissionais especializados e com experiência comprovada.

Os integrantes da chamada nova geração querem ter uma participação de forma mais contundente na formulação da estratégia, o que nem sempre é positivo. Aliás, às vezes é muito ruim, atrapalha bastante, sobretudo para que a visão técnica prevaleça. O distanciamento emocional é muito importante, porque, muitas vezes, a equipe está muito "contaminada" com o contexto.

É algo que observo ocorrer com muita frequência em campanhas e sempre alerto a minha equipe, mas, muitas vezes, "santo de casa não faz milagre". Nesse aspecto, eu faço referências a Maquiavel, que falava da corte em torno do poder, o que pode ser muito tóxico para o processo de elaboração de estratégias eleitorais.

O candidato e seu núcleo político mais próximo identificam o estrategista como alguém importante, necessário, mas que não é dono da verdade, o que os leva a fazer intervenções, muitas vezes prejudiciais. A contratação de um estrategista é, de fato, algo oneroso para uma campanha e muitos fazem uma analogia com a parte tática, calculando o custo/benefício.

Os políticos mais experientes têm uma visão mais cristalizada, com sua capacidade de memorizar e reproduzir experiências passadas. Dessa forma, se os devidos alinhamentos não forem feitos desde o princípio, o marqueteiro vira um reprodutor das ideias do político.

Outro aspecto do mercado é que, infelizmente, nem sempre os profissionais que atuam têm a qualificação técnica necessária. Muitos querem fazer todas as funções. Um aspecto fundamental é estar muito consciente dos seus valores e princípios éticos, mostrando que há aspectos inegociáveis. Apresentando resultados, a partir das entregas, você conquista a confiança.

Afirmo sem pestanejar que a Lava Jato foi um divisor de águas, não apenas para a classe política, mas também para o *marketing* político e eleitoral. Os escândalos envolvendo profissionais do alto escalão da área afetaram não só os grandes, mas todo o mercado. Após a operação, foram concretizadas mudanças na legislação que já vinham sendo discutidas, em aspectos como a proibição das doações por empresas e a própria duração das campanhas. Atingiu o mercado do ponto de vista legal, com uma série de limitações impostas, e também o aspecto financeiro, com a redução dos formatos de financiamento. A reação da classe política foi a ampliação do fundo partidário e eleitoral, que foi regado com volumes expressivos de recursos. Nas eleições de 2022, o fundo eleitoral foi de 4,9 bilhões, de acordo com o Tribunal Superior Eleitoral (TSE).

Os profissionais que se posicionam de forma ética e ilibada veem muitas portas serem abertas. Claro que outros fatores não perderam sua relevância no mercado: capacidade de fazer leituras precisas de cenários; velocidade na implantação de ações e talento criativo para desenvolver caminhos estratégicos da comunicação. Como em outras áreas profissionais, é preciso se atualizar permanentemente. São diferenciais: saber pensar e repensar, recriar, questionar o caminho.

Enxergo que o mercado historicamente era formado por camadas distintas de profissionais:

I. Os pioneiros: considerados os "tops". Essa camada é formada por profissionais que marcaram a história das campanhas no Brasil, no *marketing*, na publicidade e na modelagem e interpretação de pesquisas. São profissionais que cobravam valores *premium*. Esses nomes remetem a campanhas milionárias.

II. Os intermediários: são profissionais não menos competentes, mas com atuação regional e não nacional. Muitos são oriundos do mercado publicitário.

III. A base da pirâmide: reúne dezenas e centenas de profissionais, que atuam como pessoa física e não como empresas, mas com muita competência em suas áreas específicas. Muitos atuam como *freelancers,* mas infelizmente não conseguem ter seu trabalho reconhecido satisfatoriamente e não conseguem viver desse trabalho. Assim, acabam tendo outra atividade profissional paralela.

Nossa reputação é fortalecida a cada campanha, por meio dos resultados entregues. Isso gera uma marca, gera um conceito. Fui eleito pela COMPOL-USA[6] (2017) um dos cem estrategistas mais influentes do mundo, o que me deixa orgulhoso de ter trazido essa conquista para o Brasil. Aliar resultados efetivos à criatividade, inovação e estética refinada é o nosso diferencial.

> Aliar resultados efetivos à criatividade, inovação e estética refinada é o nosso diferencial.

As transformações impostas pelo mercado de comunicação eleitoral e pela participação no mundo digital têm demandado uma constante atualização e aperfeiçoamento para acompanhar essas tendências. Os profissionais e empresas envolvidos nesse mercado não podem desconsiderar a comunicação digital como algo transversal e presente em qualquer etapa de uma campanha eleitoral. Resumindo: não basta sair do analógico para o digital; é fundamental manter-se atualizado, aliando criatividade à tecnologia de ponta.

> Não basta sair do analógico para o digital; é fundamental manter-se atualizado, aliando criatividade à tecnologia de ponta.

Dois fatores impactam decisivamente o caminho trilhado por nós: a ousadia criativa e o compromisso com os resultados. Esse reconhecimento por parte do mercado é essencial para a captação de novos clientes. Nosso maior cartão de visitas é o número de campanhas que já realizamos e o número de vitórias alcançadas. Uma indagação muito comum é se escolho os meus clientes pela sua filiação político-ideológica. Para mim, isso não é um critério, pois o meu trabalho, pela sua natureza técnica, credencia-me a atender convites de diversos grupos políticos.

---

6. Disponível em: https://bityli.com/FnUuBvxZO. Acesso: 14 out. 2022.

Nosso trabalho envolve um preciso diagnóstico e avaliação de imagem, para guiar o planejamento, a criação do conceito criativo, do discurso-base e do posicionamento estratégico. A partir de conceitos científicos arrojados, nossas campanhas conectam ações *on* e *off-line* para alcançar os objetivos do cliente. No atual contexto, as campanhas precisam ser menos espetaculares e pirotécnicas, e mais criativas e informativas. Nossa experiência em disputas nacionais e internacionais nos faz ter a convicção de que eleições são decididas pelos sentimentos certos, despertados pelas emoções correspondentes, estimulados no momento ideal.

2.3 Clientes

Para muitos, *marketing* político e eleitoral são a mesma coisa. No entanto, conceitualmente e na prática, cada um deles tem suas especificidades. O que poderia dizer é que o *marketing* eleitoral é uma subdivisão do *marketing* político, mas nem todo profissional que sabe trabalhar com política tem *know how* necessário para atuar em campanhas eleitorais.

Existem dois princípios basilares que norteiam a atuação nesse campo profissional. O primeiro deles é a relevância. É decisivo ter um conteúdo relevante para colocar à disposição do cliente, que possa agregar algo para a vida dele. Isso se adquire com estudos, pesquisas e aprimoramento. O segundo é o atendimento. Não adianta ser referência, ser um profissional de renome, mas que não dar a devida atenção ao cliente. E aqui não me refiro a uma técnica, mas à personalidade, aos princípios de cada um, à capacidade de perceber a importância do outro. A combinação entre os dois princípios é a fórmula do sucesso.

Prestar um atendimento de excelência requer a construção de um estilo de vida, principalmente se o profissional deseja atuar além do mercado local. O preço que se paga é muito alto, pois são necessárias muitas ausências na família, uma vida de viagens constantes e uma jornada de trabalho extensa. É necessária uma retaguarda para estar disponível para o seu cliente.

Em 2020, diante do caos que estávamos vivendo naquele momento difícil da pandemia de covid-19, atuamos em cinco campanhas majoritárias, em quatro diferentes estados. Ganhamos quatro e perdemos uma. Ao término do processo eleitoral, é sempre importante revisitar o cliente, independentemente do seu resultado, entendendo que é o fim de um ciclo, mas não obrigatoriamente o término de uma relação profissional. Existem situações em que o cliente perde a eleição, mas sai fortalecido politicamente. Em outros casos, a derrota eleitoral representa uma derrota política. A outra situação, mais desejada, é aquela em que o cliente vence as eleições, saindo vitorioso politicamente e em condições de consolidar o seu futuro político.

A cada novo ciclo eleitoral, o surgimento dos clientes acontece naturalmente em razão de experiências passadas e por recomendação de outros clientes. Independentemente do tamanho do projeto, procuramos dar a mesma atenção e as orientações iniciais que consideramos importantes para o alcance dos resultados.

Essa etapa do trabalho demanda um investimento de tempo e de recursos para deslocamentos necessários, por isso é necessário ter uma estratégia traçada; não dá para caminhar a esmo. Assim, faço um mapeamento daquelas regiões em que desejo trabalhar no ciclo eleitoral vindouro. Relembro quem são meus contatos naquele lugar, pessoas com quem já tive contato ou que podem me proporcionar alguma oportunidade de prospecção.

Alguns aprendizados marcaram o meu caminho à frente de uma empresa de inteligência e estratégia políticas. Um deles é que sempre vale a pena ser generoso. A generosidade sempre retorna algo valioso para você. Certa vez, recebi o convite para participar de uma reunião com um potencial cliente no Acre. Meu *feeling* me apontava que aquele contato não se concretizaria; eram muitos obstáculos e talvez a logística para realizar a campanha não compensasse para mim. Mesmo assim, decidi aceitar o convite e fui com o mesmo entusiasmo com que participo de todas as reuniões e encontros semelhantes àquele. Resultado: não fechamos com o cliente, mas nos gerou *leads* importantes. Outro grande aprendizado: é fundamental fazer conexões entre as pessoas, ter desprendimento, não agir de forma meramente comercial. Isso gera uma reputação que não tem preço.

2.4 Diagnóstico multidisciplinar e avaliação de imagem

Um diagnóstico tecnicamente bem construído, a partir de métodos academicamente alicerçados, sob o olhar de profissionais com distintas formações e sob a condução de um estrategista experiente, é capaz de fornecer as bases para uma campanha exitosa. Esse estudo se propõe a encontrar respostas para questões norteadoras do planejamento da campanha, entre elas: quais são as expectativas do público em relação aos seus representantes? Qual o perfil ideal almejado? Quais as competências não podem faltar em um governante ou representante no parlamento? Que atributos pessoais os candidatos precisam ter?

Um ponto fundamental é que o diagnóstico vai além de um questionário. Ele é composto de partes que se interconectam e proporcionam uma visão aprofundada do candidato e do contexto político-eleitoral. É um conjunto de dados coletados, analisados por profissionais que integram o núcleo estratégico. Para se chegar a essas respostas, são manejados diversos instrumentos.

O primeiro deles é uma entrevista profunda com o futuro candidato, por meio de um questionário estruturado, que contém questões sobre as motivações pessoais, a visão política, sua trajetória profissional, os potenciais adversários e sobre o contexto político – nacional e local. Esse roteiro, no entanto, não é estanque. Pode sofrer adaptações graças a aspectos específicos que possam ser identificados previamente. Não se inicia uma campanha sem um mergulho prévio no perfil do postulante e no contexto em que a disputa ocorrerá. Trata-se de uma técnica de pesquisa social muito utilizada no dia a dia das pesquisas das ciências humanas. Não há uma regra sobre como se fazer esse mergulho prévio. O que se pretende com ele é ter um lastro a partir do qual os próximos passos serão dados. Assim, levantam-se informações básicas como filiação partidária atual e prévias, principais relações políticas, trajetória profissional, perfil familiar, principais elementos discursivos, tendo como fontes as redes sociais e os meios de comunicação, por exemplo.

Essas informações básicas servirão, inclusive, para proporcionar as primeiras aproximações com o candidato e o seu grupo político. No caso de candidatos estreantes na política, é preciso buscar elementos em sua trajetória profissional que possam ser explorados como atributos importantes para mostrar competências e habilidades para sua futura atuação como gestor público ou como representante popular no Poder Legislativo.

Após os entendimentos iniciais, o próximo passo é realizar uma entrevista estruturada com o candidato. Um dos requisitos para que esse momento atinja, de fato, os seus objetivos é que ele seja conduzido de forma técnica, seguindo um método. Assim, é possível gerar a empatia necessária para se estabelecer uma relação de confiança, sem a qual o trabalho de *marketing* político não funciona adequadamente. Recomenda-se que, nessa ocasião, estejam presentes apenas o candidato e o estrategista da campanha. Isso não é uma regra rígida, mas deve ser almejada, já que a presença de outras pessoas pode inibir o diálogo fluido.

Outro ponto importante é o ambiente onde essa entrevista acontece, que deve proporcionar conforto, segurança e tranquilidade. Em alguns casos, pode ser um hotel na cidade, por exemplo, para que se tenha um espaço neutro. Em outros, a própria casa do candidato é a melhor opção. O horário conveniente também é essencial, para que o momento não sofra atropelos e interrupções. O clima deve ser ameno e não de um interrogatório. A entrevista pode ser gravada, conforme combinação prévia com o cliente, para uso restrito interno.

E como conduzir essa entrevista, de modo a extrair as informações necessárias para fundamentar o diagnóstico? O ideal é seguir uma técnica adequada e sistematizar as informações para que a entrevista não seja uma simples anamnese. Mais uma vez, não há uma fórmula pronta, no entanto, é preciso planejar adequadamente esse momento. Ter uma agenda com o candidato, com as condições adequadas para realizar a entrevista, não é elementar. Assim, extrair o máximo desse momento significa um passo decisivo para uma campanha exitosa.

O entrevistador deve ser o próprio estrategista. Essa tarefa não deve ser delegada a nenhum outro ator. Primeiro, porque é preciso mergulhar no perfil do candidato, gerar a empatia e a confiança que nortearão a relação a partir dali. Segundo, porque é a grande oportunidade de conhecer o cliente de forma aprofundada, sem mediações, permitindo adentrar na intimidade do indivíduo, acessar suas motivações intrínsecas. Se as condições ideais para esse momento forem atendidas e, a partir da experiência, da sensibilidade e da visão estratégica do profissional, traços importantes são revelados sobre o comportamento, a visão de mundo e o modo de agir do cliente. A elaboração do roteiro da entrevista tampouco deve ser delegada a outra pessoa. A partir das pesquisas prévias sobre o candidato, o estrategista deve adaptar o roteiro, direcionando-o para a presente realidade.

O ritual da entrevista exige a máxima atenção e dinamismo do profissional que coordena o processo. É preciso estar atento a cada detalhe revelado, fazer as anotações sobre o que chama a atenção, pois esses *insights* são valiosos para o processo criativo. A entrevista deve ser gravada, para que depois se possa checar algum detalhe, conferir alguma informação que soe dúbia. Mas isso não deve acomodar o entrevistador; estar inteiramente presente naquele momento é fundamental. Uma técnica de anotações que tem funcionado bem é a utilização de *post-its*, que permitem dar destaque a determinados temas, separar tipos de *insights* por cores, o que facilitará sobremaneira a sistematização das informações e a organização do pensamento para o processo criativo. Para isso, é necessário preparar previamente o espaço da entrevista: pensar no espaço necessário para dispor os papéis para anotações, com conforto, permitindo, depois, a organização do que for coletado.

O caráter exploratório da pesquisa preconiza que o entrevistador possa fazer intervenções durante o processo, a partir do seu *feeling*, com o intuito de explorar oportunidades de melhorias e intervenções técnicas, de avaliar o conteúdo já instalado no candidato, suas principais bandeiras, as causas que já defende, assim como pontos de fragilidade em sua trajetória.

Cada estrategista deve criar o seu próprio estilo para entrevistar e sistematizar as informações, mas, como dissemos anteriormente, um método deve ser seguido, para que não se perca de vista o objetivo pretendido. No meu caso, há pouco mais de trinta anos, venho seguindo o método aprendido em um curso realizado em Hastings, na Inglaterra, com o Professor-doutor Adrian Underhill, que teve como base o livro *Six category intervention analysis*, de John Heron (1976).

Foi um valioso aprendizado sobre as diversas formas de intervenções nas narrativas. Por meio dessa técnica, consigo retornar ao rumo desejado sempre que o entrevistado, por qualquer motivo, desvia do foco pretendido. É importante a consciência de que estamos diante de uma pessoa com pretensões políticas, que quer construir ou fortalecer seu nome e sua identidade, e, portanto, pode criar subterfúgios para omitir determinadas fragilidades. Não estamos ali na condição de alguém que vai julgá-lo por isso. No entanto, o trabalho do estrategista requer acesso à verdadeira identidade do candidato, para que as estratégias sejam adequadas, cabíveis, a fim de se evitarem surpresas no caminho. Seja qual for a técnica escolhida, é importante que o estrategista tenha o domínio do diálogo, conduzindo de fato a entrevista. Uma das formas de se obter isso é com perguntas adequadas, apresentadas no momento exato. Quando um interlocutor faz uma pergunta, ele automaticamente conduz a conversa. Por isso, mais uma vez, ressaltamos o quão importante é ter o roteiro claro em mente, estudar a biografia do candidato previamente e ter o clima adequado.

Ao longo da nossa trajetória, deparamo-nos diversas vezes com candidatos que querem impressionar o entrevistador e, para isso, buscam potencializar suas qualidades e encobrir possíveis fragilidades, adiantando ao entrevistador seus defeitos como mecanismo de proteção. Como sabem que, na próxima etapa, serão entrevistadas pessoas próximas, familiares, amigos e correligionários, temem que alguns traços de sua personalidade sejam posicionados e que, assim, ele fique exposto. Mais uma vez, é preciso saber posicionar para o cliente o real significado dessa entrevista, o seu propósito, para que ele saiba o uso que terão as informações extraídas. A precisão é fundamental para que a técnica funcione, mas isso só acontece quando há confiança, profissionalismo e empatia.

Após a entrevista com o candidato, vem a etapa de ouvir familiares, amigos e apoiadores mais próximos. A escolha de quem será entrevistado deve acontecer de comum acordo com o candidato. A família tem um papel importante na construção de uma candidatura, especialmente o cônjuge, que pode ser um grande apoiador, incentivador, mas também um obstáculo, quando o projeto político não está devidamente alinhado com ele. Temos um cuidado especial nesse aspecto, ajudando o candidato a fazer esse alinhamento e a posicionar adequadamente a família no processo de construção da candidatura.

O roteiro dessa segunda etapa de entrevistas é o mesmo daquele que foi utilizado com o candidato, com pequenas adaptações. Naturalmente essas entrevistas são mais curtas e menos subjetivas. A essa altura, o marqueteiro já tem um razoável nível de conhecimento sobre o candidato; os principais traços de sua personalidade já foram revelados, suas características foram, em grande parte, identificadas pela equipe de *marketing*. Assim, as entrevistas com o grupo familiar, de amigos e apoiadores mais próximos têm como finalidade olhar o candidato sob o ponto de vista deles, o que é extremamente enriquecedor quando se deseja conhecer mais profundamente uma pessoa.

A atenção do estrategista deve se voltar para o contexto, mas também para os detalhes das falas. O cônjuge, por exemplo, costuma tocar, ainda que muitas vezes de maneira indireta, nas fragilidades do seu par. E aquilo que é conhecido pode ser trabalhado na construção da imagem do cliente parceiro.

Como resultado dessa etapa, tem-se não apenas o que o candidato diz, mas como as pessoas o percebem. Essas entrevistas costumam ser muito ricas e produzem muitos *insights* para a elaboração das estratégias da campanha, especialmente para a comunicação. Novamente, as anotações feitas durante esses encontros devem ajudar o marqueteiro posteriormente em suas elaborações.

Não podemos esquecer que as informações obtidas por meio deles vão ser fundamentais para a elaboração do conceito da campanha e do discurso-base do candidato. O papel do estrategista é alinhar com os mediadores os reais propósitos do grupo focal e também acompanhar o desenvolvimento dos trabalhos. Sempre gosto de me posicionar na sala-controle e assistir a todos os grupos, porque a riqueza do momento não deve ser perdida. Os comentários espontâneos que as pessoas fazem são repletos de informações essenciais para se compreender como elas estão enxergando a atualidade, como se sentem dentro da conjuntura, que perfil elas desejam para as representar ou governar e, principalmente, como veem o candidato, seja ele é estreante ou um político experiente.

O recrutamento dos participantes dos grupos focais deve considerar características socioeconômicas e demográficas da realidade em que a candidatura irá acontecer, para ser representativa do eleitorado. Caso critérios cien-

Marketing Político

tíficos não sejam obedecidos, os resultados podem sofrer distorções significativas e induzir o processo criativo ao erro. O lugar para organizar os grupos deve ser cuidadosamente escolhido, para proporcionar neutralidade. Recomenda-se a organização de dez a quinze grupos, mas essa escolha deve levar em consideração fatores como tempo e recursos financeiros.

O que não pode faltar no roteiro desses grupos focais? Primeiro, deve ajudar a perceber como as pessoas se sentem na presente conjuntura: se estão esperançosas ou desanimadas com o momento político e econômico; se anseiam por mudança ou por continuidade; como elas percebem o cenário político e os principais atores. Nesse momento, a recomendação de se mergulhar previamente na biografia do candidato e de coletar informações sobre potenciais adversários mostra a sua importância, pois nesse levantamento, podem surgir elementos a serem testados nos grupos. Também podem ser suplantadas dúvidas que eventualmente surgiram nas entrevistas ou até mesmo em relatórios de pesquisas anteriores, de caráter quantitativo ou qualitativo.

Segundo, ele deve explorar ao máximo a imagem do candidato. Para isso, são apresentados fotografias e vídeos, buscando coletar a percepção das pessoas acerca da linguagem verbal e não verbal. Que perguntas são feitas a partir dessa imagem? Se o candidato aparenta alguém confiável; se aparenta liderança; quais as vulnerabilidades associadas a essa imagem; o que se destaca de positivo, entre outras.

Como se pôde perceber, o diagnóstico não tem enfoque quantitativo, é estritamente qualitativo. Pesquisas *quanti* feitas com tal antecedência não têm efeito prático algum para o processo de elaboração do conceito e dos

Inteligência Política e Estratégia nas Campanhas Eleitorais

caminhos criativos da pré-campanha. Não se trata aqui de adentrar no debate sobre qual das duas modalidades de pesquisa é mais válida para orientar uma campanha eleitoral. A experiência comprovou ao longo do tempo que, para a pré-campanha, têm mais relevância as informações exploradas usando métodos qualitativos. Em *marketing* político e eleitoral, é fundamental fazer uso dos instrumentos corretos, na hora certa.

Com todas essas informações em mãos, resultadas da entrevista em profundidade com o candidato, das entrevistas com o núcleo familiar e com apoiadores próximos, e dos relatórios dos grupos focais, o estrategista produz o relatório final do diagnóstico. Nessa etapa, é fundamental que outros profissionais integrantes da equipe também façam sua leitura das informações, a fim de perceber aspectos que podem não ter sido observados pelo estrategista. Geralmente, submetemos os relatórios a um cientista político, a um jornalista e a um publicitário da nossa equipe. Assim, além de contribuírem para o formato final do documento, eles podem começar a estruturar ideias para compor a campanha (e a pré-campanha).

O diagnóstico tem duas finalidades principais: a leitura da imagem do candidato e a análise da sua viabilidade eleitoral. A leitura deve permitir o retrato mais acurado possível do candidato, do cenário eleitoral e dos potenciais adversários. Não deve ser vista como um instrumento estático, uma vez que a conjuntura pode se alterar. É importante lembrar que o ideal é que ela seja realizada como primeiro passo da pré-campanha, em um instante temporalmente distante da campanha em si.

Assim, novos adversários podem surgir, por exemplo, e outros podem não se confirmar na disputa. Avaliações de governos também podem ser alteradas graças ao estado da economia, ao quadro partidário, entre outros elementos apontados pela Ciência Política como determinantes do voto[6]. O desafio do estrategista e de sua equipe é ter um diagnóstico rico o suficiente para dar conta de fotografar o momento e, ao mesmo tempo, permitir atualizações de leituras de cenários, sem permanecer estanque ou invalidar aquilo que é produzido para a pré-campanha.

A viabilidade eleitoral é basicamente avaliada a partir de dados que compõem o diagnóstico, como o cruzamento da análise do perfil do candidato com o perfil desejado pelos eleitores para o cargo almejado, por exemplo.

Caso haja disponibilidade orçamentária para a realização de pesquisas quantitativas, ou se o candidato já tiver relatórios de pesquisas feitas anteriormente, é possível aprofundar ainda mais a percepção sobre as possibilidades eleitorais. Toda informação confiável trazida pelo candidato ou pelos assessores pode ser incorporada ao estudo. Contudo, é preciso que o estrategista e sua equipe façam o crivo técnico do que vai ser ou não incorporado, pois é comum apresentarem relatórios de pesquisas realizadas com erros amostrais, desvios, imprecisões. Não se pode abrir mão do rigor técnico.

No entanto, tratam-se de prognósticos voláteis, mutáveis, não definitivos. O que importa, nesse instante em que o diagnóstico é produzido, é focar na desenvoltura do cliente,

---

6. Diversos pesquisadores têm como foco dos seus estudos em Ciência Política explicar o comportamento do eleitor, observando quais são as variáveis determinantes da escolha eleitoral. Para isso, em suas pesquisas, buscam apreender o modo como o eleitor votou, a partir de aspectos socioeconômicos, ideológicos ou religiosos, por exemplo.

em seu perfil, sua *performance* e sua capacidade de comunicação. Quando bem realizado, esse estudo pode ajudar a resolver um problema muito comum a quem decide ingressar na vida pública ou renovar seu mandato: a cegueira sobre o ponto de partida. Muitos candidatos tomam decisões sem respaldo na realidade, às vezes com excesso de otimismo, às vezes, de pessimismo. O mais importante é o estrategista saber usar as ferramentas certas, no momento preciso. Isso se consolida pela formação acadêmica sólida, aliada à experiência, ao senso crítico e à capacidade analítica de fazer a leitura correta de cenários.

> O mais importante é o estrategista saber usar as ferramentas certas, no momento preciso. Isso se consolida pela formação acadêmica sólida, aliada à experiência, ao senso crítico e à capacidade analítica de fazer a leitura correta de cenários.

Na pré-campanha, mais do que as expectativas de votos, serão explorados o perfil e a capacidade de o candidato apresentar as características desejadas pela sociedade. Pesquisas quantitativas só se tornarão mais relevantes em um momento mais próximo à eleição, uma vez que o cenário da competição já estará mais claro. Faltando um ano para a realização do pleito, a variável intenção de voto diz muito pouco: não se sabe quem serão de fato os *players* e em que conjuntura se dará a disputa.

As informações advindas do diagnóstico devem ser tratadas com o máximo de cuidado possível. É compromisso ético do estrategista dar o devido tratamento para apresentá-las ao candidato e ao núcleo estratégico da campanha. A definição sobre com quem se deve partilhar o resultado do estudo deve ser feita pelo candidato, mas é importante o marqueteiro fazer ponderações sobre esse momento, mostrando que algumas informações dizem respeito inclusive a questões privadas e íntimas.

Lembro de um episódio que atesta a necessidade de se tratar essa questão com muita cautela. Tivemos a oportunidade de desenvolver esse trabalho de produção do diagnóstico multidisciplinar para um ex-presidente da Europa e, quando agendamos a apresentação do resultado, ele decidiu que participariam onze assessores próximos. Em determinado momento da apresentação, com o surgimento de informações sobre a sua imagem, o constrangimento foi inevitável. Não houve clima para prosseguirmos e ele solicitou a interrupção, dado o grau de exposição.

No Brasil, também já houve casos de exposição das informações com a presença da família, gerando conflitos e até mesmo princípio de discussões. Por isso, sempre procuramos convencer o cliente de que a primeira apresentação deve ser feita individualmente – marqueteiro e candidato – para depois ser selecionado um grupo restrito de pessoas mais próximas para partilhar desse diagnóstico. O propósito não é desgastar a imagem do candidato, mas sim mapear estrategicamente pontos de fragilidade, oportunidades de melhoria, assim como pontos fortes a serem explorados na trajetória da pré-campanha e do período eleitoral propriamente dito.

Quando o diagnóstico é bem recebido pelo cliente e pelo núcleo mais próximo da campanha, podemos dizer que é o princípio de uma trajetória vitoriosa. Para o marqueteiro e sua equipe, o *feedback* do candidato é importante para ajustes nas informações, que podem ter sido captadas com imprecisão.

Finalizada essa primeira etapa, é hora de iniciar o processo de definição do posicionamento político.

2.5 Posicionamento político

O voto pode ser compreendido como a tradução de uma escolha. Assim como as marcas têm posicionamentos acerca das questões presentes na sociedade e são cobradas pelos consumidores a respeito disso, partidos e atores políticos também têm seus posicionamentos, definidos a partir de um conjunto de elementos, entre eles questões ideológicas, alianças firmadas e o posicionamento da bancada à qual o partido pertence.

> O voto pode ser compreendido como a tradução de uma escolha.

Quando o diagnóstico multidisciplinar é realizado, geralmente já há articulações políticas em curso ou até mesmo consolidadas; por vezes, já há um grupo político formado ou em vias de consolidação; já há lideranças políticas que atuam como porta-vozes do eleitorado. Algumas definições podem ter sido tomadas, como o rompimento com grupos políticos e até mesmo a troca de legenda. Para que o diagnóstico seja capaz de refletir essas escolhas, esse momento político no qual o candidato se encontra, é fundamental ouvir as pessoas mais próximas a ele, que conhecem o que se passa nos bastidores, pois assim se pode escolher um posicionamento político adequado e coerente com a comunicação da campanha.

O posicionamento político é uma base por onde passam as estratégias. A sua construção é uma soma das crenças, ideias e valores do candidato aos posicionamentos políticos locais, estaduais e nacionais do seu partido e do seu grupo político. Tem algo de perene, mas também de volátil, pois é afetado pelas dinâmicas políticas do presente. A atenção que o estrategista deve ter a esse aspecto é crucial, mas sempre consciente de que se trata de uma construção e não de uma imposição. Um exemplo de como o posicionamento pode ser mudado e reconfigurar as estratégias eleitorais é o de pré-candidatos que precisam fazer novas escolhas a partir de novos rumos que a sua legenda decide tomar. Há casos em que essas mudanças vêm após o período da pré-campanha, quando muita coisa já foi construída, elaborada e propagada. É necessária uma atuação do estrategista para que o eleitor não fique confuso e consiga interpretar o sentido das mudanças que se impõem.

Cabe ao estrategista fazer o uso de estratégias que possam minimizar os danos à imagem do candidato. O nível de interferência nas decisões a serem tomadas para a construção do novo posicionamento depende do nível do relacionamento existente com o candidato e do embasamento técnico que baliza as estratégias a serem adotadas. Sempre vamos nos deparar com partidos e candidatos mais disponíveis para escutar e abraçar o que está sendo apresentado pelo estrategista, mas não são raros aqueles que não dão sequer espaço para qualquer sugestão ou proposição. É preciso saber lidar com essas duas realidades.

O posicionamento vai se solidificando à medida que a construção da candidatura vai ganhando corpo, apoios vão surgindo, o projeto vai ganhando musculatura. É importante mostrar ao cliente que as indefinições não devem deixá-lo imobilizado, pois é preciso, desde cedo, ir trabalhando na construção da imagem política. Existem posicionamentos que não vão mudar ao sabor das circunstâncias, pois são característicos, intrínsecos, estão na base da história polí-

Marketing Político

tica daquele ator. Assim, o estrategista deve ir trabalhando em torno deles. Além disso, é recomendado trabalhar em cima do perfil ideal, dos atributos desejados, como sobretudo em campanhas majoritárias. Daí a importância de se identificar a agenda, os temas, os anseios do eleitor, em torno do qual se elabora o posicionamento do candidato.

O posicionamento favorece o discurso-base, que é a fala estruturante do seu discurso político. Podemos dizer que ele é a referência para o conteúdo de entrevistas, de falas públicas; é a espinha dorsal da fala do político. A sua definição é essencial para o cliente saber se posicionar e desenvolver temas para embasar sua campanha. A conjuntura nunca deve deixar de ser observada, mas esse discurso-base já pode ser elaborado minimamente.

Além de definir o seu posicionamento e o discurso-base, o candidato deve investir no aperfeiçoamento da sua habilidade de se comunicar. Deve haver um movimento síncrono de elaborar a forma e desenvolver o conteúdo. Isso pode ser trabalhado de forma precoce.

Inteligência Política e Estratégia nas Campanhas Eleitorais

2.6 Planejamento de comunicação

O processo de planejamento consiste em pensar as diversas etapas do processo de comunicação, contemplando a forma com que o conteúdo da campanha vai ser propagado e quais os recursos necessários para executar as ações.

Trabalhar com planejamento é assumir que o conceito de criação não significa que você pode fazer qualquer coisa, de qualquer jeito, em qualquer circunstância. O planejamento ajuda a pensar os riscos, as propriedades de cada meio de comunicação, refletir previamente sobre o que se pretende fazer, em quais plataformas, os limites da capacidade de comunicação desses veículos e os recursos necessários.

Além disso, apresentar o planejamento de forma estruturada ajuda o cliente a visualizar o que será feito de fato pelo marqueteiro e sua equipe, dando materialidade a tudo que foi pactuado e conversado até então. Ajuda a responder qual o perfil do público que se deseja alcançar e com que plataformas ele está mais familiarizado.

Assim, devem ser determinados os objetivos da comunicação para esse público, como a aproximação e ampliação do relacionamento, por exemplo. Desse modo, se desenvolve a mensagem com a seguinte questão: como atrair a atenção das pessoas?

> A mensagem ideal é aquela que capta a atenção, gera o interesse e, quando possível, desperta o desejo.

A mensagem ideal é aquela que capta a atenção, gera o interesse e, quando possível, desperta o desejo. Essa deve ser a base sobre a qual se constrói o planejamento de comunicação adequado, que contempla quais os canais a serem utilizados, tanto na pré como na campanha, definindo, ainda, qual a estrutura necessária, o composto da comunicação.

O planejamento deve também demonstrar de que forma serão medidos, avaliados e monitorados os itens que compõem a comunicação da campanha. Isso se faz no século XXI, em grande parte com ajuda da Inteligência Artificial, conforme mencionamos anteriormente.

A seguir, esmiuçamos os elementos básicos a serem contemplados no planejamento.

PÚBLICO-ALVO

Nesse item, estão contemplados os aspectos da comunicação que buscam as respostas para a questão: "como alcançar o público-alvo?" O primeiro ponto é verificar se a candidatura é majoritária ou proporcional. No caso de ser proporcional, o planejamento deve ter como base ferramentas de georreferenciamento; da mesma maneira, se é uma campanha majoritária, essas ferramentas devem apontar onde os votos estão concentrados. Nesse sentido, é fundamental fazer uso de recursos inerentes às redes sociais e mídias programáticas, que são plataformas que permitem direcionar as peças de comunicação por região e por recortes socioeconômicos, por exemplo.

OBJETIVOS E METAS

Estabelecer objetivos é vital para a coordenação e o alinhamento dos diversos atores envolvidos no processo comunicativo da campanha. Recorremos a Colley (1961), autor do modelo conhecido como DAGMAR (Defining Advertising Goals for Measured Advertising Results), para a definição dos objetivos, considerando como elementos fundamentais:

- público-alvo a ser alcançado;
- medidas de referência;
- situação atual do mercado-alvo e grau de mudança desejado.

Sem olhar esses aspectos, não é possível determinar os objetivos de comunicação dentro de uma campanha. Vale ressaltar que todo objetivo contém tarefas concretas e mensuráveis a serem executadas, além do período em que será atingido. Definidos os objetivos, parte-se para as escolhas sobre quais as mensagens a serem comunicadas e como isso será feito, inclusive o tom de voz a ser adotado.

SEGMENTAÇÃO

A segmentação dos públicos atualmente é feita com o uso de ferramentas que permitem um maior refinamento que os dados demográficos, sozinhos, já não são capazes de fornecer. Para elaborar o planejamento de comunicação do cliente, é preciso mergulhar no universo de cada *micro target* para conhecer seus valores, dores e anseios, a fim de definir quais as formas mais eficientes para se comunicar com essas pessoas.

Com o uso de ferramentas adequadas, é possível tomar conhecimento da localização de seus eleitores reais e potenciais, a partir de dados já identificados e estruturados para gerar informações precisas e relevantes para a vida política e tomada de decisões.

CANAIS

A definição dos públicos leva à indicação dos canais mais adequados para se comunicar com eles. Na era das redes sociais, muitos esquecem de uma das premissas básicas da comunicação estratégica: para cada tipo de mensagem, existe um canal de comunicação mais adequado.

Junto à minha equipe, utilizo algumas perguntas norteadoras para decidir os canais que vão compor o planejamento de comunicação, a saber:

- O que vai ser comunicado? Aqui se deve considerar as características da mensagem, como o seu formato e a linguagem empregada (formal ou informal).
- Por que será comunicado? Aqui se trata de saber o porquê aquela mensagem precisa ser transmitida, de forma alinhada aos objetivos de comunicação.
- Para quem será comunicado? Mais uma vez, reforçamos a necessidade de estar claro o perfil do receptor com quem se irá interagir. Isso é um critério essencial para a escolha do canal de comunicação mais eficaz para alcançá-los.

Não existe planejamento sem definição de prazos. No

CRONOGRAMA

caso da comunicação, o planejamento deve contemplar a distribuição das mensagens ao longo do tempo de duração da campanha. Cada etapa precisa ter seu conteúdo adequadamente distribuído. É muito comum vermos campanhas que começam com uma quantidade de mensagens grande, com muito fôlego, mas, ao longo do tempo, tornam-se um processo meramente repetitivo, sem um cuidado maior com os objetivos e resultados a serem alcançados.

É uma etapa superimportante para nortear a veiculação de men-

PRÉ-TESTES

sagens e determinar possíveis correções de estratégias. O

que esse tipo de testagem pode fornecer para a estratégia e para o planejamento de comunicação?

Nesse tipo de avaliação, são elaborados blocos de perguntas que ajudam a analisar os principais aspectos que traduzem a eficiência da mensagem, contemplando aspectos como:

- Associação de marca: após ter visto a comunicação, o eleitor consegue relacionar o que foi divulgado com a marca/personalidade política que está por trás?
- Avaliação da campanha: quais são os aspectos positivos e negativos da comunicação? Assim, são apreendidos *insights* sobre o que deve ser corrigido na campanha e sobre o que já é aprovado pelo eleitor.
- Impacto da comunicação: quais os principais efeitos que a mensagem causou no eleitor?

A questão é que nem sempre é viável realizar a pré-testagem, seja por questões de tempo ou por questões orçamentárias, o que não invalida a sua importância para assegurar a assertividade dos objetivos e demais etapas do planejamento.

Como dissemos anteriormente, os objetivos e metas constantes no planejamento da comunicação devem ser claros e mensuráveis para assegurar

AVALIAÇÃO DOS RESULTADOS

que é possível avaliar os resultados. Essa avaliação é feita por meio de indicadores ou KPIs (*key performance indicators*), que podem ser qualitativos ou quantitativos[7].

---

7. Recomendamos a leitura do artigo de Thimoteo (2022).
Disponível em: https://bityli.com/hFNRMWpnT. Acesso: 4 jan. 2023.

Não existem indicadores fixos ou pré-determinados: variam de campanha para campanha e devem ser definidos a partir de elementos como a conjuntura da eleição; a situação em que o partido ou candidato está no momento; aquilo que se deseja comunicar e de que forma essa comunicação será feita. Alguns indicadores que comumente podem ser utilizados são:

- visualizações de páginas/perfis;
- visitantes novos x visitantes recorrentes;
- taxa de conversão;
- origem do tráfego;
- conteúdos mais lidos.

Após a definição dos indicadores e a coleta dos dados para a mensuração de cada um deles, inicia-se a etapa que requer um olhar técnico refinado: sua análise e interpretação. A periodicidade dessa análise é também um aspecto crucial para que se possa corrigir rotas e tomar decisões assertivas.

Sem o referido olhar técnico, não se consegue distinguir *feedbacks* relevantes daqueles que não somam à estratégia, por serem fruto de uma mera opinião ou juízo de valor, descomprometido com os resultados.

2.7 Monitoramento e coordenação da comunicação digital

Assim como o planejamento da comunicação exige conhecimentos técnicos, a atividade do monitoramento das ações não pode ser relegada ao segundo plano e realizada com amadorismo. Um processo como esse exige profissionais com capacidade analítica dos dados, familiaridade com plataformas digitais e com ferramentas robustas para fazer a avaliação da presença digital, que funciona em tempo real.

Isso me remete a diversas situações em que o monitoramento é crucial para a tomada de decisão, como ocorreu no caso de um candidato, em uma campanha em Minas Gerais, que recebeu uma crítica muito contundente de um adversário e queria responder imediatamente. Tive a oportunidade de interferir; chamei-o a refletir sobre a repercussão que, por ser tão insignificante nas redes sociais, não valia a pena rebater. O assunto simplesmente "desidratou". O monitoramento é essencial para lançar luzes sobre o melhor caminho a se seguir.

Nas campanhas em que atuo, fazemos o monitoramento diário e, a cada semana, fazemos uma avaliação e a apresentamos ao cliente, observando horários de pico, *performance* e desempenho de cada etapa. Cruzamos com as informações acerca dos adversários, a fim de olhar os cenários e tomar algumas decisões. A equipe de BI tem como missão olhar esses aspectos, e o marqueteiro junto ao *social media*, interfere nas decisões a partir de um olhar macro.

Não abrimos mão de ter, na estrutura da campanha, uma sala de inteligência digital para acompanhar 24 horas o desempenho das postagens. Isso se faz com o uso de *dashboards*, que contêm gráficos que se movimentam a partir das reações às comunicações. O núcleo de monitoramento faz uso de *Big Data* por meio de dispositivos com capacidade de armazenamento de alto volume de informações, que são filtradas em combinações que possam gerar informações.

Esse trabalho precisa ser feito com velocidade e confiabilidade, de forma técnica, profissional.

Não há comunicação digital eficaz sem monitoramento. Isso requer equipes de alto desempenho e capacidade analítica.

> Não há comunicação digital eficaz sem monitoramento.

2.8 Geração de conteúdo crítico

Um dos temas inevitáveis em uma campanha são quais estratégias usar em relação aos adversários. Políticos disputam espaço e a atenção das pessoas, e as redes sociais ampliaram ainda mais esse celeiro onde a disputa acontece. Portanto, para vencer, é preciso estruturar estratégias para diferenciar o candidato dos demais. Isso se faz com o "lado A" e o "lado B".

Explico melhor. Trata-se de uma analogia com os discos de vinil, tão utilizados até os anos 1980/1990. Para o "lado A", eram reservadas as melhores faixas, aquelas que faziam mais sucesso entre o público. Para o "lado B", as mais desconhecidas, as menos relevantes, menos escutadas, que complementavam o disco. Era no *B-side* que se colocavam as músicas mais experimentais, aproveitando-se do fato de que haveria, necessariamente, uma quebra do fluxo que o ouvinte vinha seguindo, já que precisaria parar para fazer a troca do lado do disco. Assim, a analogia permaneceu e, no mercado, quando se falava de lado B, havia uma referência ao não comercial, ao alternativo, à diversidade, à espontaneidade, ao lado oposto. Essa referência migrou para o universo das campanhas.

Estudos acadêmicos, em diversos países, têm analisado o uso de mensagens negativas nas campanhas eleitorais. O ataque, juntamente à defesa e à formação da imagem, constitui um dos principais usos da propaganda eleitoral (BENOIT, 2000). Nas disputas presidenciais, por exemplo, tem-se observado que a decisão de atacar geralmente parte de quem não alcança a primeira posição nas pesquisas, assim como dos candidatos oposicionistas. A frequência de uso dessa estratégia é maior nos anos de reeleição e nos segundos turnos. Entre esses estudos podemos citar os de Carvalho (1994), Lourenço (2007), Borba (2015a, 2015b) e Lavareda (2009). Outro aspecto relacionado às mensagens negativas é o quanto elas têm a capacidade de desequilibrar a disputa ou alterar o favoritismo de algum postulante.

No início da década de 1980, quando as propagandas negativas começaram a ser estudadas nos Estados Unidos, um dos caminhos de investigação era justamente o impacto dessas mensagens nos índices de intenção de voto.

De fato, elas têm esse poder? As análises mostraram dois efeitos: de fato, as mensagens com conteúdo negativo demonstraram ser eficientes para tirar votos dos adversários, porém não sem um "efeito colateral", o efeito *"bumerangue"*, que seria o desgaste da imagem do candidato que as promove. Isso ocorre sobretudo, de acordo com diferentes estudos, quando o ataque é feito pelo próprio candidato contra o caráter pessoal do adversário, sem a apresentação de "evidências" que corroborem o conteúdo veiculado (GARRAMONE, 1984, 1985; JOHNSON-CARTEE; COPELAND, 1989; RODDY; GARRAMONE, 1988; KING; McCONNEL, 2003; DOWLING; WICHOWSKY, 2015)[8].

O alcance das mensagens também é um elemento importante para dimensionar os seus efeitos em um contexto de disputa, considerando que, em uma campanha, existe uma pluralidade de informações políticas à disposição do eleitor (FIGUEIREDO, 2000).

A propaganda negativa varia também pelo nível de interação entre os candidatos (BORBA, 2019), com des-

---

8. Algumas referências sobre o tema podem ser encontradas no artigo de Borba (2019). Disponível em: https://bityli.com/AoCFkYTmGt. Acesso: 4 jan. 2023.

taque para os debates eleitorais, concebidos como o único momento da campanha que permite a interação direta entre os candidatos, sem qualquer tipo de intermediação. Justamente pelo caráter confrontacional que os caracteriza, as análises mostram que o tom das campanhas tende a ser relativamente mais negativo nos debates do que em outros canais de comunicação. Isso foi evidenciado por estudos que buscaram comparar a intensidade da campanha negativa entre diferentes canais (ELMELUND-PRÆSTEKÆR, 2010; WALTER, 2012).

No Brasil, um conjunto de fatores faz com que os segundos turnos sejam mais negativos. Um deles, de acordo com os especialistas, é o próprio sistema político, caracterizado pelo multipartidarismo, com a escolha do presidente decidida em dois turnos eleitorais:

> Na disputa com mais de dois competidores, os benefícios da propaganda negativa são dispersos no sentido de que podem se dividir entre diferentes partidos e não beneficiar aquele que se engajou no ataque – enquanto que o custo é exclusivo de quem ataca. Ou seja, numa disputa plural, a troca de acusações entre dois candidatos pode, no limite, beneficiar um terceiro, constrangimento que não existe nos países bipartidários, cuja disputa se equivale a um jogo de soma zero no qual o percentual perdido por um candidato beneficia automaticamente o seu adversário (BORBA, 2019, p. 48).

Ao mesmo tempo, a existência do segundo turno também é um fator que influencia a decisão de atacar. O que está por trás dessa escolha é o apoio que os candidatos necessitam, no segundo turno, daqueles que perderam no primeiro. Se no primeiro turno os ataques forem muito intensos, há dificuldade de consolidar apoios. A intensidade dos ataques no primeiro turno pode, assim, aumentar os custos prospectivos de barganha. Mas, no segundo turno, esses constrangimentos deixam de existir (BORBA, 2015a).

Outras escolhas estratégicas estão envolvidas na decisão sobre as mensagens negativas ou ataques, entre elas o lugar e a dosagem do tipo de ataque, de acordo com o canal. Tendo como base a teoria funcional de Benoit (1999), os ataques podem assumir um caráter político, pessoal ou uma combinação de ambos. Nos ataques pessoais, são ressaltadas as falhas individuais dos candidatos, sua falta de preparo, experiência e falta de honestidade. Já os ataques políticos envolvem críticas às propostas políticas dos adversários; a "combinação" procura dosar ambas as críticas em uma só mensagem (BORBA, 2019).

A capacidade de controle sobre o conteúdo das mensagens, o nível de regulamentação e a chance de ser identificado com o ataque são fatores que não podem ser ignorados pelos estrategistas de campanha. A academia pode ajudar o profissional na definição do uso dessas estratégias. Estudos mostram que a definição de atacar os adversários é mais intensa nos debates eleitorais nos quais e a interação direta é a característica marcante e, em escala menor, nos *spots* televisivos e radiofônicos (BORBA, 2019). *Mídias* como o *Facebook* têm o papel de mobilização e divulgação de agenda de campanha, sendo um dos lugares menos adequados para os ataques, talvez pela extrema facilidade de se ligar o ataque ao seu autor, o que poderia provocar o efeito *bumerangue*.

Mesmo assim, estudos recentes mostraram que mensagens de ataque estão começando a ficar cada vez mais frequentes nos espaços *on-line* de campanha. A primeira razão para isso é que, naquele lócus, a campanha reflete o cenário da disputa e segue as mesmas estratégias chaves utilizadas em outros ambientes (MASSUCHIN, 2019).

Lavareda (2009) detalha os efeitos das mensagens negativas sobre o receptor, demonstrando que elas transitam pelas mesmas categorias cognitivas das positivas, conforme o Modelo de Inteligência Afetiva, adaptado por Ted Brader (2006), autor do estudo *Campaigning for hearts and minds,* no qual estudou o conteúdo de *spots* televisivos em campanhas eleitorais. Utilizando metodologia semelhante para classificar os comerciais em campanhas presidenciais brasileiras, Lavareda (2009) organizou-os de acordo com a orientação dominante. Assim, foram considerados positivos aqueles que promovem o candidato, ao passo que os negativos buscam subtrair do adversário o apoio ou imagem. Os comparativos buscam as duas coisas.

As mensagens negativas podem desmerecer a biografia e o currículo dos oponentes, explorar posições publicamente assumidas que os deixem em confronto com a opinião pública, revelar deslizes pessoais, divulgar dados sobre sua atuação como gestor de empresas ou na administração pública, para pôr em dúvida sua capacidade administrativa (LAVAREDA, 2009). Quando veiculada na televisão, esse tipo de mensagem geralmente provoca muitas polêmicas entre os eleitores.

Na visão de alguns analistas, os conteúdos negativos são ineficientes, reforçando o mito criado segundo o qual "quem ataca, perde a eleição". Além disso, muitos creditam a esse tipo de mensagem prejuízos à democracia, pois ali-

Marketing Político

mentariam o "cinismo político" dos cidadãos e desestimulariam a participação no processo eleitoral (LAVAREDA, 2009).

Na linha defendida pelo Professor Lavareda, alinho-me aos que pensam diferente, porque sabem que as mensagens negativas têm um grande poder nas campanhas eleitorais, simplesmente porque "[...] despertam maior atenção e têm mais registros na memória do que as mensagens positivas. Quando subestimadas, as consequências podem ser letais" (LAVAREDA, 2009, p. 202).

Além do mais, olhando para as pesquisas de opinião pública, é verdade que os eleitores dizem não gostar de comerciais negativos, mas é por meio deles que conseguem diferenciar mais claramente os candidatos que participam da disputa. Isso porque, na maioria das vezes, esses comerciais se baseiam em questões concretas. Essa percepção foi confirmada por um dos principais estudos sobre o tema, feito pelo Professor John Geer, da Universidade de Vanderbilt. O livro intitulado *In defense of negativity* (2006), mostrou que as mensagens negativas são essenciais para dar aos eleitores informações relevantes para que possam formular sua opinião e fazer sua escolha.

Contudo, não significa que todas as mensagens negativas em campanhas são acertadas. Muitas vezes, pela falta de estratégia e pela incapacidade técnica de produção, esse tipo de conteúdo ofende a inteligência do eleitor e termina tendo o efeito contrário ao proposto. Quanto mais embasamento houver para a elaboração dessas mensagens, mais assertivas elas serão.

O ideal é que elas passem por pré-testes que possam mensurar a reação das pessoas. É preciso ter segurança da estratégia desenhada, inclusive pensar em possíveis trépli-

Inteligência Política e Estratégia nas Campanhas Eleitorais

cas que possam ser necessárias. Outro cuidado a ser tomado é quanto ao contexto, porque mensagens negativas "soltas", descoladas de fatos que possam lhe dar amparo, podem ser completamente ineficientes.

Também é fundamental fazer a distinção entre mensagens negativas e outros elementos presentes no contexto atual das campanhas, como as notícias falsas ou o uso de dados não autorizados, conforme ocorreu em mais de um caso envolvendo a empresa Cambridge Analytica[9]. Nosso foco é tratar de estratégias lícitas, plausíveis e, até certo ponto, necessárias.

---

9. A Cambridge Analytica teria utilizado irregularmente os dados de cerca de oitenta milhões de usuários da rede social *Facebook* para fins eleitorais, a partir da seguinte lógica: dados provenientes de *Big Data* eram analisados para obter informações estratégicas e, então, eram vendidos. As mensagens elaboradas por meio desses *Big Data* eram direcionadas aos eleitores em ações via redes sociais, visando obter o voto daqueles que se mostravam mais sujeitos à mudança de opinião. Devido ao uso não autorizado de dados pessoais dos usuários, tanto a empresa Cambridge Analytica quanto a corporação *Facebook*, responderam à justiça norte-americana por possível influência irregular nas eleições presidenciais de 2016, nos Estados Unidos (CALDAS; CALDAS, 2019).

2.8.1 Uso do conteúdo crítico

O primeiro aspecto a se considerar são os limites éticos e jurídicos de qualquer estratégia eleitoral.

Não se pode achar que campanhas eleitorais são territórios sem lei, onde se pode fazer o que bem entender, na lógica de "os fins justificam os meios". A legislação brasileira, especialmente o Marco Civil da *Internet*[10], em seu art. 19, aponta para uma restrição de conteúdos considerados como "infringentes", o que engloba, indiretamente, as notícias falsas. Então, é preciso conhecer e atuar dentro desses limites, e isso é uma escolha profissional absolutamente necessária.

Em campanhas eleitorais, um dos pilares estruturantes da estratégia é a construção da imagem do candidato, alinhando-a às expectativas do eleitorado sobre qual o perfil do candidato ideal. Sobressaem-se as qualidades, minimizam-se as características negativas ou os pontos fracos e vulneráveis, potenciais alvos de crítica.

Não se pode, no entanto, subestimar os opositores, os concorrentes e adversários. É ingênuo julgar que não tenham qualidades ou pontos fortes. Nesse ponto entram em cena as estratégias de desconstrução, o "lado B", que têm como principal foco a elaboração e divulgação de conteúdo crítico. Aqui não estamos nos referindo à propagação de notícias falsas (*fake news*). Muito pelo contrário. Devemos observar com rigor os limites impostos pela legislação brasileira.

---

10. Lei n. 12.965, de 23 de abril de 2014.

Tudo começa com uma equipe experiente em dados, que faz uso de um BI (ferramenta de *business intelligence*), para estruturar a análise das informações sobre os adversários. É assim que se estruturam as estratégias, definindo o melhor momento para usar as informações (conteúdo crítico). Não é um trabalho a ser realizado com amadorismo. Ao contrário, é preciso um perfil técnico dos profissionais experientes para se fazer a busca das informações, a análise, a criação dos conteúdos em diversos formatos (áudios, vídeos, textos) e sua propagação; tudo isso em sintonia com análises do departamento jurídico da campanha.

Existem limites éticos mesmo para esse tipo de trabalho, cujo objetivo é desconstruir a imagem dos adversários. Mas, quase sempre, lamentavelmente, esses limites são negligenciados. Isso se dá pela animosidade do processo eleitoral, cada vez mais acentuada. Quase sempre, quando se trata da geração de conteúdo crítico, os candidatos chegam com muita sede ao pote. Cabe ao estrategista e à sua equipe alertar sobre os riscos, sobre as implicações e mostrar caminhos alternativos (nem sempre plausíveis, é verdade) para se alcançarem os resultados pretendidos.

Mas há uma verdade incontornável presente no mercado: a maior parte das campanhas majoritárias recorre ao "lado B". Geralmente esse trabalho já se inicia na pré-campanha e segue em todas as etapas da disputa. Existem, inclusive, empresas especializadas em divulgar o material produzido, recorrendo a práticas que são passíveis de punição, como a criação de conteúdos falsos, disparados por meio de IPs registrados no exterior. Hoje existem muitas maneiras de se fazer essa propagação. Ferramentas de imitação de voz (*deep fakes*), grupos de WhatsApp; tudo isso antes de o fenômeno da divulgação de notícias falsas ganhar a relevância atual nas campanhas eleitorais.

Sempre é bom lembrar: o uso desse tipo de material não é exatamente uma novidade nas campanhas. O que mudou foi o nível de sofisticação tecnológica na sua produção e divulgação, assim como o alcance permitido pelas redes sociais.

Mas avança na mesma proporção, ainda que não na mesma velocidade, a formulação e o uso da legislação para se combater esse tipo de prática.

> Para se alcançarem resultados exitosos com a propaganda eleitoral suja e ampliar artificialmente a exposição do conteúdo (positivo ou negativo) digital dos candidatos, alguns estrategistas digitais admitem o uso, por intermédio de fornecedores ou terceirizados, de perfis falsos e robotizados (socialbots) – contribuindo-se, ainda mais, para a indevida automatização do debate público (POGLIESE; AIETA, 2021).

Porém, advertem os juristas:

> hodiernamente, a legislação eleitoral proíbe a veiculação de "conteúdos de cunho eleitoral" por meio do cadastro de perfis falsos ou apócrifos, ou seja, contas virtuais sem correlação com qualquer pessoa natural ou jurídica, que venham a falsear identidades (art. 57-B, § 2°, da Lei n. 9.504/1997). A Lei Eleitoral (art. 57-B, § 3°, Lei n. 9.504/1997) proíbe também a utilização de técnicas virtuais para ampliar artificiosamente a repercussão ou a visualização de determinado conteúdo eleitoral (POGLIESE; AIETA, 2021).

A decisão sobre o seu uso esbarra, ainda, em questões de cunho técnico. Isso porque é o tipo de trabalho que requer criatividade e uma estratégia muito bem feita, para não se voltar contra o próprio candidato, sem se esquecer, mais uma vez, dos limites éticos e jurídicos. Uma eleição pode ser o prenúncio de um próximo ciclo eleitoral, como a formação de novos grupos políticos. O uso de conteúdo crítico pode interferir diretamente nesse processo.

2.8.2 Verdades e mentiras

Em todo o mundo, as redes sociais vêm cumprindo um papel central nas campanhas eleitorais, como já dissemos. Servindo para construção e manutenção da imagem de personagens políticos, para a captação de eleitores e para a disseminação de ideias, elas vêm ocupando a centralidade no debate atual. No Brasil, ganha cada vez mais força a discussão sobre a propagação de notícias falsas como estratégia de campanhas.

Conforme Salgado (2012), as campanhas eleitorais cumprem, no domínio dos regimes democráticos, vários objetivos e podem influenciar os eleitores de diversas formas. Um dos seus principais efeitos é ampliar a visibilidade sobre alguns temas que compõem a plataforma de um candidato ou partido. Assim, interessa a ele colocar na agenda da mídia e do público aqueles assuntos que deseja que o eleitor discuta, opine e se identifique. É por meio dessa estratégia que os eleitores começam a distinguir um candidato dos outros, formando a sua posição dentro do debate.

Nada disso é espontâneo, mas sim construído estrategicamente. É assim que adversários também são levados a tomar uma posição sobre determinados conteúdos, muitas vezes ficando exposta a falta de posição sobre temas (uma vulnerabilidade). Muito do debate sobre notícias falsas passa por esse agendamento que as campanhas desejam realizar, transformando uma estratégia legítima (a de pautar os temas) em algo deletério.

Dois aspectos permeiam o debate atual sobre *fake news* quando se traz o aspecto da regulação e do seu potencial de interferência no processo democrático, conforme Menezes (2021). O primeiro deles diz respeito ao direito à informação (e o direito de não ser desinformado), e o segundo trata da dialética entre público e privado. Todos dois tangenciam a ação do *marketing* político e eleitoral. Além de fundamentar a visão que o marqueteiro tem dos fenômenos político-eleitorais, o conhecimento pauta a sua forma de agir e se portar diante de um fenômeno que hoje influencia e afeta o mercado.

Menezes (2021, p. 26) define *fake news* como "agressões diretas ao direito de receber informações". Como pano de fundo, há o declínio da solidez das informações, fazendo com que a dúvida, e não mais as certezas, pautem a vida em sociedade. Os dias atuais são marcados pela ausência da confiança. A cultura informacional afeta todas as atividades humanas, e com a política não é diferente.

Um argumento muito utilizado para minimizar o efeito de notícias falsas em contextos políticos é dizer que não se trata de um fenômeno específico dos tempos modernos. Todavia, não se pode negar a potência que a *internet* deu à propagação de notícias, inclusive as falsas. Informações simultâneas, sempre permeadas de interesses diversos, proporcionam uma democratização do acesso, mas, ao mesmo tempo, há a facilidade de manipulação. A velocidade atual do ciberespaço é incomparável com qualquer outra época.

Não se trata de atribuir a causa dos males à *internet* (MENEZES, 2021). Existe uma lógica de produção e propagação de informações por empresas tecnológicas e seus atores, que possuem seus interesses privados e corporativos. É nesse ponto que reside o debate sobre responsabilização.

As emoções negativas, em grande parte, impulsionam as propagandas que circulam pela *internet*. E, além disso, a nova dinâmica social característica do ciberespaço é marcada pela despadronização. Essa mecânica, com velocidade desmedida, afeta a retórica, agora marcada pela inovação argumentativa, dispersão discursiva e aberta a novos paradigmas. Não é uma mera impressão o fato de as pessoas estarem mais atentas ao que se passa na esfera pública. Faz parte dessa nova mecânica social o alargamento do espaço público. E é por esse meio que surgem, também, os desequilíbrios de informações, muitas vezes causados e alimentados pela propagação de notícias falsas.

Profissionais de comunicação e de *marketing* não podem observar isso "ingenuamente". Aparatos tecnológicos têm sido utilizados pelos grandes agentes globais para acentuar fenômenos, como a privatização do público e a publicização do privado (MENEZES, 2021). Mas o que de fato leva a essa enxurrada de notícias falsas no ciberespaço?

Para entender os mecanismos por trás delas, Nabiha Syed (2020) analisa o fenômeno por ele intitulado "ecossistema do discurso *on-line*". Para ele, a divulgação de notícias falsas está relacionada a um conjunto de recursos que impactam na busca de respostas para esse tipo de conteúdo: filtros, comunidades, amplificação, velocidade e incentivos de lucros.

Para se situar no discurso digital, diante da abundância de informações, os filtros são extremamente necessários. A concorrência é alterada pelos custos reduzidos para se divulgarem informações, em um universo no qual os fatos a serem noticiados são abundantes. Há também dois tipos de filtros: explícitos e implícitos. Os primeiros são aqueles realizados pelo contato dos usuários, de forma manual, quando se digita, por exemplo, os caracteres que deseja encontrar. Já os filtros implícitos são aqueles mediados por algoritmos, que captam a intenção dos usuários, mas de forma menos aparente, geralmente a partir dos cliques nos assuntos do seu interesse. Assim, tem início o processo de construção artificial da notícia.

A lógica de atuação por meio de comunidades também é um recurso do ecossistema. Esses se tornaram espaços propícios para "câmaras de eco" dos perfis digitais. O processo é similar ao que acontece com a divulgação de notícias pela mídia convencional, mas em um grau muito superior. A repercussão das mensagens nessas comunidades é um dos motores desse ecossistema, no qual a velocidade, conforme já mencionamos, é um dos elementos mais. O intuito é reduzir ao máximo os obstáculos para que as mensagens alcancem os destinatários. As plataformas são a materialização desse modelo de eficiência máxima na propagação de informações.

Por fim, o ecossistema do discurso na *internet* tem como base o incentivo lucrativo. A propagação de notícias falsas faz parte dessa lógica, passando a figurar como uma atividade econômica. O ciclo de quantidade de curtidas e cliques qualifica as notícias e as torna mais lucrativas. Assim, o desafio de contê-las é grandioso. Para isso, recomendamos, mais uma vez, recorrer à inteligência.

Elaborar estratégias de campanhas na era digital requer a capacidade de reconhecer o "terreno" onde se está pisando. Para isso, o domínio sobre as características das *fake news* é essencial. A primeira delas que merece destaque é a sua **dinamicidade**, com inúmeros desdobramentos.

> O sensacionalismo informativo chama mais atenção. A comunicação duvidosa promove mais curtidas. As notícias falsas emocionam, prendem a atenção do usuário, convencem e cooptam adeptos (MENEZES, 2021, p. 110).

Trabalhar com informações fidedignas nesse cenário é buscar vencer todos esses "atrativos".

A segunda característica é a **informalidade**, a quebra de "ritos solenes". Isso faz com que as informações se propaguem de forma cada vez mais instantânea, atingindo um número cada vez maior de pessoas, com maior potência para influenciá-las e convencê-las. O universo da política tem seus próprios ritos. Diversos políticos não são oriundos da geração que se comunica com facilidade nos diversos canais. Além do trabalho de inserção desses atores no contexto da comunicação digital, as estratégias de *marketing* precisam dar conta de situar o eleitor para que ele tenha condições de discernir os fatos e os relatos nesse cenário complexo.

A terceira característica de destaque é a **superficialidade**. As plataformas digitais estão povoadas de informações cuja lógica é passar a impressão de que os principais pontos sobre determinado tópico estão explorados, exigindo o mínimo de atenção possível, afinal, os leitores/telespectadores/ouvintes não querem perder tempo. A qualidade informativa não é priorizada, constituindo mais um ponto de vulnerabilidade por meio do qual as notícias falsas penetram.

Existe uma máxima no universo das *fake news*: "a profundidade sobre determinada notícia é inimiga da sua propagação" (MENEZES, 2021, p. 113). Nesse aspecto, é muito importante relembrar outro ponto fundamental: as notícias falsas se relacionam de maneira muito próxima com o lado emocional do público, pois desviam as pessoas da racionalidade para processar uma informação. Combatê-las só com a razão pode não ser o caminho mais exitoso.

O quarto elemento que caracteriza as *fake news* é a **intensidade**. A técnica não é das mais novas, uma vez que a insistência progressiva como mecanismo ou técnica de memorização já foi bastante utilizada ao longo do tempo para as mais diversas finalidades. Porém, aliada às demais características desse tipo de notícia, a intensidade ajuda a criar uma atmosfera de veracidade sobre os fatos informados; a quantidade de notícias em sequência produz uma irrealidade convincente.

É necessário, ainda, trazer ao debate as diversas semânticas com que se pode referir às notícias falsas a partir das intenções com que são propagadas. Existe a desinformação acidental e inadvertida, que acontece sem o desejo de provocar danos ou confundir as pessoas. Esse fenômeno tem sido tratado pela academia como *misinformation*. Aí entram todas aquelas notícias provenientes de erros de apuração, incorreções, defeitos de edição, mas que são distintas daquelas cuja motivação originária é deliberadamente e intencionalmente o dano, a subversão na forma das pessoas pensarem sobre determinado fato ou fenômeno. A essas dá-se o nome de *disinformation*.

No dia a dia do mercado, é comum escutar que utilizar notícias falsas dentro de estratégias de campanhas seria "lutar com as armas que se têm", argumento do qual discordo veementemente. Todos os canais, métodos, instrumentos e conteúdos utilizados por um estrategista ou pelas equipes envolvidas nas campanhas resultam de uma escolha e não de algo mandatório. A questão é que, para muitos, como se trata de uma prática cada vez mais comum e usual, seria ilógico não fazer uso desse mecanismo. E não estamos nos referindo apenas às formas mais sofisticadas de propagar notícias falsas, mas até mesmo à já consolidada prática utilizada por diversos comitês de campanhas que mobilizam comunicadores e blogueiros simpatizantes para difundir informações sabidamente falsas, com objetivos e alvos claramente determinados. Tratam-se de mentiras cuidadosamente escolhidas e difundidas para públicos específicos, previamente determinados. Hoje existem cada vez mais empresas especializadas na produção desse tipo de conteúdo, que trabalham por empreitada, com tabela de preço e prazos, tudo como se fosse uma campanha "normal", de qualquer produto.

Todavia, se a mesma estratégia pode ser utilizada por todas as campanhas em disputa, o que leva a crer que notícias falsas são um diferencial para se vencer uma eleição? Além da questão ética, que é basilar, é imprescindível investir em inteligência para caminhar nesse contexto desafiador. Para isso, não se pode prescindir de uma equipe de monitoramento em tempo real, a fim de acompanhar tudo o que é divulgado e repercute dentro do contexto de uma eleição, não apenas sobre o candidato/cliente, mas também sobre os adversários e demais atores relevantes. Os candidatos que não tiverem grupos de profissionais para atuar no combate a boatos estão fadados a serem prejudicados nas eleições. Isso deve ser feito da maneira mais profissional possível, uma vez que a inteligência é o verdadeiro elemento diferencial nesse contexto. Outros dois aspectos importantes para a atuação da inteligência são o uso de *bots* e a realização de boca de urna via aplicativos de mensagens.

O debate sobre como aprimorar os mecanismos de combate às notícias falsas é atualíssimo, pois há um genuíno incômodo da sociedade e das instituições com essa prática. Existem instrumentos legais para acionar produtores e divulgadores de *fake news* nas justiças civil e criminal. Especificamente na arena eleitoral, também existem mecanismos para enquadrar quem tenta prejudicar os candidatos. Alguns textos tramitam no Congresso Nacional e têm como foco:

- criminalizar a disseminação em massa de '*fake news*' por contas-robô ou recursos não oferecidos pelo provedor original;
- determinar que os aplicativos de mensagens limitem o encaminhamento de conteúdo a vários destinatários;
- proibir o funcionamento de contas-robô não identificadas;
- criar regras específicas a provedores e prever multa em caso de descumprimento, suspensão ou até proibição das atividades.

Até que ponto estamos caminhando para uma "nova política", ou melhor, uma nova forma de fazer política? A disputa eleitoral não se dá apenas no campo das ideias, dos projetos, da agenda da sociedade, mas sobretudo na busca pela visibilidade, em um contexto novo: "os modelos tradicionais de propaganda estão dando lugar à comunicação que sofre a interferência direta do eleitor, que se coloca como um agente questionador e de desconstrução da imagem pública do agente político" (DALBOSCO, 2016, p. 193).

Não dá mais para manter as mesmas bases estratégicas na comunicação político-eleitoral na atualidade, mas isso não significa que não existam limites éticos e jurídicos.

Na *internet*, há um espaço mais livre para as pessoas se expressarem; isso é inegável. As plataformas digitais proporcionaram a qualquer cidadão defender suas ideias, atacar os adversários e proferir agressões diversas. Podemos dizer que é um espaço amplo, plural, cruel, subversivo, no qual se pode manifestar de diversas maneiras.

Não há como desdenhar da potência das ondas digitais que são formadas pelas militâncias. Do ponto de vista da estratégia, é preciso analisar qual a posição da candidatura: é de situação ou de oposição? Em que etapa da campanha está – início, meio ou fim? Esses são aspectos que devem decidir sobre como lidar com essas ondas, sejam elas favoráveis ou desfavoráveis ao candidato. Costumo dizer que não há uma regra geral. O contexto é que determinará, ao lado de outras questões relevantes.

Toda candidatura tem fragilidades. Simplesmente ignorar isso ou fazer com que os eleitores não tomem conhecimento é um equívoco estratégico gravíssimo. O melhor é enfrentar essas situações o quanto antes. Uma forma de fazer isso é permitir que as fragilidades venham à tona no início da campanha, para que passem pelo crivo digital e permitam um reposicionamento a tempo. O mundo digital é extremamente volátil, devastador, mas os ciclos são curtos, não passam de dias. Uma onda de ataques não sobrevive quarenta e cinco, sessenta dias.

O que estamos falando é de riscos calculados. Muitas vezes, perfis de apoio são utilizados para sugestionar os ataques e gerar a possibilidade de contra-atacar, a fim de proporcionar que entre em curso uma estratégia de defesa. Não se trata de fazer uso de notícias falsas, o que se trata de prática criminosa, passível de sanções legais.

Em campanha a governador do Tocantins, o candidato que aparecia como terceiro colocado nas pesquisas de intenção de votos adotou a estratégia de atacar o nosso cliente, que despontava como primeiro colocado nesses levantamentos. Os ataques ocorriam de forma sistemática nos debates, programas eleitorais e redes digitais dele, quando o mais comum é que o terceiro colocado rivalize com o segundo, a fim de conquistar uma possível vaga em um cenário de segundo turno, por exemplo. Mas esse adversário do nosso cliente fez uso de notícias falsas, o que gerou direito de resposta do nosso candidato, equivalente a todo o tempo de propaganda dele. Imaginem o impacto gerado na credibilidade de alguém que sofre um revés dessa natureza. Utilizando esse espaço no programa adversário, deixamos claro que os fatos eram inverídicos. A repercussão positiva para nós foi imediata.

O fato é que ataques podem ser uma grande oportunidade de crescimento para quem é vítima desse tipo de prática. Eu fiz uma escolha profissional: não trabalho com notícias falsas. Ponto. Asseguro que a desconstrução da imagem do adversário pode ser feita sem recorrer a inverdades.

> Eu fiz uma escolha profissional: não trabalho com notícias falsas. Ponto. Asseguro que a desconstrução da imagem do adversário pode ser feita sem recorrer a inverdades.

Marketing Político

Tenho em meu time profissionais, geralmente atuando de forma remota, que fazem pesquisas diárias sobre os adversários, como matéria prima para conteúdos que ajudam na desconstrução da sua imagem, mas sempre atentando aos limites legais e jurídicos.

Notícias negativas têm maior poder de propagação? Quase sempre sim, mas não se pode generalizar. Da mesma forma, não podemos universalizar a máxima: "quem bate, perde a eleição". Mais uma vez, é preciso observar o contexto. Um candidato que, a dez dias da eleição, está quarenta pontos à frente do segundo colocado nas pesquisas de intenção de votos, precisa realmente de uma estratégia para rebater ataques dos adversários? Sabemos que é forte o anseio de revidar, de contraditar, entrar na briga. É natural do ser humano, inclusive. Mas não é sobre coragem; é sobre inteligência. É preciso um distanciamento emocional para interpretar os fatos e tomar decisões. É com cautela que se deve caminhar para não deixar as emoções prevalecerem. A dez dias do pleito com larga vantagem sobre os adversários, o mais indicado é consolidar apoios e não entrar em polêmicas. O foco deve ser os indecisos. Não adianta perder tempo e gastar energia com quem já decidiu não votar no seu cliente. É preciso animar a militância, contagiando quem não escolheu ainda. O mesmo esforço para criar fatos negativos sobre os adversários pode ser utilizado para ressaltar aspectos positivos para o seu candidato.

No entanto, se o seu cliente é justamente aquele que se encontra atrás nas pesquisas, o caminho a ser trilhado é diferente. Certa vez, atendemos a um cliente no interior do Maranhão. No início da campanha, ele era líder em todas as pesquisas, mas caiu para a segunda colocação e depois para a terceira, sobretudo em razão de alguns aspectos da sua vida pessoal que começaram a ser explorados pelos adversários. A cidade comentava que ele havia traído sua esposa, ocasionando a sua separação. Aquilo era crucial no contexto de uma sociedade tradicional.

A militância do nosso cliente "esfriou", achando que erramos no tom, com uma campanha excessivamente passiva. Sabíamos que esse fato na biografia do cliente mais cedo ou mais tarde seria explorado. Estimulamos que isso ocorresse o quanto antes, logo na pré-campanha, justamente para que fosse exaurido e pudesse dar oportunidade a um reposicionamento. O nosso cliente queria uma resposta imediata. O fato era inegável, havia acontecido verdadeiramente. Não o rebatemos durante toda a pré-campanha.

A quarenta e cinco dias da eleição, foi realizado o primeiro debate, mas mantivemos a posição de não rebater. O cliente pressionava, a assessoria pressionava, a militância pressionava. Cheguei a me questionar se a minha decisão era a mais acertada. Mas a minha intuição (na verdade, a experiência) dizia: aguarde o tempo certo.

Treinamos bastante o candidato na sua capacidade de gestão. Esse era o seu grande trunfo. Reforçamos esse conceito. O candidato deu a resposta publicamente.

> Venho sofrendo ataques à minha honra. Em todas as famílias, há falhas, erros, equívocos. Paguei e pago o preço das minhas escolhas equivocadas. Carrego o peso do meu erro: perdi minha família. Mas sobre o que estamos disputando aqui? Já recebi a minha condenação. Não vou ficar escravizado pelos meus erros. Sou candidato porque quero discutir projetos que transformem a vida da minha cidade. O que apresento à população é a minha capacidade de debater e encontrar soluções para melhorar a vida das pessoas[11].

11. Discurso feito pelo candidato, em Caxias-MA, na campanha municipal de 2020.

Marketing Político

A repercussão foi extremamente positiva. Assumir o erro permitiu levar o debate para outras pautas. Assim, o candidato passou a questionar a capacidade administrativa dos adversários, que já haviam sido prefeitos e tinham condenações, inclusive sobre o desvio de verbas para a merenda escolar. O "problema" do nosso cliente se tornou o menor dos problemas.

Cinco dias após o debate em que fez esse discurso, retomou a dianteira nas pesquisas e acabou vencendo as eleições. Esse caso demonstra que para tratar ataques não há uma única fórmula a seguir.

Notícias falsas sempre existiram. Ataques, ofensas, sempre estiveram presentes nas campanhas após a ditadura militar. Só não recebiam o nome de *fake news*. Hoje existe uma clara potencialização disso, pois a informação circula de forma rápida, volátil, de modo que a legislação e os instrumentos de controle parecem ficar para trás.

Há quinze anos, campanhas faziam uso de material apócrifo impresso, que era jogado nas casas das pessoas. Houve uma modernização das estratégias de difamação. O que considero sem eficácia, do ponto de vista da estratégia, é tornar isso um espetáculo. Confesso que meu foco é investir em aprimorar sempre mais a capacidade de entregar resultados para os clientes, aprimorando a comunicação. Quando se gasta excessiva energia para rebater ataques, o ciclo se torna infindável. Com o uso de robôs pelas campanhas, você corre o risco de ficar debatendo com perfis não humanos.

Além do mais, no mundo pós-pandemia, há uma busca por autenticidade, empatia e verdade. Acredito muito em

Inteligência Política e Estratégia nas Campanhas Eleitorais

candidaturas que se propõem a aceitar suas limitações perante as pessoas, mas, ao mesmo tempo, demonstrar sua capacidade de liderança, suas habilidades para tomar decisões. Caminhadas e comícios, por exemplo, voltaram para o cenário político. Com a ascensão dos meios digitais, esses formatos de reunir multidões estavam meio fora de moda, mas voltaram com muita força.

Diante do desejo das pessoas abraçarem, chegarem mais perto, investimos no formato em que o candidato desce do palanque após o comício e caminha pela multidão. Isso gera muita aproximação das pessoas, gera muito calor humano e imagens incríveis para serem utilizadas nos programas eleitorais.

2.9 Diálogo com o jurídico

Um dos pilares de uma campanha de sucesso é uma assessoria jurídica robusta, que dialoga constantemente com o estrategista e a equipe de comunicação. Não se trata simplesmente de montar um *checklist* do que pode e do que não pode ser feito, com base na legislação eleitoral. Estamos falando de uma interação permanente, de uma troca, que proporcione a construção de soluções com foco nos resultados almejados.

Marketing eleitoral não se faz sem o conhecimento da legislação. Não que o estrategista tenha que se tornar especialista em Direito Eleitoral. Mas ele e sua equipe precisam conhecer os principais aspectos da propaganda eleitoral regulamentados para a conjuntura daquela campanha. Foi por meio de alterações ao longo do tempo na Lei das Eleições (Lei n. 9.504, de 30 de setembro de 1997) que a propaganda começou a deixar as ruas e passou por uma série de mudanças, cujo foco era tornar as campanhas brasileiras menos onerosas.

> *Marketing* eleitoral não se faz sem o conhecimento da legislação. Não que o estrategista tenha que se tornar especialista em Direito Eleitoral. Mas ele e sua equipe precisam conhecer os principais aspectos da propaganda eleitoral regulamentados para a conjuntura daquela campanha.

Na formulação de estratégias, não se pode ignorar que hoje existem limitações de formatos, como a regra a qual define que, no mínimo, setenta e cinco por cento do tempo dos programas eleitorais para rádio e televisão deve ser destinado ao próprio candidato, e o restante pode ser utilizado com apoios, personagens e locução. Para todas as peças, é preciso atentar à normativa que regulamenta tamanho da fonte e informações obrigatórias, como nome do vice (nas campanhas majoritárias), partidos que compõem a coligação e CNPJ da campanha.

Outra questão importante que norteia essa relação do *marketing* com o jurídico diz respeito à geração de conteúdos em si. O advogado eleitoral doutor Solano Donato Carnot Damacena, que tem uma vasta experiência na assessoria jurídica de campanhas, chama a atenção para a importância desse alinhamento, citando o exemplo do impulsionamento de peças de campanha nas redes sociais.

> Uma das limitações estabelecidas pela legislação é que esses conteúdos impulsionados devem ser em prol do candidato e nunca para fazer críticas aos adversários. Um erro cometido pela comunicação nesse aspecto pode prejudicar e muito o candidato[12].

A equipe de assessoria jurídica faz uso de ferramentas para analisar as peças veiculadas pelas campanhas adversárias, desde as que vão ao ar no rádio e na televisão, às postadas nas plataformas na *web*. Também devem ser coletadas informações de *sites* e *blogs*. O advogado doutor Solano Damacena, com quem atuamos em uma campanha majoritária exitosa no Tocantins, em 2022, aponta para alguns detalhes desse monitoramento que podem abastecer não apenas a equipe jurídica, mas também o time de *marketing* e comunicação, como é o caso da biblioteca de anúncios do *Facebook*, que pode ser consul-

---

12. Entrevista concedida ao autor, em Palmas, setembro de 2022.

tada a fim de checar os dados do impulsionamento das campanhas adversárias.

Se os tempos são outros, as estratégias precisam mais do que nunca se adaptar e traçar novas perspectivas. Mais uma vez, isso se faz com inteligência. Quanto mais próxima e sinérgica for a relação entre o estrategista e a assessoria jurídica, mais fácil se torna a construção de soluções para situações de crise. Afinal, o que toda a equipe do candidato deseja é ganhar as eleições, reduzindo ao máximo prejuízos e percalços pelo meio do caminho.

> Se os tempos são outros, as estratégias precisam mais do que nunca se adaptar e traçar novas perspectivas. Mais uma vez, isso se faz com inteligência. Quanto mais próxima e sinérgica for a relação entre o estrategista e a assessoria jurídica, mais fácil se torna a construção de soluções para situações de crise.

Outro exemplo claro de como esse relacionamento pode ajudar para o alcance dos resultados é em campanhas majoritárias de candidatos à reeleição, em que se deve observar os limites legais para evitar situações que configurem como "uso da máquina". É muito comum que aliados forcem situações e tenham roubos para utilizar a estrutura administrativa do Executivo para criar vantagens competitivas. É preciso o diálogo permanente da estratégia com o jurídico para evitar situações que possam gerar essa conotação.

O contexto de cada eleição determina o nível de cautela. Importante mais uma vez, saber ler esses contextos e trabalhar com as estratégias apropriadas. Nesse diálogo com o jurídico, menos situações vulneráveis ocorrerão e mais soluções serão apontadas.

CAPÍTULO 3

ESTRATÉGIA

3.1 As lentes da estratégia

Falamos na seção anterior que a inteligência como atividade estratégica requer, entre outras coisas, a constituição de diretrizes e objetivos, necessitando, para tanto, de um método. Considero uma fonte fundamental para a constituição desse método o conhecimento estruturado sobre as engrenagens do processo político-eleitoral. Sugiro explorar as diversas áreas com as quais o *marketing* político tem conexões para se ter uma base sólida que permita caminhar firme, sem se deixar levar por modismos.

O primeiro passo para essa imersão em direção aos elementos fundamentais do processo eleitoral é: de que maneira o *marketing* político se relaciona com outras disciplinas acadêmicas? Sem dúvidas, a Sociologia Política é uma dessas áreas. Com as lentes dessa área do conhecimento, podemos conceber, como nos ensina Bongrand (1986), que os mecanismos eleitorais são ilustrações dos mecanismos sociais, o que não significa que se pode reduzir o *marketing* político à Sociologia Política. Nem tampouco se pode menosprezar as dinâmicas sociais do contexto no qual a disputa acontece e os atores políticos despontam. Enquanto os politólogos analisam esses fatores depois que a disputa ocorre, os estrategistas conseguem, a partir desse "mergulho" no contexto social, prever reações, antever resultados, considerando as incertezas inevitáveis (BONGRAND, 1986).

Outra área do conhecimento a que se costuma associar o *marketing* político são os estudos da opinião pública.

Porém, é importante saber os limites das informações que as sondagens podem oferecer para a concepção da estratégia eleitoral. O principal limite é temporal: essas informações refletem, como se sabe, o que se passa em um determinado instante, sendo perfeita a sua conceituação como uma fotografia[13].

Tampouco o *marketing* político pode ser confundido com a publicidade, pois vai além da forma, da valorização de um determinado produto. Ora, o homem político e as instituições políticas são muito diferentes de um produto: "se o produto pode ser criado hoje pelo *marketing*, o homem político tem uma existência anterior, e mais ainda as suas ideias. Ele tem uma existência própria e imprevisível, que importa valorizar à sua volta" (BONGRAND, 1986, p. 30). Além disso, o comportamento eleitoral difere de forma substancial da forma de agir de um consumidor.

O processo de comunicação política se dá em duas vias, sempre com a combinação de interesses de duas categorias de atores: os candidatos e os eleitores. A relação entre eles é formatada como um pacto fundamentado em uma troca de intenções: os eleitores querem que seus desejos, interesses e demandas sejam implementados (a agenda do eleitor), e os políticos querem ser eleitos (a partir de uma agenda de soluções para os problemas da sociedade) (FIGUEIREDO et al., 1997). A obra de Berelson e associados (1954), inti-

---

13. Bongrand (1986) apresenta um conceito interessante para esse debate: a "sondocracia", que seria a substituição da vontade política, presente na verdadeira democracia, pelo medo de um governo de contrariar as opiniões obtidas. O mecanismo acontece porque, ao mesmo tempo em que as sondagens podem orientar as escolhas dos que tomam decisões dentro de um governo, elas também servem como justificativa para a adoção dessas medidas, incitando a opinião pública a aceitar melhor as decisões tomadas (BONGRAND, 1986).

tulada *Voting: a study of opinion formation in a presidential campaign,* é uma das mais pujantes, que apresenta uma teoria explicativa do diálogo entre campanhas eleitorais e os eleitores.

Uma das tentativas de precisar o *marketing* político como um campo específico do conhecimento é o conceito de "Ciência Eleitoral", bem explorado por Serpa (2016). A que se propõe essa ciência? Diria que visa interpretar comportamentos, compreender o alcance e o efeito das mensagens, projetar tendências – e nada disso é trivial. Requer a utilização de um conjunto de conhecimentos ofertados pela academia e pela experiência prática de profissionais que fazem e pensam nas campanhas eleitorais. A ciência eleitoral alarga a visão do *marketing* eleitoral, de quem presta o serviço ou quem o toma.

Também concordo com a visão segundo a qual não existe "o eleitor", mas sim "os eleitores", no plural. O Brasil se caracteriza pela pluralidade, que define a era atual como sendo a da segmentação (SERPA, 2016). Outro conceito muito apropriado é o de "tecnologia eleitoral", que corresponde ao ciclo de conquistar votos, publicizar as ações do mandato, manter e conquistar novos aliados, ampliar o campo de atuação política (SERPA, 2016).

Nesse processo de conquista dos eleitores, repousam as estratégias eleitorais. Um elemento já identificado pela academia como sendo um dos principais ingredientes da estratégia é a persuasão. No debate político mais amplo, fora do período específico de uma disputa eleitoral, o que está em jogo é o convencimento da maior parte da opinião pública sobre os benefícios de uma determinada política ou legislação. Para isso, nem sempre o que predomina é a verdade lógica ou empírica. "No debate político a retórica é a da argumentação política" (BARRY, 1965, *apud* FIGUEIREDO et al., (1997, p. 186).

No período da campanha eleitoral, todavia, a persuasão ocorre por meio de uma narrativa ficcional. Isso mesmo, ficção, porque os candidatos apresentam aos eleitores, com base nos problemas da realidade (às vezes aumentados, às vezes suprimidos), um futuro possível, um projeto de como as coisas podem vir a ser. Figueiredo et al. (1997, p. 186) sintetiza, de forma precisa, os dois elementos básicos da argumentação eleitoral: "o mundo atual está ruim, mas ficará bom" (típico de uma campanha de oposição) ou "o mundo atual está bom e ficará ainda melhor" (típico de uma campanha da situação).

Essa é a matéria prima do *marketing* político: projetar um futuro possível, a partir de elementos do passado e de outros presentes na conjuntura (ou na percepção das pessoas sobre essa conjuntura). Essa projeção deve estar alicerçada na capacidade do candidato, do seu partido ou do seu grupo político, de gerar nas pessoas a confiança de que o projetado será realizado. A estrutura narrativa, portanto, é um elemento decisivo numa disputa eleitoral. A lógica básica da construção das estratégias, a depender da posição dos atores na disputa, e com as devidas adaptações ao contexto, é composta por:

- Situação: ressaltar o mundo atual possível.
- Oposição: oferecer outro mundo (melhor) possível.

A grande preocupação que temos em nossa atuação é que o foco não deve estar apenas em vencer a eleição, mas em assegurar que o cliente saia da disputa maior do que entrou, sendo capaz, inclusive, de vislumbrar os próximos passos da trajetória. Essa é uma verdade que se deve colocar para o cliente (*prospect*) desde o primeiro momento. Eu recorro ao exemplo de Lula: quantas eleições ele disputou até se tornar presidente?

O candidato brasileiro geralmente é muito imediatista. Clientes que vão disputar a Prefeitura costumam falar que, caso vençam, sua empresa ficará com a conta de publicidade do Executivo.

Quando o cliente não é eleito, geralmente há uma ruptura da trajetória que vinha sendo construída. Há um luto; ele fala que não quer mais saber de política, perdendo, muitas vezes, um projeto em construção. Não se pode esquecer que não há espaço não ocupado. Os votos conquistados não são dele, foram dados momentaneamente a ele. Se não houver continuidade da estratégia, eles não permanecerão intactos.

Por isso, algumas perguntas estratégicas devem ser pensadas: o que vai ser feito após? Com que posicionamento político você vai seguir ou permanecer? Qual a agenda vai lhe conectar com o eleitor que lhe emprestou momentaneamente aquele voto? Temos todo cuidado ao elaborar, junto ao cliente, essa estratégia de manutenção, que pode até ser conduzida com a equipe local.

Nossa filosofia de trabalho é criar estratégias que tornem o cliente mais independente e não mais dependente do marqueteiro. Acho bobagem essa percepção de não empoderar o cliente. Defendo que se dê a ele a visão, aponte os caminhos e o deixe voar, tomando consciência do que é importante para seus objetivos.

É assim, por exemplo, que o cliente pode optar por uma solução doméstica mais barata, que o ajude na manutenção do seu capital político-eleitoral. Vivenciei casos reais disso, com o cliente tentando se justificar que seguiria o trabalho após a campanha com uma equipe local. Para mim, o mais importante é que ele se tornou capaz de compreender como avaliar se a comunicação está funcionando.

O fato é que uma campanha eleitoral tem três objetivos estratégicos básicos (BONGRAND, 1986, p. 52):

Figura 6 – Objetivos estratégicos da campanha

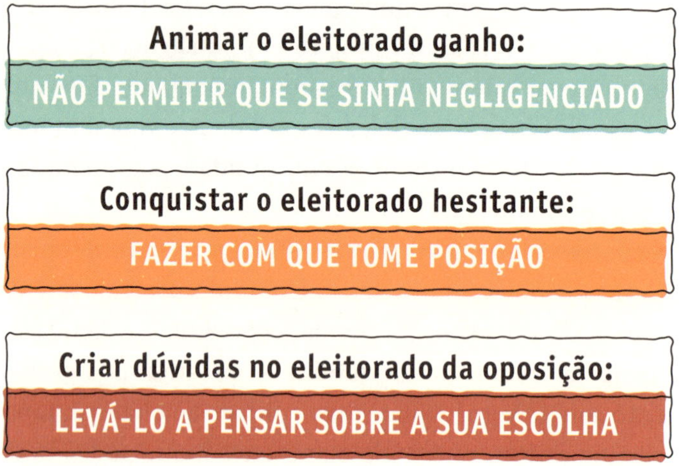

Animar o eleitorado ganho:
NÃO PERMITIR QUE SE SINTA NEGLIGENCIADO

Conquistar o eleitorado hesitante:
FAZER COM QUE TOME POSIÇÃO

Criar dúvidas no eleitorado da oposição:
LEVÁ-LO A PENSAR SOBRE A SUA ESCOLHA

Fonte:
Elaborado pelo autor, com base em Bongrand (1986).

A inteligência faz com que se conjuguem os elementos necessários para que os três objetivos sejam alcançados.

3.2 Definição do discurso-base e posicionamento político

Chega o grande momento de apresentar ao cliente e ao seu núcleo de confiança os três caminhos criativos. Deve ser dada a devida importância a esse processo, pois ele contribui de várias maneiras para o sucesso da campanha. A primeira delas é o fortalecimento do vínculo de confiança entre o estrategista, sua equipe e o candidato. Além disso, é o primeiro contato do cliente com os elementos concretos do trabalho.

O formato adotado é o de uma defesa, assim como acontece na apresentação de uma campanha publicitária. Utilizo a aplicação de peças publicitárias *on-line* e *off-line*, *jingle* e um vídeo manifesto: é uma forma mais interativa de explicar o processo de criação, para consumo interno. Nele, temos como recursos a narração, animação (*motion*) e direção de arte. É um vídeo curto em que se defende a campanha.

Ao cliente cabe definir quem deve participar desse momento. Nós aconselhamos, mais uma vez, assim como fazemos na apresentação do resultado do diagnóstico, que participem apenas pessoas que compõem o núcleo estratégico de confiança do candidato. É preciso ter cuidado na escolha do ambiente para essa apresentação. A experiência nos mostrou que, quando devidamente valorizado, esse momento é responsável por criar o clima favorável ideal para o desenvolvimento do trabalho.

O ambiente é preparado com as peças impressas, que ficam cobertas, em princípio. Também é fundamental pensar em recursos audiovisuais com boa qualidade técnica.

Quando a equipe chega ao local, inicia-se um clima de suspense. Exibimos o vídeo manifesto e, quando esse termina, o cliente vai retirando o pano e visualizando as peças. Gosto muito de observar as reações do cliente a cada peça que é conhecida. Geralmente, a empolgação provocada pelo momento, já sobe a temperatura da apresentação.

Essa ainda é uma fase de correções, de ajustes, por isso, após esse instante mais "festivo", realizamos uma reunião para coletar *feedbacks*. Mais uma vez, seguimos um método que visa evitar dispersão, por isso elaboramos um roteiro para conduzir a reunião, iniciando com a pergunta, direcionada ao candidato: o que você mais lembra das peças apresentadas? O que foi mais marcante em sua percepção? As impressões do cliente devem ser todas registradas. É um momento que requer muita sensibilidade do estrategista e de sua equipe, pois é preciso ter sabedoria para ouvir os pitacos que virão. É quase certo que, nessa hora, todos se tornem um pouco marqueteiros, especialistas em campanhas eleitorais. Muitas vezes o que acontece é a tentação de produzir um Frankenstein, a partir das partes de cada um dos três caminhos que mais agradaram o time do candidato. Assim, não podemos perder o foco e agir de forma segura em relação ao trabalho elaborado, sem abrir mão da sensibilidade necessária para apreender as percepções.

Mas como conduzir isso? Em primeiro lugar, por meio de uma escuta ativa. Mesmo que as sugestões apresentadas pelo candidato ou por algum assessor sobre as peças criadas sejam tecnicamente absurdas, é fundamental acolher a fala, dizendo: "vamos avaliar". Só depois é que se vai argumentando, fazendo ele enxergar os fundamentos técnicos. Aprendi a ter serenidade para esse momento, para que não

Estratégia

provoque desconfortos e prejudique o andamento de uma relação que ainda está em fase inicial.

Desde o início do processo, é importante conhecer o perfil do candidato para que essa abordagem não gere desgastes. Se ele tiver uma personalidade dominante, a tendência é que, ao dar a sua opinião, ele queira se impor e se o marqueteiro, nessa hora, tentar rebater, está instalado o conflito. O que fazemos é avaliar o que pode ser mexido na proposta. Quando são aspectos estruturantes, fazemos os ajustes e apresentamos no dia seguinte. Na maioria das vezes, o cliente acaba querendo a primeira versão, porque, no fim das contas, por ser tecnicamente embasada, acaba funcionando melhor em diversos aspectos.

Isso não significa agir com arrogância ou com a pretensão de sermos donos da verdade. Conforme explicitamos, esse processo exige dedicação, esmero, mas também desapego. Já aconteceu de uma sugestão do cliente promover, de fato, a melhoria do *layout*. Isso não reduz em nada o papel do marqueteiro. Pelo contrário, gera segurança e empatia. Inclusive, esse aspecto ajuda a desmistificar, no imaginário coletivo, a ideia de que o marqueteiro é um ser iluminado com dons especiais.

Com esses ajustes feitos, está definido o caminho da pré-campanha e, a partir daí, o cliente prioriza o seu tempo nas mobilizações e ações de corpo a corpo. Cuidamos, então, da produção e da arte-final, muitas vezes designando uma equipe específica para cuidar de finalizar as peças. É a hora de "botar pra moer". Um novo processo criativo só se dará quando for iniciar o período da campanha, pois a marca será ajustada e, consequentemente, as demais peças. Nada é mais enlouquecedor do que os pequenos pedidos de ajustes a toda hora, com a desculpa de que são apenas "ajustezinhos". É imperioso passar segurança para o cliente sobre a decisão tomada, sobre a escolha feita do caminho criativo.

Quando há tempo e orçamento disponíveis, é possível fazer pré-testes das peças para embasar ainda mais essa decisão. Mas nem sempre é factível e oportuno. Não se trata de ser inflexível quanto a ajustes, porém existe embasamento técnico para essa condução. Estamos falando da percepção que uma marca, uma identidade visual, provoca no consumidor. Quando está diante de uma prateleira de supermercado prestes a realizar sua escolha por um produto, ele se identifica com uma marca, e a identidade visual conta muito para esse processo de identificação. Agora imagine que essa marca sofra ajustes periódicos, rotineiros. Isso certamente deixa o cliente confuso. Da mesma forma, ajustes na identidade visual em campanhas já iniciadas não são recomendáveis.

Recentemente, uma candidata a prefeita de uma capital do Nordeste tinha a sua identidade visual focada em neutralizar a identificação imediata com o seu partido, com as cores costumeiramente utilizadas, justamente para evitar herdar o desgaste da legenda. No entanto, foi feita uma mudança na identidade com a campanha iniciada, o que causou muita repercussão e levou a candidata a ter que dar explicações ao público sobre as motivações da mudança. É o tipo de interferência que não é estrategicamente interessante, por trazer mais sombras do que ganhos para o candidato.

Mas isso não significa estagnação. Diariamente, separamos um tempo para refletir sobre a campanha e pensar

Estratégia

novas formas de transmitir as informações de uma nova maneira. Isso é um momento individual, solitário, que pode se dar de diversas maneiras. É desses instantes que nascem as sacadas. Pesquisas são fontes valiosas para esses *insights*, uma vez que permitem acompanhar o desenrolar do cenário e conhecer o que está acontecendo ao redor.

O treino para fazer essa leitura da realidade vem da experiência, que traz sabedoria, e a sabedoria gera confiança no cliente. Quando você traz essas sacadas, alinhadas à estratégia, o candidato sempre se surpreende. Ele olha para o que você traz e diz: "caramba, esse cara é *top!*" Mais do que alimentar o ego do marqueteiro, isso é fundamental para a trajetória, porque é nesse processo que o candidato se abre para o aperfeiçoamento, para inovar.

A apresentação da campanha deixa para o candidato uma tarefa de casa. Ele precisa responder a duas perguntas fundamentais: por que quero ser candidato? Por que eu acho que as pessoas votariam em mim? Essa atividade funciona como um "choque" de realidade, escancarando a necessidade de se preparar. Geralmente, o candidato é muito reativo a realizar esse exercício, por julgar desnecessário, principalmente quando se trata de um político experiente. Com a experiência acumulada ao longo desses anos, posso afirmar que quase sempre o candidato padece de uma síndrome de excesso de confiança. Na linguagem popular, ele "se acha".

A ideia da perspectiva do poder atrai para si uma côrte, com pessoas que passam a andar próximas ao candidato. Maquiavel já fazia essa leitura sobre o ser humano, na perspectiva das relações de poder. Essa côrte traz muitos elementos, inclusive o papel de bobo da corte, que é aquela

Inteligência Política e Estratégia nas Campanhas Eleitorais

figura que serve ao entretenimento do candidato. Isso é muito real. Dessa maneira, o pré-candidato chega com muita contaminação da visão dessa equipe local, que quase sempre não é formada de técnicos, mas exerce muita influência sobre ele.

Não se trata de ser desrespeitoso com aqueles que já realizam um trabalho com o candidato e estão ajudando a formar a sua trajetória. A proposta é retirar da zona de conforto, apresentando, de forma contundente, qual o seu atual posicionamento. Mostrar de forma clara e técnica o que não está bom e por que não está bom. Para isso, recorro à técnica das cinco intervenções.

Quando o candidato apresenta para mim o resultado da tarefa de casa, eu o questiono: O que o senhor achou da sua fala? O que o senhor acha que poderia ser melhorado? O que o senhor acrescentaria? Buscamos ser o mais didático possível, para não parecer um julgamento. Na verdade, são perguntas de auto avaliação.

O processo funciona com muita eficiência. A partir das perguntas, o candidato consegue reconhecer a fragilidade da sua fala, da forma de se expressar, e automaticamente busca se aperfeiçoar. Esse processo de refinamento de si próprio é o mais importante. Nesse ponto, faço questão de lembrá-lo que o propósito é torná-lo melhor do que ele entrou, independentemente dos resultados eleitorais.

Como fechamento desse momento, recomendo três aspectos para o candidato se aprofundar, pactuando um prazo de dois ou três dias para um novo encontro, no qual ele possa apresentar as respostas aperfeiçoadas. Ele sempre volta muito melhor, tanto do ponto de vista do conteúdo quanto da autoconfiança. Assim, o cliente cria

Estratégia

um referencial: quando digo que está bom, é porque está verdadeiramente; quando disser que algo está ruim, igualmente é verdade.

Essa é uma das grandes finalidades da pré-campanha: a preparação do candidato, a aquisição de conteúdo, a atualização de informações. Mesmo para candidatos experientes, existe o desafio de se modernizar, de aprimorar inclusive aspectos atitudinais. Pode ser necessária a realização de um treinamento atitudinal e de sessões com fonoaudiólogos para melhorar a capacidade de se expressar. Uma forma de fazer isso é o *benchmarking* dos adversários, observando sua *performance*.

O tempo da pré-campanha pode ser utilizado para preparar o candidato e sua equipe para explorar de forma adequada as ferramentas do seu *smartphone*. Saber o gestual adequado; ter cuidado com o que está ao fundo; desenvolver a noção de tempo, de movimento, de conteúdo, e saber elaborar roteiros para os vídeos que serão postados em suas redes sociais. O mais importante é que o candidato esteja empoderado para fazer uso dessas ferramentas, por isso focamos em orientá-lo e capacitá-lo.

Recordo que, na campanha de João Dória a prefeito de São Paulo, ele fazia muito uso do *self* vídeo, que foi uma estratégia muito exitosa. Muitos clientes chegaram para nós com essa referência, querendo usar a ferramenta da mesma forma. Éramos obrigados a frustrar o cliente muitas vezes, ao dizer: "esse formato não é adequado para você". Dória já tinha essa bagagem, já possuía a *expertise* necessária para os vídeos funcionarem adequadamente. Fica a lição de que é preciso se empoderar para fazer uso de ferramentas.

Inteligência Política e Estratégia nas Campanhas Eleitorais

Fica provado, novamente, o valor da pré-campanha. O tempo é irrecuperável. Começar mais cedo requer realizar investimentos, mas faz muita diferença; quanto mais cedo, maiores as chances de êxito.

Fica provado, novamente, o valor da pré-campanha. O tempo é irrecuperável. Começar mais cedo requer realizar investimentos, mas faz muita diferença; quanto mais cedo, maiores as chances de êxito.

3.3 Planejamento estratégico e tático

Em sua obra *Jogos de poder*, Dick Morris (2004, p. 12) defende que "política é sempre a mesma coisa", o que faz com que as estratégias e táticas que valem para um setor possam ser aplicadas a diversos outros. Ainda que o tamanho do público varie significativamente entre uma disputa para líder de turma em um colégio e uma campanha presidencial, o desenho da estratégia pode ser aplicado por qualquer ator focado na busca do poder. Com base nessa premissa e analisando as formulações que dão resultado na disputa pela Presidência dos Estados Unidos, Morris sistematiza seis tipos de estratégia:

Figura 7 – Seis tipos de estratégia

Fonte: Elaborado pelo autor, com base em Morris (2004).

Não pode haver caminho mais inteligente para formular estratégias de campanhas eleitorais. Vamos à síntese de cada uma dessas tipologias, que, diga-se de passagem, podem ser combinadas para gerar melhores resultados.

A defesa de uma ideologia é uma das estratégias mais usadas por candidatos, mas Morris (2004) se refere aos líderes que enxergam na política o espaço apropriado para adotar uma determinada posição e não para fazer jogadas. Assim, para esses líderes, a campanha é uma oportunidade de promover uma ideologia e, por isso, agem com confiança para defender as ideias em que acreditam. A chave do sucesso dessa estratégia é monopolizar e fortificar a posição de forma que, aos olhos do público, seja identificado como seu representante mais legítimo.

Não se trata de oportunismo político. Para Morris (2004), os oportunistas confiam nos seus instintos e "o cemitério da política está repleto de homens e mulheres que confiaram nos seus instintos, que se mantiveram firmes, mas que viram os acontecimentos passarem ao largo, distanciando-se sem mesmo acenarem um adeusinho" (MORRIS, 2004, p. 18).

A segunda estratégia seria triangular, ou, em outras palavras, superar o confronto. Quando há um impasse político e os dois lados tentam forçar a solução, exaurindo as controvérsias, essa estratégia triangular cai como uma luva. Como ensina Morris (2004), em vez de continuar em debates intermináveis, há ocasiões nas quais a melhor saída é acolher as melhores soluções de cada um dos lados e formular uma via alternativa para lidar com os problemas.

E isso deve ser feito de forma sutil e inteligente. O conselho do autor é identificar quais respostas o lado adversário teria para determinados problemas e se apropriar estrategicamente delas. "Se alguém encontra soluções para as dificuldades do rival, isso significa tirar-lhe a razão de ser e reduzir as chances de um futuro sucesso" (MORRIS, 2004, p. 126). Mas isso requer um esforço grande para buscar resolver os problemas que motivam os eleitores do partido rival, de modo que ele fica politicamente esvaziado, usando soluções de ambas forças partidárias. Surge, daí, uma terceira abordagem, adotando o que há de melhor em cada lado e descartando respostas malsucedidas.

Figura 8 – Princípios básicos da triangulação

Fonte: Elaborado pelo autor, com base em Morris (2004).

A terceira estratégia é "dividir para conquistar". Herdada dos romanos em seu projeto para dominar o mundo, tem espaço também na política eleitoral. As questões centrais desta estratégia são: como proceder para dividir os inimigos e conquistá-los? O que pode induzir um adversário a enveredar no caminho da autodestruição? A arma seria usar criativamente as dissensões.

A quarta estratégia é simples: fazer mudanças quando ocorre um ciclo de sucessivas derrotas. Mas por que existe uma resistência grande das lideranças partidárias em entender as mensagens vindas dos eleitores e promover as mudanças? No caso americano, segundo Morris (2004), as lideranças valorizam mais a doutrina partidária do que a possibilidade de vitória. No caso brasileiro, há um esvaziamento doutrinário, de maneira geral, e, mesmo assim, mudanças não são tão presentes, ao menos não no nível necessário para romper um ciclo de derrotas. Há diversos exemplos de partidos que envelhecem e perdem a conexão com a agenda do eleitor.

A quinta estratégia diz respeito ao uso de novas tecnologias. Parece "chover no molhado", mas não é sempre que líderes políticos e empresariais estão atentos ao potencial que cada nova forma de comunicação traz para conquistar o protagonismo. As lições de Morris (2004), mais uma vez, são preciosas:

> A chave, porém, não é apenas usar o meio, mas compreendê-lo – captar sua 'mensagem' e a impressão inescapável que ele transmite independentemente do conteúdo. Um discurso pronunciado numa plataforma, perante uma vasta audiência, transmite uma mensagem, por exemplo, de prestígio e autoridade. Cada meio de comunicação possui uma mensagem inerente desse tipo (MORRIS, 2004, p. 329-330).

Ainda sobre esse tópico, o autor ressalta uma mudança substancial provocada pela *internet* para a comunicação política. Para ele, a interatividade da *web* representa o fim da política "eu falo, você escuta", para dar início à era da discussão em duas vias. Complemento que essa mudança não é apenas mais uma, nem é trivial. Exige disposição e muito, muito preparo.

Por fim, a sexta estratégia, que também se baseia nas lições da história, tem como foco os momentos de crise. Para Morris (2004), as principais lições são:

Figura 9 – Principais lições para a estratégia

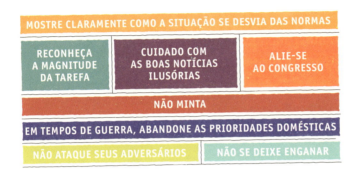

Fonte: Elaborado pelo autor, com base em Morris (2004).

Conectar essas estratégicas às ações propriamente ditas requer também o uso de ferramentas. Isso se faz por meio da elaboração de um plano tático, o qual funciona como um planejamento que conecta as estratégias e a execução das ações propriamente ditas. O planejamento tático trabalha com a prática, definindo de forma concreta, os objetivos, o orçamento disponível e os prazos para a conclusão das metas.

Um caminho eficaz para esse planejamento consiste em distribuir as metas e ações no tempo:

Figura 10 – Definição de metas e ações no tempo

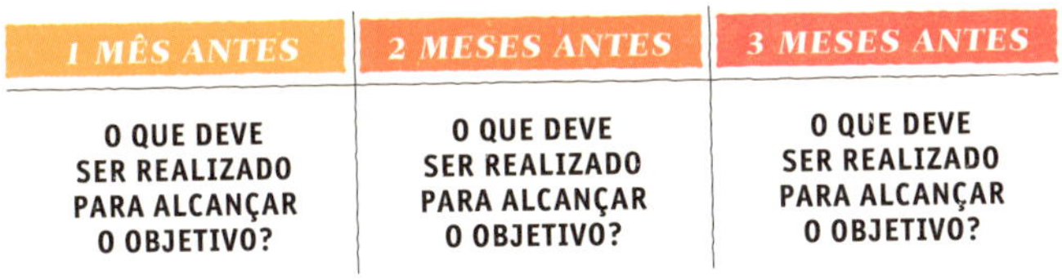

1 MÊS ANTES	2 MESES ANTES	3 MESES ANTES
O QUE DEVE SER REALIZADO PARA ALCANÇAR O OBJETIVO?	O QUE DEVE SER REALIZADO PARA ALCANÇAR O OBJETIVO?	O QUE DEVE SER REALIZADO PARA ALCANÇAR O OBJETIVO?

Fonte: Adaptado de Oliveira (2022).

É importante que os objetivos estejam claramente traçados. O planejamento não é algo estático, ainda mais considerando o contexto dinâmico das disputas eleitorais. Portanto, para que conduza aos resultados, deve ser permanentemente revisado, revisto, sem apegos.

3.4 Análise e interpretação de pesquisas de opinião

Se há um quesito dentro das estratégias de campanha que desperta a atenção dos eleitores, dos candidatos, da imprensa e dos profissionais de *marketing* político são as pesquisas de opinião, mais especificamente o subgrupo das pesquisas eleitorais (OLIVEIRA; ROMÃO; GADELHA, 2012). Em parte, isso se deve a um aspecto que, para muitos, é central: a credibilidade dos institutos, medida a partir da sua capacidade de antecipar ou acertar os resultados da eleição.

Esse não pode ser o único indicador para se avaliar a qualidade de uma pesquisa e fazer uso dela para a elaboração das estratégias de uma campanha. O estrategista não precisa ser especialista em aplicar, realizar pesquisas de opinião, sejam elas de natureza quantitativa ou qualitativa. Todavia, precisa saber analisá-las e consumi-las como uma das principais "pistas" sobre como pensam os eleitores em uma dada conjuntura.

A ansiedade para olhar a performance dos candidatos a partir do item "intenção de votos" deve ser o primeiro aspecto a ser repensado por um estrategista. A grande questão é compreender o que, de fato, significa estar em primeiro, segundo ou em último lugar, em um levantamento de opinião pública sobre em quem se pretende votar em uma determinada eleição.

A academia é a grande fonte onde se pode buscar as referências adequadas para compreender o significado das pesquisas e analisar os parâmetros sobre os quais elas são realizadas. E essa não é uma tarefa trivial, diante da diversidade de abordagens, do fluxo de informações e da complexidade metodológica que estrutura uma pesquisa realizada de forma científica e profissional.

A pesquisa é uma atividade essencial na base do desenvolvimento da estratégia de uma eleição (SERPA, 2016). Ela cumpre duas funções primordiais: saber o que as pessoas estão pensando e detectar as encomendas sociais dos públicos-alvo. Como diz o Professor Lavareda, "informação é a chave mestra que permite desvendar o que ocorre no coração e na mente dos indivíduos, enquanto eles desempenham múltiplos papéis, interagindo na sociedade" (LAVAREDA, 2009, p. 69).

Entre os anos 1960 e 1980, as pesquisas de opinião passaram a ganhar centralidade nas campanhas como a grande base da estratégia. Afinal, elas são um instrumento imprescindível para acessar a agenda do eleitor. Não se pode jamais perder de vista que a estratégia nasce no eleitor, e não no candidato. Concordando com Serpa (2016, p. 48), "tudo deve dirigir-se ao núcleo de interesses e proposições preexistentes no público-alvo".

O que pode revelar uma pesquisa de opinião como matéria prima para o trabalho do marqueteiro? A primeira consideração é que ela precisa ser bem feita, ter rigor técnico, senão pode muito mais obscurecer do que propriamente elucidar. Pode dar pistas enganosas, gerar percepções equivocadas, que levem a decisões erradas sob o ponto de vista da estratégia e dos objetivos traçados.

É muito importante um conhecimento mínimo sobre as modalidades das pesquisas (presencial, telefônica ou via *internet*), por exemplo. Também saber avaliar, dentro de um relatório, se aquele levantamento respeita os critérios bási-

Estratégia

cos de representatividade estatística do universo pesquisado, sabendo que esse aspecto é extremamente relevante, fazendo-se uso de qualquer modalidade.

Mas o que um estrategista consome prioritariamente nesses levantamentos? Quando inicia a temporada eleitoral, é comum se intensificar a divulgação de pesquisas de opinião pública, sobretudo as de caráter quantitativo. A maior parte das análises sobre esses levantamentos foca no que, guardado um intervalo de tempo significativo para a realização do pleito, seria secundário: intenção de votos.

Esse não pode ser o olhar de quem atua na formulação de estratégias para partidos e candidatos. Como diz a cientista política Priscila Lapa, *"não é que intenção de voto não diga nada. A questão é que não diz tudo"*[14]. O alcance da sua importância se dá quando somado a análises e interpretações de outros fatores da conjuntura eleitoral. Quando uma pesquisa mede a intenção de votos, a pergunta feita ao eleitor é: se a eleição fosse hoje, em que você votaria? Ou seja, necessariamente é um exercício de projeção por parte de quem responde e, principalmente, de quem vai analisar as respostas, observando o cenário de hoje.

Uma das sofisticações interpretativas é compreender o resultado, baseando-se nos fatores utilizados pelo eleitor na formulação de sua resposta. É por isso que os recortes demográficos e socioeconômicos são tão relevantes. Primeiro, para que a amostra da pesquisa reflita a realidade na qual a população se configura, buscando a percepção do conjunto diverso da sociedade e não de um grupo específico. Segundo, porque esses recortes podem servir como

---

14. Entrevista concedida ao autor, em 2022.

pista para se compreender a orientação de mundo, a forma de pensar e avaliar as políticas públicas, por exemplo.

Mais uma vez, é extremamente importante que a interpretação seja combinada com outros fatores para que se possa extrair o máximo de informações úteis que devem nortear uma candidatura. Por exemplo: quais são as principais preocupações do brasileiro considerada a conjuntura atual? Como a escolha desses temas oscila a cada levantamento?

Outro fator, que é observado de diferentes formas, a depender do instituto que esteja realizando o levantamento, é a percepção se o país/estado/cidade está no rumo certo. Veja, o que se quer apreender é a visão das pessoas sobre a condução de uma cidade ou de um país, o que é extremamente subjetivo e, ao mesmo tempo, relevante para indicar o quanto um governante está conseguindo ser assertivo em sua atuação.

Alguns institutos perguntam: você aprova ou desaprova a forma como o governante X/Y ou Z está conduzindo tal política? A riqueza desse "achado" pode ajudar a ajustar a forma como um governo atua, como ele comunica o que faz ou até mesmo a decisão de prosseguir ou descontinuar determinados programas e projetos. Claro que isso não se faz com base em uma pesquisa apenas, mas por meio do conjunto de *insights* que são fornecidos de forma plural, em diversos momentos e cenários. Cabe aos candidatos e a seus "mentores" decidirem se apostam na falta de assertividade ou credibilidade dos institutos (o que pode ser, sim, questionado e aprimorado) ou se olham para as pesquisas como uma fonte crítica para se traçar estratégias.

Em um contexto ideal ou sempre que possível, devem ser realizados estudos quantitativos e qualitativos como

Estratégia

base para a campanha. Essa combinação de abordagens permite apreender como o candidato é percebido pelo eleitor. É isso que fundamenta o diagnóstico, conforme exploramos nos trechos iniciais deste livro.

Outro aspecto relevante fornecido pelas pesquisas é o mapeamento do público-alvo da campanha. O alvo nunca deve ser o universo (o todo do eleitorado), nem tampouco o eleitor considerado politizado. Esse já tem consolidada a sua decisão do voto e dificilmente a campanha poderá alterá-la. O alvo deve ser o indeciso, aquele que apresenta, de partida, uma postura indefinida ou até mesmo indiferente em relação à disputa e curso. Esse sim pode ser conectado ao contexto e absorver as mensagens dos candidatos. Os indecisos podem virar o jogo. É por isso que Serpa (2016, p. 57) define o *marketing* político-eleitoral como "uma técnica de administração da indiferença".

Mas estariam as pesquisas enfrentando uma crise de credibilidade, por mais erros do que acertos naquilo que se propõem a fazer?

O efeito boca de urna tem sido apontado como um dos fatores que explicam possíveis divergências entre intenção de voto e resultado das eleições. Mas diversos estudos vêm demonstrando que nem todas as diferenças entre pesquisas e resultados eleitorais se devem a isso. Há outras categorias de erros, como problemas amostrais, problemas de acesso à amostra selecionada, problemas de questionário ou até mesmo o nível de competitividade do pleito (quanto mais acirrado, mais difícil de fazer previsões)[15].

---

15. Sugiro a leitura do artigo de Ferreira (2020), que apresenta uma boa síntese para o debate sobre os erros e acertos nas pesquisas eleitorais.
Disponível em: https://bityli.com/hiLnSMZgV. Acesso: 17 jan. 2022.

COMO FAZER USO DE PESQUISAS

Embora não seja um especialista em pesquisas, sou um grande consumidor do conteúdo que elas revelam, algo que veio da especialização do meu dia a dia de leituras e esboços de desenhos de pesquisas que precisavam nos fornecer informações importantes sobre o cenário político. Acredito que, para o estrategista, é essencial, conforme falamos anteriormente, nunca ter uma única fonte de informação para tomar decisões na construção de uma campanha eleitoral. As pesquisas divulgadas pela grande mídia devem ser uma dessas fontes, não a única.

O mergulho na realidade do contexto da eleição, por diversos canais, *on* e *off-line*, as pesquisas qualitativas, o processo de geração de inteligência, tudo isso é relevante para a elaboração das estratégias. É preciso, inclusive, ter a capacidade de confrontar, com uma criticidade desapaixonada, aquilo que pode parecer discrepante em uma pesquisa de opinião pública. Não para agradar o cliente, mas sim para gerar os resultados desejados.

Um estrategista deve saber que, sendo um levantamento estatístico, uma pesquisa de opinião é realizada por meio de uma amostra, a qual precisa ser estabelecida com base em critérios rigorosos. Esse pode ser o primeiro aspecto problemático para quem vai consumir as informações: tomar como válidas as opiniões de uma amostra que não representa de forma adequada a população. O número de entrevistados precisa ser satisfatório e o processo de seleção dos respondentes adequado.

O instrumento de coleta também deve ser cuidadosamente elaborado, geralmente escolhido o questionário de pesquisa estruturado. A forma de coletar os dados é igualmente relevante do ponto de vista metodológico (OLIVEIRA; ROMÃO; GADELHA, 2012).

Considerados esses aspectos mencionados, alguns erros comuns em pesquisas eleitorais precisam ser conhecidos por quem faz uso delas para a tomada de decisão. Existe o erro amostral, que pode ser calculado e controlado, assim como existem também os erros não amostrais, relacionados a questionários mal elaborados, utilização de dados socioeconômicos e demográficos desatualizados ou imprecisos, respostas incorretas dos entrevistados, problemas na execução do trabalho de campo, entre outros. O nível estatístico de confiança e a margem de erro são parâmetros imprescindíveis para avaliar a qualidade de uma pesquisa.

Quando o estrategista recebe um relatório de uma pesquisa realizada por algum instituto ou empresa que ele desconhece, é sobre esses aspectos que ele deve se debruçar. Essa pode não ser uma tarefa solitária, realizada individualmente pelo marqueteiro, caso ele não tenha o domínio conceitual e científico para isso. Daí surgem boas parcerias técnicas, que podem se formar por profissionais que se complementam, à semelhança do que ocorre em outras áreas do *marketing* político.

Mas é um erro muito grave o completo desconhecimento do universo das pesquisas, sob o risco de tomar decisões a partir de levantamentos não confiáveis e que não refletem verdadeiramente a percepção dos eleitores. Até porque, em boa parte das vezes, os candidatos costumam encomendar pesquisas de empresas ou institutos escolhidos a partir de critérios não técnicos, como preço e relacionamento com os gestores ou donos dessas instituições.

Outro aspecto importante a ser considerado é a natureza da abordagem, se quantitativa ou qualitativa. Cada uma delas tem o seu papel na construção do repertório da campanha eleitoral. É por meio de pesquisas qualitativas que o estrategista obtém subsídios para captar a imagem que a população tem do candidato, seja como político, seja como pessoa. As manifestações espontâneas dos grupos focais são uma grande fonte de temas e percepções que podem fundamentar a elaboração das estratégias de campanha.

Mas nem sempre é elementar convencer os candidatos a investirem em pesquisas de natureza qualitativa devido à popularidade que as pesquisas quantitativas têm perante a classe política, a mídia e a sociedade em geral. No melhor dos mundos, temos à disposição levantamentos com as duas abordagens, que permitem uma visão mais ampla e aprofundada da conjuntura, do candidato e dos adversários.

Outro desafio é quanto à leitura dos resultados e a aceitação crítica deles pelo candidato e pela equipe da campanha. Duas situações são delicadas para o marqueteiro: quando há entusiasmo descabido ou quando há a negação da realidade. Ambas as situações precisam ser tratadas para não gerar enganos futuros. A relação entre marqueteiro e candidato deve ser técnica, acima de tudo.

Estratégia

3.5 Elaboração do tema
e da mensagem central

Os temas de uma campanha não devem ser determinados pela criatividade pura e simples do marqueteiro, mas devem emergir dos estudos e sondagens realizados nas etapas do diagnóstico. É deles que vêm as principais preocupações do eleitorado, sobre as quais a campanha deve se debruçar.

O Professor Bongrand conta um episódio que ilustra bem esse aspecto e ajuda a desmistificar a ideia de que o marqueteiro é o grande criador de tudo. Ele relata que Jean-Jacques Servan-Schreiber, reunindo os eleitores em sua campanha ao Legislativo, em Nancy, declarou: "Não tenho programa. O meu programa é o vosso" (BONGRAND, 1986, p. 64). O papel do *marketing* seria, nesse sentido, o de satisfazer as expectativas do eleitorado, promovendo o diálogo entre os cidadãos e os potenciais representantes. Assim, existem vários tipos de temas sobre os quais se pode elaborar as mensagens eleitorais.

Para Bongrand (1986), existem os temas fortes e os temas fracos, cujo enquadramento depende em grande parte da conjuntura em que a eleição acontece. Temas econômicos, por exemplo, podem ser fortes ou fracos, a depender do contexto. Existe uma crise instalada ou o cenário atual é de euforia? É nesse ponto que o processo de inteligência política deve operar grandemente: na identificação desses temas e na definição sobre como fazer a interlocução com os eleitores. Uma dica do mestre Bongrand, que procuro aplicar em todas as campanhas: frequentemente, as preocupações dos eleitores são simples e suas soluções

Inteligência Política e Estratégia nas Campanhas Eleitorais **163** não necessitam de discursos complexos por parte dos políticos. De novo: menos é mais.

Outro aspecto a ser considerado na elaboração da mensagem central é o que Bongrand (1986) chama de estilo da campanha. Segundo ele, é uma questão de sensibilidade perceber as circunstâncias da disputa: se em zonas rurais ou urbanas, nos centros ou em regiões periféricas, entre outras questões. "Particularmente, a intensidade da campanha depende das circunstâncias locais" (BONGRAND, 1986, p. 70).

O estilo está condicionado aos efeitos que se pretende causar. Os três principais efeitos seriam: de impacto; de potência ou de sedução. O primeiro obtém-se, geralmente, por meio de um acontecimento, que pode ser a confirmação ou lançamento da candidatura, a utilização súbita de meios de comunicação com uma mensagem marcante ou pela originalidade do tom da campanha e qualidade do *slogan* utilizado. O que se busca é a aceleração, podendo ocorrer no início ou no meio da campanha.

O segundo, o efeito da potência, obtém-se pela a intensidade com que se repete a utilização dos meios. Busca dinamizar os militantes, dar a impressão de uma segurança irreversível, a certeza cada vez maior de que os adversários serão derrotados. O risco é que isso se torne muito intenso e reverta em rejeição ao candidato.

O terceiro efeito, o da sedução, provoca a adesão afetiva, sentimental, a um candidato ou partido. Isso pode ser alcançado por meio da escolha de um mote (como o desejo de mudança), combinado aos elementos da imagem (sorrisos, gestual, carisma) e da linguagem falada (frase de efeito bem colocadas).

Sempre que possível, a escolha do tema e da mensagem central deve ser pré-testada em grupos focais.

> Sempre que possível, a escolha do tema e da mensagem central deve ser pré-testada em grupos focais.

3.6 Engajar e motivar pessoas

O primeiro teste de conteúdo ocorre quando o cliente se prepara para se apresentar às pessoas como pré-candidato. Esse é um marco importante para o processo que virá a seguir: propagar essa visão para cada vez mais pessoas, de forma crescente, criando conexões e engajamento. É preciso, no entanto, ter uma estratégia para isso acontecer de forma sustentável.

A primeira ocasião que criamos para a exposição do cliente é uma reunião com pessoas próximas, no máximo trinta pessoas, a fim de proporcionar um ambiente seguro. O roteiro da reunião é: apresentar o candidato e o marqueteiro ao público, além de expor as razões pelas quais as pessoas deveriam pedir votos para o primeiro. É assim que se forma uma base de segurança emocional. Ao colocar a família em contato com o marqueteiro, o clima de confiança é ampliado.

O próximo passo é definir como acontecerá a participação dos membros da família na pré-campanha e na campanha, em termos de papéis a serem desempenhados e recursos que serão disponibilizados. Vale salientar que não nos referimos apenas a recursos financeiros, mas a outros importantes, como mão de obra especializada, itens para compor a estrutura da campanha e até mesmo *networking*. Esse mesmo formato é utilizado para se chegar a outras "bolhas": grupos empresariais, da comunidade, religiosos, a depender do contexto. Quando se multiplica esse evento, surgem novos engajamentos.

Antes de iniciar a jornada das reuniões, no começo do processo, o cliente recebe uma caderneta, que será instru-

Estratégia

mento de trabalho durante toda a trajetória. Nessas reuniões, o candidato não vai para falar: ele vai preparado para fazer perguntas. A pergunta é uma estratégia para liderar um grupo reunido, direcionar o público ao foco desejado. E que perguntas são estas? Apenas duas. A primeira é: quais os três principais problemas daquele contexto (país, cidade, estado)?

Em seguida, deve-se perguntar como as pessoas resolveriam esses problemas. O cliente começa a anotar o que vai sendo dito na caderneta, transmitindo para as pessoas que sua atenção naquele momento é plena, que está ali para ouvi-las. Ele também é orientado a fazer um resumo do que foi dito ao fim. O momento se torna dinâmico, participativo, com as pessoas tendo espaço de fala. Gera a impressão de que o candidato não é o único detentor do saber.

O impacto entre os participantes é positivo, porque quebra a expectativa sobre o que elas esperam dos políticos, que chega em um ambiente e fala sem parar. Ele ouve atentamente e dá a devolutiva para a comunidade, a partir das anotações que fez. Na próxima reunião com esses grupos, o candidato fala sobre as suas propostas e ideias, em um clima positivo resultante do encontro anterior.

O estrategista deve acompanhar todos esses momentos para que possa propor melhorias na postura, na linguagem verbal e não verbal. Esse acompanhamento é fundamental para ampliar a autoconfiança do cliente. Com um convívio tão intenso, o marqueteiro vai conhecendo melhor a personalidade de seu cliente. Outros aspectos importantes para o período da campanha também são testados, como a logística e a disciplina do tempo. É uma grande oportunidade para treinar o que vai acontecer na campanha.

3.7 Debates

Considero o debate um momento relevante da campanha. Muitos acreditam que, com a prevalência das mídias digitais, os debates teriam perdido a sua importância. Eu não coaduno essa visão. O debate, sobretudo na TV, com as novas regras eleitorais, ganhou uma relevância ainda maior, uma vez que é uma oportunidade de o eleitor analisar as ideias e também as atitudes dos candidatos.

> Debate é mais análise de *performance* do que de conteúdo. Está muito ligado ao atitudinal.

Defendo para os meus clientes que é o preparo que decide um debate, uma vez que esse é mais análise de *performance* do que de conteúdo. Está muito ligado ao atitudinal.

Por isso, desenvolvi uma metodologia muito própria. Desenvolvemos um produto, que segue a mesma estrutura para todos os clientes. É uma espécie de livro dividido por eixos temáticos, contendo um resumo da situação atual (dados do contexto, em cada tema), com os principais problemas identificados de forma objetiva e as respectivas propostas, que são extraídas do plano de governo. Há um resumo para conduzir a fala do cliente, tanto na apresentação quanto nas considerações finais. Há uma aba específica com perguntas, desde as mais amenas às mais contundentes. O segredo desse produto é, além do conteúdo que redijo em conjunto com o diretor de criação, redator e diretor de arte da campanha, e equipe de assessores do candidato, a forma como ele vem diagramado e impresso, que facilita o manuseio e permite que o candidato transite entre os temas sem atropelos.

Estratégia

Antes de mais nada, é preciso que o estrategista conheça, de forma aprofundada, as regras de cada debate. Esse papel é da assessoria jurídica, mas o estrategista precisa ter o seu olhar sobre o processo. Quando posso, participo das reuniões prévias da emissora com as equipes de campanhas, para ouvir, coletar informações. Existe um padrão de funcionamento dos debates, mas existem particularidades que devem ser bem conhecidas. É fundamental esse conhecimento para evitar surpresas. Qual a dinâmica escolhida? Haverá réplicas e tréplicas? As perguntas serão sorteadas ou espontâneas? Os candidatos vão perguntar entre si? Cada aspecto desses é importante na preparação.

Didaticamente, a primeira decisão é se o candidato vai participar ou não do debate. Para isso, alguns aspectos são extremamente relevantes. O candidato é da situação ou oposição? Em que colocação nas pesquisas ele está? Em que momento da campanha esse debate acontece: no início, no meio ou no fim? O perfil do candidato é algo muito importante: alguns são mais afeitos ao confronto; outros são aversos ao conflito.

Essa escolha deve ser feita com base em argumentos sólidos, consistentes. Defendo, de maneira geral, que todo cliente deva participar de debates, mas é preciso seguir alguns critérios, a depender de algumas situações específicas. Para o caso de clientes que são candidatos desconhecidos, geralmente por serem estreantes, o debate funciona como uma grande vitrine. Já para candidatos que estão em primeiro lugar nas pesquisas, existe uma tendência de os assessores mais próximos desaconselharem sua participação, pois a tendência é que ele seja o alvo dos ataques dos demais participantes. Prefiro analisar outros elementos do contexto antes de aconselhar o postulante.

É preciso fazer uma avaliação mais aprofundada dos riscos de cada eventual participação. Recordo a situação de um cliente nosso que nunca havia participado de debates, por nunca ter disputado uma eleição majoritária. Estimulamos que ele fosse ao primeiro promovido naquela campanha, justamente para testar os seus pontos mais vulneráveis, com remédios já pensados para se, por acaso, tivesse prejuízos à sua imagem. Foi justamente o que ocorreu. Mas como ainda tínhamos a campanha inteira pela frente, foi possível recompor e recuperar o que possivelmente foi arranhado pelo seu mau desempenho no debate. Usamos os comerciais e programas eleitorais para trabalhar a imagem do cliente, rebatendo o que possa ter gerado dúvidas para o eleitor.

Um exemplo claro de como essa estratégia se desdobrou: como ele era candidato à reeleição, em um estado da região Norte, seus adversários exploraram que, apesar de discursar em defesa das mulheres, seu secretariado era formado majoritariamente por homens. Em seu plano de governo, constavam várias ações estruturadoras para as mulheres, como a criação da Secretaria da Mulher e a construção de um hospital especializado na saúde feminina. Ao longo da campanha, criamos vários programas e comerciais explorando essa temática, além de tratarmos esses conteúdos nas redes sociais, sem sermos pautados pelos adversários. O resultado foi o crescimento do candidato nas pesquisas e a campanha ganhando um volume expressivo nas ruas. Obviamente, não apenas em razão dessa temática específica, mas pelo conjunto das estratégias. Outros debates foram agendados e tínhamos que decidir sobre a sua

Estratégia

participação, em um contexto em que se distanciava quase quarenta pontos nas pesquisas dos seus adversários.

Aconselhei-o, dessa vez, a não participar, pois a campanha caminhava para a reta final e avaliamos que haveria mais perdas do que ganhos. Imediatamente, ele reagiu: "você está defendendo isso, por causa do meu mau desempenho no anterior, não é?" Não era. Eu acredito de verdade no processo de preparação. Acontece que o contexto era óbvio: não haveria ganhos com a participação, mas os riscos de desgaste eram imensos. Não ir a um debate pode ser uma decisão corajosa, nesses casos. Ao fim, o candidato compreendeu e apoiou amplamente a nossa orientação. Mas não defendi que ele simplesmente não fosse. Trabalhamos na criação de uma super-pauta para aquele dia, em que ele teria inúmeros compromissos de campanha. A ideia era movimentar as ruas e gerar fatos positivos junto à militância, gerando imagens para repercutir na televisão e nas redes sociais.

A decisão de não ir ao debate pode soar como uma fuga, um desrespeito ao público e à democracia. E isso pode ter um preço muito alto. Por outro lado, a conjuntura pode indicar que a não participação é a melhor estratégia. Há situações em que adversários dos meus clientes não foram ao debate e venceram as eleições, demonstrando que não há verdades absolutas para se construir estratégias vencedoras.

A premissa básica para o candidato ir ao debate é se preparar de verdade, jamais improvisar. Ele precisa saber os momentos em que vai falar, quando vai ouvir, todas as regras têm que ser conhecidas. O problema é que, quando o candidato tem um pouco mais de preparo, já tem experiência, acha que sabe tudo e não investe na preparação. Foi o caso de um outro cliente nosso, que era senador e já havia disputado a eleição para governador anteriormente. Eu o assessorava na disputa novamente para o governo do Estado. Como ele tinha muita experiência, se expressava bem e não conseguia entender a importância de fazer um treinamento. Ele era muito resistente em fazer qualquer preparação.

Dentro do método que desenvolvi, defendo que o candidato deve se ausentar da agenda da campanha para se concentrar, portanto esse treinamento deve ocorrer em um local como um hotel, uma casa de campo, pelo menos dois dias antes do debate acontecer. O foco é o preparo emocional e fazer com que ele possa se desconectar dos problemas da rotina e se concentrar para absorver as informações. Faz parte do treinamento investir no preparo físico, com uma alimentação equilibrada, ter uma boa noite de sono, para que a pessoa realmente fique bem.

O treinamento acontece seguindo o modelo de mentoria, quando procuramos ouvir o candidato sobre seus medos, seus receios, para, em seguida, iniciarmos a preparação propriamente dita. O material didático que é produzido pela equipe da campanha, sob a orientação do estrategista, segue um roteiro. Primeiro, explora a parte inicial de um debate: apresentação do candidato e a exposição dos motivos pelos quais deseja se tornar prefeito/governador/ senador ou qualquer outro cargo disputado.

Depois, há a disposição dos temas tratados tecnicamente, cujo conteúdo é preparado pela equipe de jornalismo, que apura e confere os dados. Para cada área há um resumo sobre a situação atual, com dados precisos. Em seguida vêm os principais problemas daquela localidade;

Estratégia

depois, as cinco respectivas propostas. Por último, as perguntas que devem ser feitas para cada um dos adversários, acompanhadas das respostas. Esse material serve como uma "cola". Quando o candidato o recebe, fica ainda mais resistente para participar do treinamento, o que é muito ruim. Voltando ao caso do nosso cliente candidato a governador, ele, de fato, não se preparou adequadamente. Decidiu ir apenas com esse material didático, julgando ser suficiente para dominar o debate, e o seu desempenho não foi satisfatório. Teve falas cortadas, extrapolou o tempo em boa parte das vezes. O grupo focal que fizemos para analisar o debate confirmou que sua atuação foi insatisfatória. A *mídia* depois reiterou essa mesma visão. Ficou a lição de que não se pode subestimar a importância de se preparar muito bem para enfrentar esse tipo de evento.

Um bom estrategista investe tempo para prever o tipo de público que irá assistir ao debate, observando a audiência da emissora. Isso é fundamental para adequar a linguagem, acertar o tom do discurso. É preciso compreender que é diferente participar de um debate e ir a uma reunião em praça pública. No primeiro caso, o candidato é mais do que um personagem. Os debates são também uma oportunidade para gerar conteúdos para as redes sociais. Nas eleições presidenciais de 2022, por exemplo, os debates tiveram ampla audiência e impactaram a narrativa das campanhas, inclusive suscitando muita repercussão sobre o comportamento dos candidatos.

Há muitos equívocos na preparação para os debates. Um deles é a crença de que se deve preparar um personagem. O que funciona de verdade é apresentar a dimensão humana do candidato, mostrar que ele é ser humano, mas

Inteligência Política e Estratégia nas Campanhas Eleitorais

tem empatia e sabe falar das questões de forma didática. Além disso, é fundamental saber a dosagem de bater ou apanhar. Investir na estratégia de ataques sistemáticos gera muito riscos. O primeiro deles é gerar a impressão de ser alguém descontrolado. A história das campanhas está repleta desses personagens caricatos nos debates, que acabam gerando alvoroço, uma euforia, mas no fim o que prevalece na avaliação positiva das pessoas é o equilíbrio, a segurança. Existe uma linha muito sensível entre atacar e ser firme.

É preciso dar o tratamento específico para cada perfil. Candidatos homens confundem força com grosseria, com indelicadeza. Isso denota uma falta de preparo grotesca. Homens devem ser corteses, sempre. Se a candidata for uma mulher, é preciso tomar cuidado com a vitimização. As pessoas querem ver atitudes, competências, não ficar fazendo referência o tempo inteiro à sua condição. É preciso ressaltar sua competência, sua sensibilidade para ter uma leitura mais ampla sobre os problemas da sociedade, tratados de forma mais humana, mas jamais dar a conotação de fragilidade.

Para esse momento, é fundamental contar com uma assessoria jurídica e de jornalismo, que possa checar os dados com precisão. No rito da preparação, deve-se conhecer o estúdio, saber quantas câmeras vão fazer a captação, a fim de orientar o gestual do candidato para não prejudicar a sua imagem. Mais uma vez: o improviso deve ser evitado ao máximo.

Uma dica é fotografar o estúdio, para que no treinamento seja possível reproduzir esse cenário, usando as fotos dos adversários, para criar o clima do momento. Geral-

Estratégia

mente nós filmamos a primeira rodada do treinamento e apresentamos ao candidato para que ele se prepare, não tendo surpresas. Gerar essa ambiência é muito importante para que ele possa se sentir à vontade.

Outro ponto crucial é a definição das cores e das vestimentas a serem utilizadas. O excesso de elementos torna o visual poluído, chama a atenção e retira o foco do conteúdo. Um bom visual já é meio caminho andado para gerar uma imagem positiva. Detalhes fazem a diferença: não fazer a barba no dia anterior, mas algumas horas antes do debate. Assim, tem-se uma barba bem aparada. Se o candidato é pálido, é importante deixá-lo mais corado, com um ar mais saudável. Para as mulheres, uma das principais recomendações é não carregar na maquiagem e não realizar tratamento estético em um período próximo ao debate, assim como evitar usar produtos novos, que possam provocar reações alérgicas. A regra é: não pode haver surpresas. Não é hora de inventar, é hora de fazer o certo.

Quanto às roupas, é preciso cuidado na escolha das cores. Recomendamos evitar preto e branco, porque, às vezes, a luz reflete muito forte no tecido. Também prestar atenção às estampas, sempre evitando roupas com muita informação. A dica é levar a atenção para o rosto. Os detalhes ficam marcados no telespectador e muitas vezes viram meme, caem no ridículo. Por isso, defendo como critério para as vestimentas a discrição e a elegância. Menos é mais. O mais importante é o preparo.

Respostas muito agressivas devem ser rebatidas com elegância, mas com firmeza. Em debates na TV, há muito peso para o gestual, para a linguagem não verbal. Parece irrelevante, mas conta até mesmo a forma como o candidato manuseia o material produzido para o debate. Esse gesto passa mensagens subliminares: pode transmitir tranquilidade e segurança apenas por gestos simples. A segurança vem do treino, não há fórmula mágica.

Os debates se iniciam quase sempre com a mesma pergunta: por que você quer ser candidato? Não dá para inventar a resposta na hora, é preciso treinar bastante antes. É hora de executar o que já foi planejado. O caminho é simples. Primeiro: ser respeitoso com os adversários, elegante; não tratar as mulheres nem melhor, nem pior, mas sim com atenção e gentileza. A tarefa é conhecer a fundo os adversários, usando fotos e vídeos para tentar entender a linha da inteligência de cada um. Segundo: agir com firmeza. Terceiro: o contexto diz como o candidato vai se posicionar. Ele está à frente nas pesquisas de intenção de voto ou está atrás?

Quando o cliente lidera, eu defendo que deva ir aos debates, mesmo correndo riscos. O mais certo é ter um bom preparo e consolidar seu posicionamento. É ir para "lacrar". A essa altura, os adversários já são conhecidos. Sabe-se qual deles tem o perfil mais contundente. Assim, a estratégia é expô-los ao confronto frente a frente, como o formato dos debates incita, o mais rápido possível. Essa decisão deve ter embasamento em pesquisas qualitativas.

Esse posicionamento firme ajuda a consolidar a imagem de que não está com medo de enfrentar aquele que parece ser o mais arriscado. Instruo-o a fazer perguntas sobre temas que ele, candidato, domine mais. Isso tira o fator surpresa e ainda provoca surpresa no adversário. Passa a imagem de preparo, de que tem inteligência emocional para enfrentar os desafios. Isso, obviamente, requer pre-

Estratégia

paro prévio. Não tem por que improvisar. Não defendo a tese do improviso em prol da naturalidade. É hora de ser pragmático, objetivo e vencer o debate. O dano à imagem é menor. O candidato precisa estar presente de verdade naquele momento. O marqueteiro deve ir ao debate, em um gesto de apoio ao candidato.

Quando o cliente não está à frente das pesquisas, a minha recomendação é ir também ao embate, consciente de que ele não está ali para trocar figurinha. Tem que chamar para a luta. O resultado prático, que é conquistar o coração do eleitor, precisa ser alcançado. Não é momento de entretenimento. Defendo que deva chamar o adversário que está liderando para o confronto, pois é hora do tudo ou nada. Às vezes o formato não possibilita isso. Então, quando não for possível, deve-se fazer o aquecimento do verdadeiro embate.

Em todos os casos, é preciso ganhar todos os blocos, todos os *rounds*. Não tem efeito prático ganhar um e perder os demais. Cada bloco é um *round*, e em todos eles só interessa a vitória. Todas as perguntas têm que ser bem respondidas. O estrategista tem que estar atento e, nos intervalos, atuar para garantir a melhor estratégia para a ocasião, a fim de reorganizar a cabeça do cliente. Não pode dispersar a atenção por nada.

O candidato às vezes se descuida, e é preciso chamá-lo de volta. Muitas vezes, ele antecipa a comemoração e descuida do fim. Por exemplo, responde bem às perguntas, mas ao fim e tem o tempo cortado, por falar demais. Detona o que foi feito até então. Precisa trabalhar a disciplina para o próximo debate. Debate é completamente diferente do horário eleitoral gratuito. Quem assiste é porque quer, assim a atenção das pessoas é focada. Se preciso, o marqueteiro deve "bater" duro no seu cliente no intervalo, para chamar a sua atenção e trazê-lo para o foco.

Um caso emblemático foi vivenciado em uma cidade nordestina. A disputa estava polarizada. Nosso cliente buscando a reeleição contra um candidato do governador. Ao longo da campanha, ficou muito difundida a ideia de que o meu cliente era passivo, "frouxo". O adversário tinha um tom contundente; dizia que o meu cliente não iria aos debates e que, se fosse, seria desmascarado, desconstruído. Ele tinha uma imagem de passividade. A assessoria recomendava que ele não devesse ir, porque eram cinco candidatos contra ele. Desde o início, eu recomendava o contrário.

Era um candidato extremamente disciplinado, mas que precisava trabalhar o gestual. Eu fiz a proposta: "vamos fazer três sessões e se, após isso, você não se sentir seguro, você não irá". Ele vivia um momento de fragilidade emocional, tinha perdido o pai. Eu fiz a primeira sessão junto com outra pessoa da assessoria. Encenei o papel do seu principal adversário. Ao fim da simulação, o candidato ficou muito impactado, chateado mesmo. Foi um momento de desapontamento, que gerou uma reflexão se eu teria adotado a melhor estratégia.

No outro dia, fui procurá-lo. Ele estava ainda desapontado e disse: "não vou participar". Tive a sabedoria de trabalhar para aceitar, naquele momento, a decisão dele. Eu recuei e informei que respeitava a sua decisão. A palavra final deve ser sempre a do candidato. Fiz uma explanação mostrando que o entendia, aceitava os seus argumentos. Aí ele foi se abrindo: revelou que sentiu raiva, colocando para fora esse sentimento. Bateu na mesa, xingou. E disse que, assim, se sentia mais aliviado. O tom ficou mais ameno, revertendo para um momento de descontração. Ele indagou: "o que vamos fazer?" Respondi: "vamos almoçar". Durante o almoço, não falei sobre o debate. Deixei-o falar bastante. Ele tocou no assunto, mas eu desconversei. Após o almoço, eu anunciei: "Temos dois caminhos: primeiro, é seguir o que você definiu e, dessa forma, você não irá ao debate. O segundo é cumprir o treinamento todo e decidir após isso". A preocupação dele era que as pessoas iam especular sobre a sua ida. Aconselhei-o a não se importar com isso. Foi assim que ele topou fazer o treinamento. O tom dessa segunda vez foi ainda mais alto. Quando terminou, o candidato revelou: "estou pronto para o debate". O treinamento foi filmado e passamos para ele assistir. Revisamos juntos os pontos importantes, atentando ao conteúdo e ao aspecto atitudinal, as expressões no rosto, as reações. Esse método possibilitou criar estratégias para reagir de forma pensada, controlar as emoções. Sugerimos que ele adotasse o "riso de Mona Lisa". Ele ficou com uma super energia e foi para o debate animado.

Naquele dia, a cidade vivia o clima de final de Copa do Mundo. A presença dele surpreendeu a todos. Tivemos uma sacada: orientamos o candidato para que, quando chegasse no estúdio, ficasse no camarim e não fosse direto cumprimentar os adversários. O combinado era ele chegar, ir direto para o seu púlpito, ler seu material.

Quando faltarem dez segundos para começar o debate, ele deveria ir ao púlpito de cada um e cumprimentá-los. Para o seu adversário principal, deveria dizer em seu ouvido: "Você vai ser destruído hoje". Meu cliente topou. A mensagem sussurrada deixou o adversário completamente desestabilizado, descompensado. E assim o debate foi vencido pelo meu cliente, um verdadeiro "passeio". A vitória dele foi histórica, a maior votação na história da cidade, tornando-o conhecido no estado inteiro. Estava selada a importância de ter uma estratégia.

Em 2022, tivemos mais um grande aprendizado no que tange à preparação do candidato para participar de um debate. É fundamental o estrategista se inteirar sobre a forma de aquisição de conhecimento pelo candidato. Em uma campanha a governador que conduzimos, preparamos o produto mencionado no início desse capítulo e o colocamos em suas mãos. Não consideramos que o cliente não possuía o hábito de leitura e que assimilava informações de maneira muito mais efetiva pela audição. Ele estava à frente nas pesquisas, com uma diferença expressiva dos seus adversários. Aquele seria o primeiro debate de sua vida, pois, até então, só havia disputado e ocupado cargos proporcionais.

Um dia antes, entregamos o material à sua esposa, que imediatamente nos advertiu: "ele não vai ler". O próprio candidato nos informou que não levaria o material para a emissora, pois passaria a imagem de alguém despreparado. Eu prontamente o fiz refletir: "E se pensarem que você é um competidor organizado?" Foi assim que o convenci a levar em mãos o livro.

No treinamento, ele não teve facilidade para manusear o conteúdo. Ia e vinha, mas não fluía a sua fala embasada no material. Resultado: o seu desempenho no debate propriamente dito não foi bom. Erramos. A ferramenta era boa, mas não foi utilizada da maneira correta. Mais uma vez, digo: inteligência é fazer a coisa certa, no tempo certo, do jeito certo. O cliente tinha muito conhecimento, mas a metodologia aplicada atrapalhou. Reconheci o erro e ajustei o método para o próximo debate.

Passamos a debater os temas, durante a preparação, focando na audição: eu ia lendo os dados, falando sobre o que estava escrito, e ele simplesmente memorizava tudo. Na sabatina em uma emissora que participou em seguida, teve um desempenho espetacular. Aprendemos que é preciso ter sensibilidade para entender o que de fato o cliente necessita.

Quase sempre o candidato tem uma marca que deseja destacar e tenta levar isso para o debate. Mas olhar para os adversários é igualmente importante, afinal uma disputa eleitoral não é um jogo que se joga só. Debate é sobre *performance* e, por isso, um bom treinamento é decisivo.

3.7.1 O Plano de governo como base

O professor francês Michel Bongrand me fez conhecer uma das mais importantes técnicas do meu trabalho como estrategista: a elaboração do que ele chamava de "dossier"[16]. Ainda que tenha sofrido diversas adaptações ao contexto das disputas eleitorais do mundo atual, o aprendizado foi fundamental para dois materiais essenciais da campanha: o diagnóstico multidisciplinar e o plano de governo.

O dossiê de Bongrand, que deveria ter "a espessura de uma lista telefônica", era formado por "fichas de circunscrição", contendo análise do terreno, "simultaneamente demográfica, econômica, social e política, chegando a medir o impacto no eleitorado dos diferentes *media* regionais ou nacionais" (BONGRAND, 1986, p. 15).

Além desse documento, deveriam ser elaborados um *vade mecum*, contendo soluções práticas para os problemas daquele contexto eleitoral; um dossiê de citações, incluindo um glossário, palavras ou escritos do presidente, parlamentares, governantes; e um modelo de discursos para candidatos. E o melhor: uma lista de "asneiras", reunindo citações significativas dos adversários. O dossiê era considerado um verdadeiro repositório de argumentos, no qual não deveria faltar qualquer informação estratégica para o candidato.

A experiência foi provando que uma preparação para o debate não pode prescindir de uma base conceitual. Nesse aspecto, defendemos o uso científico de conhecimentos sobre a política para mergulhar na percepção do eleitor e chegar à resposta: qual é o diagnóstico real que

---

16. Em sua obra Marketing Político, Bongrand (1986) denominava "dossier" (p. 15).

Estratégia

deve estar em seu plano de governo, no conjunto das propostas que defenderá perante o público? É preciso captar as expectativas da comunidade eleitoral sobre os problemas concretos vivenciados.

O ponto de partida é o diagnóstico, que possibilita captar de forma mais efetiva o que as pessoas sentem e pensam. As melhores análises advêm da capacidade de interpretação que alguns profissionais detêm. No mundo da estratégia e da inteligência política, sou forçado a contrariar algumas tendências para poder ousar. Isso é um forte elemento de subjetividade. Às vezes, rompo com a linha de raciocínio mais óbvia diante do que o diagnóstico revela e digo: "isso eu não vou usar". Mas por quê? Porque enxergo outro caminho.

Recordo de um exemplo de uma campanha majoritária em Minas Gerais. O plano de governo, que me foi repassado pela equipe local da campanha, era um verdadeiro "tratado científico". Imediatamente pensei: "como extrair conteúdo estratégico de uma peça assim?" Quando cheguei ao hotel em que estava hospedado, havia um evento turístico para o lançamento do "passaporte da felicidade", que era uma forma de divulgação dos pontos turísticos locais.

Ao me concentrar para trabalhar no plano de governo, tive a ideia de transformá-lo em um passaporte. Fiz uma síntese, entrevistei o candidato sobre os temas e criei o "passaporte para uma cidade feliz". Humanizamos o plano de governo e o resultado foi fantástico.

Posso assegurar: copiar uma boa ideia é melhor do que criar uma ideia infeliz. Contudo, quando o problema está na origem, na forma como se apreende o contexto, a campanha como um todo se torna desconectada da realidade

Inteligência Política e Estratégia nas Campanhas Eleitorais

e o plano de governo acaba refletindo isso. Um plano bem elaborado é aquele que contém propostas factíveis para os problemas daquela sociedade, devidamente identificados.

Como já expusemos anteriormente, usamos a tática da caderneta, que é usada pelo cliente nas reuniões de campanha para escutar as pessoas e registrar as suas impressões sobre os problemas percebidos e vivenciados. Essa forma de atuar permite ao cliente pensar nos problemas.

A apreensão da percepção real das pessoas sobre os problemas presentes na conjuntura de uma eleição é um desafio muito grande para a academia, porque requer cada vez mais inovação metodológica. São desafios de novos formatos, para que se possa captar de forma eficaz, precisa, efetiva, o que as pessoas pensam.

CAPÍTULO 4

COMUNICAÇÃO

Se partirmos da analogia de uma campanha política com um *iceberg*, a estratégia é a parte submersa e a comunicação é a parte aparente. O fato é que não existe uma sem a outra. É a soma, o todo, que reflete os resultados de uma campanha dentro de objetivos traçados.

A estratégia faz o papel de alicerce, sustentação, mas tem sua maleabilidade reduzida pelos pilares conceituais definidos no começo da campanha. Assim, a boa e eficiente estratégia permite um leque de possibilidades, que a comunicação irá usar com criatividade e agilidade, para desenvolver todas as peças de campanha. Quando se aprofunda o entendimento do que é uma campanha, fica fácil perceber o papel da estratégia:

> De uma forma geral, as campanhas podem ser definidas como uma série de eventos planejados para comunicar determinadas mensagens a uma ou várias audiências, com o intuito de ganhar o apoio dessas audiências, podendo, por isso, ser iniciadas por uma série de atores, desde os comerciais aos políticos, consoante os objetivos e os contextos. Dentro das campanhas, destaca-se a importância das campanhas eleitorais, que são momentos privilegiados de comunicação na vida política, e que visam mobilizar e convencer os eleitores (SALGADO, 2012, p. 232).

Não à toa, Dayan e Katz (1992) chamam as campanhas de *media events*, ou seja, elas são um acontecimento programado, limitado no tempo e no espaço, que apresenta um grupo ou uma personalidade, tem uma significação dramática ou ritual e possui, ainda, uma força específica que impulsiona os eleitores a olharem para esse acontecimento. A boa estratégia está presente sem ser vista – mas sempre percebida – alicerçando todo o projeto que, em um processo eleitoral, vai muito além da campanha e de suas peças corporificadas. A boa comunicação está presente sendo vista, percebida, emocionando, tocando a mente e o coração de eleitores contrários e favoráveis e da sociedade como um todo. Conforme Figueiredo e Malin (1995):

> A estratégia não se trata de uma batalha, mas da articulação das diversas batalhas no sentido de alcançar a vitória. Numa campanha eleitoral ela trata do conjunto das ações que devem conduzir à eleição do candidato. Trata dos objetivos a alcançar, dos adversários a vencer, da base social e política em que se apoiar, dos aliados que se deve conquistar e do programa ou propostas que se deve defender para ganhar o eleitorado (FIGUEIREDO; MALIN, 1995, p. 45).

Também não é excessivo lembrar que existe mais de um objetivo estratégico possível em uma campanha – e a comunicação deve trabalhar neles. Um primeiro tipo de objetivo é voltado para a difusão das ideias do candidato ou do partido, que acontece com maior probabilidade se o partido não tiver hipóteses de ganhar as eleições, nem de obter um bom resultado. Assim, a campanha pode ser utilizada

Comunicação

para outros fins, como aumentar a popularidade, melhorar a imagem, ou promover e difundir ideias (SALGADO, 2012). Um segundo tipo de objetivo é a obtenção de um "bom" resultado, que pode ser traduzido como uma boa votação, maior do que a obtida nas eleições anteriores, a fim de dar ao partido maior peso na influência política. Pode ser obter mais assentos no Legislativo, atenção da mídia, maior peso nas decisões políticas, mais prestígio no contexto político-partidário. O terceiro é sempre visto como o principal: vencer as eleições.

A clareza de objetivos é a base da comunicação. Nunca é demais chamar a atenção para as diferenças básicas, mas cruciais, entre a comunicação feita para produtos e serviços e a comunicação feita para candidatos e partidos políticos. Enquanto uma boa agência de propaganda pode detectar defeitos e/ou novos potenciais de um produto e sugerir mudanças, quando falamos em política, a boa estratégia, a boa leitura de pesquisa, a inteligência de dados, pode até – e deve – sugerir não mudanças no candidato, mas sim em seus comportamentos, no seu arco de alianças, na ênfase em determinados pontos de discurso argumentativo para o eleitorado e assim por diante.

> A clareza de objetivos é a base da comunicação. Nunca é demais chamar a atenção para as diferenças básicas, mas cruciais entre a comunicação feita para produtos e serviços e a comunicação feita para candidatos e partidos políticos.

Enquanto produtos e serviços podem mudar embalagens, localização em pontos de venda, mudar até mesmo o garoto propaganda que representa a marca, em comunicação política, a criatividade tem que respeitar os limites da *persona* candidata. Esse pode até usar, em uma foto, uma camisa que favoreça o seu biotipo e que retrate a paleta de cores da campanha, mas mudar, no mês seguinte, de uma cor suave para uma cor berrante e gritante, com a intenção de mudança de percepção, com certeza não surtirá grande efeito.

O candidato tem uma *persona*, tem uma história, tem vida própria; ele fala (às vezes até demais). Está toda hora sendo impactado pelo contexto, pelos acontecimentos. Assim, aumenta o risco de fracasso quando não se tem um conceito estruturado que guie essas ações e esse discurso. Como ressalta Ribeiro (2006):

> o candidato é uma pessoa, mas não uma pessoa qualquer, representa um conjunto de ideias, de interesses, de ideologias, um partido, propostas e programas, enfim, um líder de um determinado contingente populacional (RIBEIRO, 2006, p. 98).

Segundo o publicitário Edison Martins, a comunicação, quando falamos em estratégias e campanhas políticas, é um balé. Podemos mudar músicas, os pares, alguns passos. Mas um *show* de pagode hoje não pode e nem deve se tornar uma valsa amanhã, sob pena de pessoas pisarem nos pés umas das outras e tombos feios acontecerem.

E quem faz tudo isso ganhar forma é um bom *briefing*. E assim como o *briefing* é um filho do diagnóstico, ele também produz sua ninhada dando forma para conceitos, marcas, identidade visual, *slogans*, semântica e todo arsenal que vai compor a parte mais visível da estratégia.

Comunicação

4.1 *Briefing* e caminhos criativos

Chegamos a uma fase da inteligência política em que novos atores começam a participar do processo. Uma equipe com características pessoais e profissionais bem específicas. Nessa etapa a equipe ganha os chamados "criativos", que vão ajudar a colocar no papel e na tela, em forma de ensaios de *branding* e estudos de peças de comunicação, uma série de possibilidades visuais e sonoras por meio das quais todos os pensamentos da estratégia se materializam. A qualidade dessa produção está intimamente ligada ao perfil adequado dos profissionais escolhidos para o desafio e, acima de tudo, a qualidade do *briefing* e *expertise* do estrategista-maestro que conduzirá esta fase do processo.

Conforme detalhamos no capítulo 2, um verdadeiro arsenal de informações compõe o diagnóstico multidisciplinar. Agora é hora da equipe de criação, sob a liderança do marqueteiro, fazer uso dessas informações para elaborar os elementos básicos da pré-campanha e da campanha. Mas por onde começar? Como selecionar adequadamente as informações mais relevantes? O segredo está no *briefing*, um dos principais "filhos" do diagnóstico.

E adivinhem a quem cabe a sua elaboração? Isso mesmo, ao estrategista e ao diretor de criação, cuja função descreveremos mais à frente. O papel do *briefing* no *marketing* eleitoral é equivalente ao que cumpre em uma campanha publicitária de um produto ou serviço no mercado. Guardando a característica de ser algo breve, ele deve ser preciso, mas não estático, principalmente quando se considera o contexto da pré-campanha.

Como dissemos anteriormente, existe um intervalo de tempo considerável entre o instante em que o *briefing* é elaborado e a campanha propriamente dita. Eventos da conjuntura podem ter se alterado, inclusive os próprios atores que compõem o cenário da competição; então, o *briefing* precisa acompanhar esses movimentos e sofrer as atualizações necessárias, fazendo a ligação entre o contexto da pré-campanha e a campanha propriamente dita. Estamos falando da sua primeira versão, que é o ponto de partida para o processo de criação do conceito da pré-campanha, do *slogan* e das primeiras peças gráficas. Sua principal finalidade é nortear a criação da mensagem da campanha. Daí vem a máxima: "uma boa campanha começa com um bom *briefing*".

Sua elaboração é razoavelmente simples para quem tem em mãos todas as informações coletadas nas entrevistas e nos grupos focais, mas especialmente para quem mergulhou no contexto e já desenvolveu uma visão sobre o candidato, sobre os adversários e sobre o contexto da disputa. Isso tudo deve estar muito vivo na percepção do estrategista, que pode recorrer aos relatórios e anotações de *insights* sempre que sentir necessidade.

O *briefing* deve explorar o perfil do candidato e do público-alvo da campanha, apresentando também o sentimento predominante da população em relação ao contexto. Deve conseguir reunir, de maneira concisa, toda a estratégia de onde se está e para aonde se quer caminhar e chegar.

Para quem o está redigindo, é muito importante ter em mente quem vai usá-lo. Ter uma equipe experiente, que já trabalha em sintonia há diversos ciclos eleitorais, ajuda consideravelmente para que o processo funcione, para que

Comunicação

seja efetivo. No meu caso, na maioria das vezes, trago referências para a equipe, como sugestões da paleta de cores e da tipografia que podem ser exploradas, por exemplo.

Para o diretor de criação e redator, eu já faço sugestão de verbos e de outros elementos da linguagem que podem ser utilizados. A intenção é facilitar a vida da equipe, o que, para mim, também é algo extremamente prazeroso. É um exercício fantástico de criatividade. Escrevo como se fosse pra mim, até porque eu mesmo vou usar de fato.

Em algumas ocasiões, a equipe local do candidato já elaborou anteriormente algum *briefing*, que é disponibilizado para que possamos conhecer melhor o cliente e o cenário local. Muitas vezes, no entanto, não conseguimos utilizá-lo como instrumento para nortear o processo criativo, porque ele diz muito pouco, não apresenta elementos importantes para nos permitir mergulhar na realidade e, principalmente, para refletir traços da personalidade e da biografia do candidato. Assim, é necessário coletar novamente as informações e ajustar a estrutura do documento.

Dois núcleos da equipe são o público consumidor do *briefing*: o primeiro deles é o responsável pela geração de conteúdo, dos textos que comporão a campanha. O outro é núcleo de direção de arte, formado por aqueles profissionais que elaborarão o *layout* das peças de campanha. É por isso que procuramos abreviar o caminho e evitar desvios daquilo que já temos em mente como cerne da estratégia, como conceito criativo. Em muitas ocasiões, vou até um pouco além do *briefing* tradicional, elaborando o *rafe*, que é uma espécie de rascunho ou desenho preliminar de um projeto.

Inteligência Política e Estratégia nas Campanhas Eleitorais

Esse *rafe* não deve ser limitador. Muito pelo contrário: é o indicador e balizador de um horizonte, de caminhos. As equipes que conduzo e os profissionais que vou agregando já entendem esse processo colaborativo para ler, nas entrelinhas e entre imagens, o que estou querendo indicar com uma contribuição, sem tolher em nada a criatividade para o novo. É uma inspiração para uma posterior transpiração da equipe.

Cumprida essa etapa, é hora de a equipe mergulhar no processo criativo, que começa com a leitura do *briefing* e uma sessão de *brainstorming*. Novamente é preciso um método para conduzi-la, para que não haja dispersão e perda de foco. É assim que começam a surgir o conceito da campanha e os protótipos do *slogan*.

O conceito criativo uma espécie de pano de fundo, que fornece as diretrizes para a criação dos elementos da campanha. Deve ser algo simples, efetivo, mas, ao mesmo tempo, dar conta de situar o processo criativo. Se é uma campanha da situação, que pretende uma continuidade, o conceito também deve expressar qual a mais eficiente abordagem desse processo.

Comunicação

A definição clara do conceito ajuda no crivo criativo de todas as ideias e peças. O conceito é a porta por onde passam as mais variadas possibilidades criativas, sejam elas ousadas, conservadoras ou, em tempos de mídia digital, experimentais. Isso é bom e até mesmo arriscado, mas adequado aos propósitos de estratégia e posicionamento da candidatura. Em resumo, o conceito determina o que entra na campanha e o que fica de fora.

> A definição clara do conceito ajuda no crivo criativo de todas as ideias e peças. O conceito é a porta por onde passam as mais variadas possibilidades criativas, sejam elas ousadas, conservadoras ou, em tempos de mídia digital, experimentais. Isso é bom e até mesmo arriscado, mas adequado aos propósitos de estratégia e posicionamento da candidatura. Em resumo, o conceito determina o que entra na campanha e o que fica de fora.

Outro aspecto importante em uma campanha é o conceito emocional, que é diferente do conceito criativo. O conceito emocional explicita que tipos de emoções a campanha deseja despertar no eleitorado, desdobrando-se para as diversas peças de comunicação. É algo abstrato, até mesmo para alguns profissionais da área. Percebo que há uma tendência de focar no conceito criativo, deixando o emocional como algo empírico. Mas é preciso ter um olhar para o que se pretende causar como efeito emocional por meio da comunicação da campanha. Há uma intenção a ser calculada.

Na minha visão, como já mencionamos, há uma pretensão quase infantil por parte de alguns profissionais de fazer, por meio da comunicação, o público se apaixonar pelo candidato. Vende-se para o cliente a ideia de que isso é algo possível de se alcançar. Para mim, o compromisso do *marketing* deve ser despertar o interesse do eleitor. Isso sim é algo palpável, plenamente alcançável: construir estratégias que permitam prender a atenção das pessoas, o que pode, consequentemente, gerar determinados sentimentos (apreço, por exemplo). É disso que se trata o conceito emocional.

Uma peça que une claramente esses dois conceitos – o criativo e o emocional – é o *slogan*, que tem a função, entre outras, de gerar identificação direta com o candidato. Por isso, ele tem que ser autoexplicativo. Se for necessário explicá-lo ou adicionar alguma informação para lhe completar o sentido, sabe-se que ele não é um bom *slogan*. Tem que ser algo que se fixe na mente e que fique na lembrança do eleitor. É um dos mais poderosos elementos da campanha. Obviamente, existem outros recursos importantes na campanha, mas ele é fundamental.

O processo de criação em uma campanha eleitoral não é instantâneo, imediato, açodado. Para que o resultado saia a contento, é preciso investir tempo. Geralmente, na elaboração do *slogan*, eu escrevo cinquenta opções, reflito sobre o resultado e acabo escolhendo vinte delas. Em seguida, observo novamente esses vinte, chegando em cinco *slogans*. É desses cinco que farei a escolha daquele que será o *slogan* da campanha. Essa é uma metodologia experimentada, testada e que vem funcionando para mim. O mais importante é ter paciência com o processo criativo, ter cuidado e zelo com o que está sendo gestado. Não se trata de um preciosismo gratuito.

Um filtro importante para a criação de um *slogan* é se o candidato é de situação ou de oposição. São linhas

Comunicação

de raciocínio distintas para cada um dos casos. Para uma candidatura de oposição existem palavras-chave; já se for de situação, as escolhas são outras. Frases do tipo "fazendo mais e melhor" estão associadas à continuidade. Já a palavra "mudança" é uma marca dos desafiantes.

Temos cuidado com os verbos, observando se estão no gerúndio ou não, porque a conjugação verbal tem efeitos sobre o sentido que se deseja. Como estrutura do *slogan*, adotamos a regra: um verbo e mais duas ou três palavras. Não deve exceder cinco palavras, para não gerar excessos, um texto pesado, mais difícil de se assimilar.

Ter um formato de referência não significa inibir a criatividade. A criação de *slogans* é um processo divertido e instigante. Certa vez, li que a criatividade é a inteligência se divertindo[17]. Isso cabe perfeitamente a esse caso. É um jogo de palavras, cuja gestação obedece a um rigor científico, mas que permite atuar com ousadia criativa.

> Ter um formato de referência não significa inibir a criatividade. A criação de slogans é um processo divertido e instigante.

O *slogan* pode ser elaborado solitariamente pelo marqueteiro ou junto a outros integrantes da equipe da campanha. Um requisito para esse processo é que ele seja um momento de total desapego a ideias pré-formatadas. É permitido e recomendado pensar fora da caixa. Existem profissionais que preferem copiar *slogans* já utilizados em outras campanhas do que criar, seja por uma questão de preguiça mental, ou por não reconhecer valor em investir tempo e energia nesse processo.

---

17. Frase atribuída a Albert Einstein.

Muitas vezes, temos o *feeling* sobre qual das opções criadas será, de fato, a que trabalharemos na campanha, mas permanecemos no processo criativo, produzindo novas ideias e deixando que elas sejam submetidas ao crivo técnico posterior da escolha final. Isso, inclusive, ajuda a amadurecer a criação. Se o *slogan* sobreviver a esse crivo, de fato ele é bom, adequado para o cliente.

Na criação do *slogan*, temos clareza do que buscamos: uma mensagem curta e de fácil memorização. Para isso, é preciso que a etapa anterior (a de produção do diagnóstico multidisciplinar) tenha sido bem feita e permita conhecer bem o público alvo da campanha e explorar as características essenciais do candidato, dentro daquele contexto político.

No caso de candidatos em eleições proporcionais, o *slogan* deve remeter à principal bandeira que o representa ou sintetizar as principais. Já no caso de candidatos em eleições majoritárias, é preciso que o *slogan* o ajude a se diferenciar dos demais. Para isso, deve revelar o "DNA" digital do candidato, assim como despertar um sentimento para se conectar com o eleitor. O *slogan* deve aguçar a percepção das pessoas, por isso precisa ser elaborado com um cuidado especial.

O processo de criação que adoto é feito por meio da escrita direta no editor de texto, em um momento que requer muita concentração. Nesse exercício de escrita, como falei anteriormente, redijo, em sintonia com o diretor de criação, dezenas de opções para escolher as cinco melhores. Quando as alcanço, costumo imprimir cada uma em uma página branca, apenas a mensagem em cor preta, com uma fonte *clean*, sem recursos visuais; coloco na parede e começo a olhar para elas. Esse exercício de contemplação requer que a mensagem esteja límpida, sem direção de arte ainda, porque ela precisa falar por si só, sem interferências.

Em um primeiro momento, faço isso de forma solitária e, às vezes, em sintonia com meu diretor de criação. Em seguida, eu busco trazer mais dois ou três profissionais, que podem ser redatores e diretores de arte, para fazerem o mesmo exercício de observação, análise e escolha. Uma curiosidade é que o diretor de arte geralmente se agrada do texto menor, mais enxuto, porque é mais fácil trabalhar visualmente depois.

Profissionais experientes, que já estão na trajetória de campanhas há mais tempo, conhecem a dinâmica, porém, mesmo assim, eu sempre conduzo esse momento de forma a lembrar-lhes que é preciso ter desapego, inclusive descartar os cinco escolhidos, se posteriormente chegarmos à conclusão de que eles ainda não refletem o conceito pensado para aquele candidato, considerando um determinado contexto. Confesso que isso nunca aconteceu nessas mais de cem campanhas que já atuamos, contudo é preciso conceber esse processo criativo de tal maneira que isso possa vir a acontecer, sem que pareça um problema. Elaborar o *slogan* ideal e as demais peças da campanha com excelência, para que atinjam os resultados desejados, é uma tarefa do núcleo criativo. Não se pode ter pressa, atropelar etapas. Preciosismo aqui não é excesso. Todos os detalhes são importantes. Por exemplo, o cuidado com a pontuação: mexer com ela para construir o sentido almejado. Fazer a escolha exata das palavras. Devemos explorar tudo, até que se chegue ao resultado adequado. Sendo assim, é fundamental ser ousado, quase subversivo, senão sempre se tem mais do mesmo. Já tive experiências de redigir em Português, Espanhol e Inglês. No caso do Espanhol, precisei de alguém nativo para me ajudar a avaliar se o sentido estava representado.

Como resultado dessa etapa do processo, temos três caminhos criativos (baseados em três linhas criativas diferentes), que serão apresentados ao cliente, para que ele possa decidir com qual deles vamos rumar na campanha. O direcionamento criativo de todos deve ser dado pelo estrategista, preferencialmente em conjunto com o diretor de criação. Às vezes eu faço dupla com o diretor de arte, assumindo o papel de redator. O diretor de arte cria o *layout* a partir do rascunho (*rafe*) que lhe passo, ou seja, a partir de como eu imagino que devam ser as peças da campanha.

A sequência da criação é: *slogan, slogan* mais foto, e *layout* (junção de *slogan* com foto). Paralelamente à elaboração do *slogan*, cuidamos da captação da fotografia que utilizaremos na campanha. Mais uma vez, não passamos por essa etapa sem a máxima atenção aos detalhes. Em nossa equipe, atuam profissionais com conhecimento técnico de fotogenia apurado, porque é fundamental ter zelo na captação da imagem, mais do que no tratamento posterior. O caminho para o sucesso de uma campanha também passa pelo êxito na captação do momento do registro fotográfico. Para isso, é fundamental ter um roteiro bem elaborado, seja no estúdio ou na captação externa. O *briefing* também é pensado para o fotógrafo. Vale salientar que equipamento não é tudo. O mais importante é o profissional, que deve ter uma percepção clara do *briefing*, com as informações alinhadas.

Ao longo destes anos, tivemos em nossa equipe pelo menos cinco profissionais impecáveis. Assim, para cada perfil de cliente e da campanha, eu identifico qual deles é o ideal para a missão. São diversos aspectos que contribuem para essa decisão. Por exemplo, se a fotografia vai ser externa ou em estúdio, porque cada caso requer sensibilidades distintas para captar luz e movimento. A experiência do fotógrafo e a sintonia com a proposta do trabalho fazem muita diferença. O mesmo rigor que se deve ter na elaboração do texto, o qual deve falar por si só, é preciso ter na fotografia, que, em um primeiro momento, desponta dissociada do *slogan*. O registro fotográfico deve falar por si só também. Para tanto, é imperioso que seja marcante, diferenciado. Em resumo, o melhor dos mundos para uma campanha é: texto e imagem impecáveis.

Esforçamo-nos para fazer com que nossos clientes se diferenciem e saiam maiores do que entraram, o que exige que não nos descuidamos dos detalhes. As fotos oficiais de campanha com que nos deparamos no mercado são sempre muito parecidas, caretas, previsíveis. Falam pouco sobre o candidato, revelam quase nada da sua identidade. O primeiro prêmio internacional que conquistamos (*Reed Awards*) foi em razão da peça principal de campanha, exatamente pela ousadia do registro fotográfico. Era uma foto preto e branca, em que o candidato não era o protagonista, mas estava em segundo plano. Apenas um elemento tinha cor, ao fundo. O *layout* também era inovador: um cartão postal. Tinha inovação, ousadia, isso graças a uma combinação de profissionais pensando naquele momento para fazer a combinação exata entre texto, imagem e *layout*.

É importante destacar que nem sempre campanhas bonitas levam o candidato à vitória nas urnas, pois é preciso combinar ousadia criativa com estratégia e inteligência política. Mas não se pode confundir inteligência criativa com pirotecnia. As campanhas, de modo geral, precisam ter menos pirotecnia e mais objetividade na comunicação. Não se trata de fazer uma campanha medíocre. Acreditamos que, mesmo com orçamentos limitados, as campanhas devem ter o mesmo potencial criativo.

> As campanhas, de modo geral, precisam ter menos pirotecnia e mais objetividade na comunicação.

Uma peça de campanha tem que ser inteligente, passar a mensagem correta, ter a linguagem adequada para os objetivos. Precisa estar conectada ao contexto. Às vezes, excessos são cometidos na criação de um *slogan*, de um *layout*, por desconhecimento técnico, o que leva a apostas equivocadas. O difícil é ser simples na comunicação. A inteligência e a estratégia devem levar a uma comunicação limpa, objetiva, fácil de memorizar, que passe sentimentos. É preciso ter essa segurança para apresentar ao cliente, saber o sentimento que se deseja despertar nas pessoas.

O *layout* funciona como uma interpretação da mensagem. É a partir dessa interpretação que a equipe de criação decide se serão utilizados filtros, se haverá algum elemento gráfico de suporte, como será o enquadramento da foto. A peça da campanha que será apresentada ao cliente é formada de três elementos: *slogan*, foto e aplicação do número. Trata-se da peça principal da campanha, a partir da qual serão feitos os desdobramentos. Deve ser arrasadora, de fácil leitura e assimilação do conteúdo.

Comunicação

Conforme mencionamos, a partir do conceito, elaboramos três caminhos criativos para apresentar ao cliente. Cada caminho é composto pelo *slogan* e pelas peças principais da campanha. Nessa etapa, o digital é estruturante, pois é nas peças para esses meios que na maior parte das vezes materializamos a criação da campanha para o cliente.

E no que esses três caminhos criativos se diferenciam? O primeiro é uma aposta mais conservadora, mais convencional, até mesmo na escolha das fontes. O segundo é um "coringa", uma espécie de solução genérica. O terceiro é sempre o que eu acredito, o mais ousado, e está no DNA da minha empresa. Nele, são feitas aplicações, para que o cliente visualize, como bandeiras e *posts* para as redes sociais. A tentativa é direcionar o cliente para essa opção, mas sem apego. O cliente tem, de fato, a liberdade de escolher.

Mesmo assim, nem sempre o cliente faz a opção por ela. O importante é que ele tenha essa referência estética e conceitual sobre como o marqueteiro pensa. Acaba sendo a marca que nos identifica, traz o nosso DNA. Não tenho a expectativas de atingir todos os segmentos de mercado, mas sim de ter aquele cliente que acredita no que a gente faz. Nosso papel como estrategista é também pensar fora da caixa. Em se tratando de *marketing* político e eleitoral, tudo é muito repetitivo. As pessoas estão cansadas, querem ver coisas novas. Não basta inovar em plataformas, em comunicação digital, é preciso também inovar esteticamente.

Para a terceira opção de caminho criativo elaboramos, além das peças que já mencionamos, um videoclipe, com as imagens da campanha e uma trilha, para apresentação ao cliente. É nessa hora que o cliente começa, de fato, a valorizar nosso trabalho, pois consegue se enxergar na criação. Costumo dizer que é nessa hora que fisgamos o coração do cliente. Em todos os anos que fizemos a apresentação com esse formato, nunca fomos demandados para refazer o trabalho, ou seja, tivemos cem por cento de sucesso e de aprovação da campanha em seu formato inicial.

Um aspecto muito importante a ser assimilado pelos profissionais de estratégia e da criação de campanhas é que ser criativo não é ser inventivo, são coisas diferentes. O grande desafio é ter a ousadia criativa sem perder o foco em entregar resultados. Quando falo de resultados não me refiro à vitória eleitoral apenas, mas defendo que a obrigação do marqueteiro é fazer sempre com que o cliente saia maior do que entrou no processo. E mais: a ousadia criativa independe do orçamento da campanha. É preciso adotar a postura de questionar e questionar novamente: por que não propor algo melhor do que isso?

Nossa fórmula é uma comunicação "fora da caixa" e isso vem pela dedicação ao estudo de novas tecnologias, buscando o aperfeiçoamento, a modernização, sempre tendo condição teórica de defender os nossos argumentos. A solidez conceitual permite ao profissional ter a liberdade de ser ousado, criativo. O *marketing* político e eleitoral é genuinamente um espaço plural de formações e visões. Somos apaixonados pelo que fazemos. E essa paixão faz com que sejamos ainda mais criativos, focados e ousados em nosso trabalho. Como reflexo, temos uma empresa referência em campanhas políticas e uma equipe competente, que esbanja felicidade em tudo que executa.

Além disso, a comunicação no *marketing* político tem que cumprir um papel relevante para o candidato e para a sociedade, pois nos tempos de abundância de informação, é fundamental para uma campanha construir credibilidade, consistência, fortalecimento do candidato e da política como um todo.

> Somos apaixonados pelo que fazemos. E essa paixão faz com que sejamos ainda mais criativos, focados e ousados em nosso trabalho. Como reflexo, temos uma empresa referência em campanhas políticas e uma equipe competente, que esbanja felicidade em tudo que executa.

Um exemplo de ousadia na elaboração do conceito criativo foi em uma campanha que fizemos para governador em Tocantins, em 2022. O terceiro caminho criativo proposto por mim encontrou resistência inicial até mesmo da equipe, já que explorava um termo regional bem próprio, específico do local. Para esse cliente, propus a composição: nome do candidato + a expressão "coração curraleiro". "Curraleiro" identifica alguém simples, que é filho da terra. Focamos na origem do candidato por algumas razões que identificamos ao mergulhar no contexto local. Os gestores anteriores que governaram o estado vieram de fora. O candidato, ao contrário, era filho da terra. O conceito também fazia referência clara à história dele: um homem de origem humilde, cuja residência não tinha energia elétrica até os seus vinte anos de idade. Ao mesmo tempo, trazia consigo a imagem de "força". O conceito emocional remetia à autoestima das pessoas, abaladas com o fato de sucessivos governos não terem chegado ao fim, por seus mandatários terem se envolvido em escândalos de corrupção. Era junção de força com sensibilidade.

O videoclipe produzido para apresentação desse conceito ficou fantástico. Ao ser exibido ao cliente, familiares e sua equipe mais próxima, pude observar que três pessoas da plateia se emocionaram ao ponto de chorar. O candidato exclamou: "arrepiei! E quando arrepia, é porque é bom. Quero isso para a minha campanha!" Faltavam três meses para o início da campanha eleitoral. A grande questão não era mais a aprovação do cliente, mas o seguinte dilema: se esse conceito for explorado na pré-campanha, como poderei criar algo ainda melhor para a campanha? Os principais atores ligados ao candidato estavam convencidos de que aquele era "o conceito".

À medida que os grupos estratégicos do candidato iam conhecendo o conceito, ele afirmava: "eu sou isso daí". Mas algumas preocupações surgiram. Uma delas era que a juventude não conhecia essa expressão "curraleiro". Isso exigiria um esforço didático para que esse público se conectasse a ele. E também existe a limitação jurídica para que se use na campanha o mesmo material (*slogan* inclusive) que foi utilizado na pré-campanha. Mesmo assim, olhando para o contexto de que a população tinha o desejo de ver o estado novamente organizado, com um gestor que concluísse o seu mandato, eu me convencia de que estávamos no caminho certo para interpretar essa conjuntura e mostrar que o candidato, que havia deixado de ser vice-governador para assumir o mandato, pela cassação do anterior, representava essa imagem de força e de compromisso com a sua terra.

Cada vez que o cliente me chamava para apresentar o videoclipe com o conceito para os mais diversos públicos (lideranças políticas, deputados, prefeitos, vereado-

Comunicação

res), as pessoas vibravam, parabenizavam. E eu me sentia desafiado a tomar a decisão de como orquestrar a criação entre pré-campanha e campanha. Seria o conceito certo no tempo errado? E agora que já tinha a aprovação, como voltar atrás?

É preciso que o estrategista tenha humildade para recuar, se necessário, mas sobretudo deve ter a capacidade de tomar decisões, o que por vezes acontece de forma solitária. Ouvindo todas as pessoas importantes, em sintonia com a sua equipe, você precisa decidir e arcar com a escolha. Nessas horas, o *feeling* é um grande aliado. Inteligência e sensibilidade devem estar presentes. Não há como separar os valores pessoais, aquilo em que você de fato acredita. Alguns crivos surgem para amparar essa decisão: esse conceito tem vida útil ou se esvai com facilidade? Vai sobreviver a ataques? Sobreviverá a 45 dias de campanha? Quais são suas vulnerabilidades?

A resposta veio como uma materialização da inteligência política. Mantivemos o conceito, utilizando o tempo da pré-campanha para ir trabalhando elementos que pudessem traduzir o que significa ter um coração "curraleiro". E isso foi sendo absorvido pela população, até que, na campanha, a expressão sintetizou aquilo que já estava sendo sentido e percebido pelos eleitores. No fim, deu muito certo o caminho traçado. Os indicadores mensurados, já no início da campanha, mostravam que fizemos a escolha certa. O candidato crescia nas pesquisas de intenção de voto e tínhamos um retorno das ruas, as pessoas falando sobre o que aparecia nos meios de comunicação.

Em campanhas, há o grande desafio de materializar nas peças aquilo que o conceito aponta. Às vezes, ele está

Inteligência Política e Estratégia nas Campanhas Eleitorais

vivo na cabeça do marqueteiro, mas ainda é muito abstrato para a equipe e para o cliente. Entre conceber e criar as peças, ainda há muitas incertezas. Quando começamos a ver as primeiras peças prontas, o vídeo conceito estruturado, o *jingle* inicial com um ritmo bacana, começamos a acreditar que temos uma campanha defensável. Por isso, insisto: inteligência tem a ver com sensibilidade, capacidade de ler cenários, mergulhar na ambiência e ousadia para fazer escolhas. À medida que a equipe vai se sentindo segura e sintonizada, os resultados são crescentes.

> Inteligência tem a ver com sensibilidade, capacidade de ler cenários, mergulhar na ambiência e ousadia para fazer escolhas.

Nessa mesma campanha em Tocantins, fizemos o primeiro vídeo para o programa na TV e comerciais, explorando a origem do candidato, por meio da relação com o seu pai. Era o VT "pai e filho", que exibia uma conversa entre ele e seu pai, a sua grande referência de vida e na política. O seu pai, igualmente de origem humilde, havia sido o primeiro prefeito da capital, que marcou seu mandato por um grande senso de zelo pela coisa pública. O vídeo contava a história da família, como foi a infância do candidato, resgatava o cenário onde ele viveu. Já no início do período eleitoral, o vídeo se destacou diante das campanhas adversárias.

O tom era muito poético, com muita autenticidade, mas sem ser apelativo. O sentido de ser um coração "curraleiro" não foi criado pelo *marketing*, e sim traduzido por ele. Esse foi o resultado de um trabalho em equipe, a qual teve uma grande capacidade técnica de execução, que vai desde a escolha do tom de voz (se será uma voz masculina ou feminina, se terá mais ou menos sotaque) à escolha da trilha que dará o tom emotivo da peça.

Esse *case* de Tocantins, em 2022, é um dos que tiveram a capacidade de me surpreender positivamente pelos resultados alcançados, o que me fez ter um apreço ainda maior por todos os profissionais envolvidos. Não existe um bom marqueteiro sem uma boa equipe, e não existe uma boa equipe sem um bom marqueteiro.

4.2 Processo criativo da campanha

O que faz com que um time, formado por profissionais com as mais diversas *expertises*, consiga produzir resultados eficientes em disputas eleitorais? Quais ingredientes devem dar sustentação ao processo criativo? Com a experiência, pude entender que o núcleo criativo é o alicerce do trabalho e, portanto, é preciso compreender como funciona o processo de criação de peças de comunicação, quais as especificidades do *marketing* político e como ativar a sinergia do trabalho em equipe.

Mais uma vez, recorremos à academia em busca de respostas. Estudos empíricos investigam a relação entre atividade profissional e processo criativo, alguns deles com o intuito de analisar traços de personalidade em pessoas que se destacam em suas carreiras, sobretudo pela capacidade criativa. Uma parte desses estudos, a partir dos anos 2000, passou a ter como foco a compreensão sobre como se manifesta o potencial criador (SAWYER, 2003).

Na produção publicitária, a criatividade não é apenas uma habilidade desejável, mas sim um pré-requisito para quem deseja atuar na área. A força da palavra é tal que "criativo", na prática de mercado, é a forma como se refere ao cargo ocupado por uma dupla de criação. Os "criativos" podem ocupar duas funções: o profissional responsável pelo texto é chamado de redator; aquele que desenvolve a parte das imagens, com a produção de *layouts*, é conhecido como diretor de arte. Já o diretor de criação é responsável por avaliar as peças criadas, função que pode ser desempenhada tanto por um redator quanto por um diretor de arte.

Wallas (1982) denomina os quatro estágios do processo criativo como preparação, incubação, iluminação e verificação. Para ele, essas etapas se sobrepõem de maneira natural, de acordo com o problema a ser solucionado. A preparação é a fase inicial ou trabalho preliminar, no qual as informações são coletadas, pesquisadas, listadas e organizadas. O período de incubação corresponde a uma etapa inconsciente de "assentamento" e reorganização das informações colhidas na etapa anterior. De forma não consciente, o solucionador se prepara para buscar a solução, que irrompe inesperadamente. A lembrança de fatos transparece como uma associação de ideias (BRAGA et al., 2018, p. 554).

O *insight* é uma experiência subjetiva, a ideia que surge como solução para a situação-problema. Mas não para por aí. "O *flash* inicial é acompanhado de iluminações adicionais, que perpassam todo o processo de tentativas e erro" (BRAGA et al., 2018, p. 554). Assim, chega-se à etapa final, para colocar a ideia em prática, por meio da sua aplicabilidade ou verificação.

Com o tempo, esse modelo foi complementado e aprimorado com outros estudos. Sawyer (2012) aponta o processo como sendo composto por oito estágios:

I. formulação do problema;
II. reunião de conhecimento para lidar com a questão que está em foco;
III. aquisição de informações sobre o tema (acredita-se que a criatividade possa surgir de associações ines peradas);
IV. incubação, com o desligamento consciente da resolução do problema;

V. ampla geração de ideias (a quantidade conduz à qualidade);

VI. combinação de ideias;

VII. seleção das melhores ideias;

VIII. externalização do que foi pensado, finalizado e lapidado.

Além de considerar esses estágios, o que se pode dizer da influência do ambiente, das circunstâncias, na formação de um bom time criativo? Estudiosos investigam os fatores que podem influenciar o potencial criador, entre eles Osborn (1975), para quem a falta de criatividade está relacionada à falta de esforço, compreendido como o exercício de pensar. Outro aspecto destacado pelo pesquisador é que a energia mental na eficiência criadora é mais importante do que o conhecimento e do que a potência do talento.

O ambiente de criação precisa, portanto, ser um facilitador do processo. Podemos enumerar alguns fatores que favorecem o desenvolvimento da criatividade, entre eles:

a) Redução de fatores que produzem frustração

b) Redução de experiências e situações competitivas que implicam ganhos ou perdas

c) Encorajamento do pensamento divergente

d) Eliminação de ameaças ambientais

e) Aceitação da fantasia

f) Minimização de coerções

g) Ajuda à pessoa em sua compreensão de si e de sua divergência em relação às normas (TAYLOR, 1975, apud ALENCAR, 1993, p. 60).

Esses estudiosos, entretanto, não desprezaram aspectos relacionados à personalidade dos indivíduos para definir o seu perfil criativo. Conhecê-los pode ajudar nas escolhas necessárias à formação do time que atuará nas campanhas.

Cinco características se destacam: intenso envolvimento no trabalho realizado, atitude de otimismo aliada à coragem para correr riscos, flexibilidade pessoal, abertura à experiência e tolerância à ambiguidade, autoconfiança e iniciativa, e persistência (ALENCAR, 1997). Não se tratam de características estanques, mas que podem sofrer influências do ambiente, por exemplo.

Ao lado dessas características, a autora aponta que existem as habilidades cognitivas na composição do pensamento criativo, entre elas fluência, flexibilidade, originalidade, elaboração, redefinição e sensibilidade para problemas. A fluência é definida como a capacidade de um indivíduo gerar múltiplas ideias diferentes sobre um mesmo problema, assunto ou qualquer coisa em sua área de atuação. A flexibilidade tem a ver com as mudanças em relação a um contexto, podendo ser mudanças de significado, de interpretação ou no uso de algo. A originalidade é a presença de respostas incomuns, raras. A elaboração consiste numa variedade de detalhes presentes em uma ideia, resposta, produto ou esquema, que progridem de um tema ou esboço indefinido até sua estrutura ou sistema organizado. A redefinição abrange as alterações na informação, transformações, revisões ou outras modalidades de mudanças. A facilidade de questionar o óbvio, de ver defeitos, deficiências, tanto em suas próprias ideias como em aspectos do ambiente observado, está relacionada à sensibilidade para problemas (ALENCAR, 1997).

O pensamento criativo é o pensamento divergente, em que se buscam diferentes respostas, perspectivas diversas para enxergar uma situação, novos caminhos. Seria o inverso do pensamento convergente, que tende ao convencional, ao conformismo, a uma única resposta a um problema (NOVAES, 1971). Essa divergência não significa conflito de egos, mas abertura linear de visões e possibilidades, que devem ser conduzidas com maestria pelo estrategista. Conduzir a criação e o grupo de criativos por caminhos pré-definidos em uma estratégia, mas com liberdade para explorar e provocar novas possibilidades está entre somar e subtrair, entre inspirar e bloquear.

Considerando esse conhecimento estruturado, a experiência foi mostrando que existe um falso dilema no campo do *marketing* político: o de que é necessário fazer uma escolha entre ser criativo e ser eficiente. Posso afirmar que, nem do ponto de vista acadêmico, nem do mercado, é recomendável abrir mão de uma dessas duas coisas. O que gera frustração, na maior parte das campanhas que fracassam, é o excesso de pirotecnia, que acaba levando à perda de foco. Também existem campanhas demasiadamente caretas, que apresentam mais do mesmo, e não ajudam o candidato a se diferenciar em um cenário competitivo.

> A comunicação deve ser criativa e, ao mesmo tempo, funcionar. Eficiência e criatividade devem dialogar permanentemente na formulação das estratégias.

A comunicação deve ser criativa e, ao mesmo tempo, funcionar. Eficiência e criatividade devem dialogar permanentemente na formulação das estratégias. Quando elas se combinam, são produzidas campanhas marcantes, que fazem história. Não é uma tarefa simples. Exige muita experiência do profissional que está à frente, coordenando as estratégias e conduzindo o time criativo.

Essa forma de pensar torna-se ainda mais assertiva quando consideramos que temos, hoje, à disposição uma grande quantidade de informações por meio de bancos e inteligência de dados. É evidente que as experiências diárias reforçam que toda essa informação serve muito menos ou quase nada se não forem tratadas com criatividade. Dependendo da campanha e de seus objetivos estratégicos, ela torna-se eficiente porque é a maneira mais adequada de se destacar, ter relevância entre tantos candidatos e candidaturas.

Tenho em mente um exemplo de uma campanha, que coordenei, de um vereador em Minas Gerais que almejava ser deputado federal. Era um cliente aplicado, que se debruçou profundamente sobre os grandes desafios da cidade, buscando conhecer a natureza desses problemas. Ele estava tão preparado que enxergamos a oportunidade para que disputasse a prefeitura da capital, o que daria uma grande visibilidade e o ajudaria certamente em sua eleição para deputado federal. A mensagem central da sua campanha a prefeito foi voltada para atingir o coração, com um tom marcante. A estratégia funcionou tão bem que ele quase se elegeu e, no ciclo eleitoral em seguida, conquistou uma vaga de deputado federal, com expressiva votação. A fórmula? Junção de criatividade com eficiência.

É comum haver muita pressão sobre o núcleo criativo para fazer a campanha funcionar, o que acaba, por vezes, tolhendo a criatividade. Cabe ao estrategista dosar, na elaboração da campanha, esses dois ingredientes: criatividade e foco no resultado. A primeira coisa é ter em mente que uma campanha não precisa necessariamente apresentar algo novo. É possível recriar algo velho, que funcione. A ansiedade criativa pode ser contornada com a experiência.

4.2.1 Equipe de criação

Cada membro da equipe de criação tem um papel fundamental. A depender do orçamento da campanha, podemos ter um time sênior dedicado, com cada profissional exercendo a sua função. Em outros casos, nos quais o orçamento é mais restrito, algumas tarefas são acumuladas por um mesmo profissional.

A título de contribuição, apresentamos um modelo de estrutura funcional de uma campanha, trazendo os papéis de profissionais de criação, assim como da equipe audiovisual e digital. Vale ressaltar que esse é apenas um modelo, pois existem outros formatos de atuação, sempre a depender do contexto de cada campanha e do orçamento disponível.

Comunicação

Figura 11 – Modelo de estrutura funcional de campanha

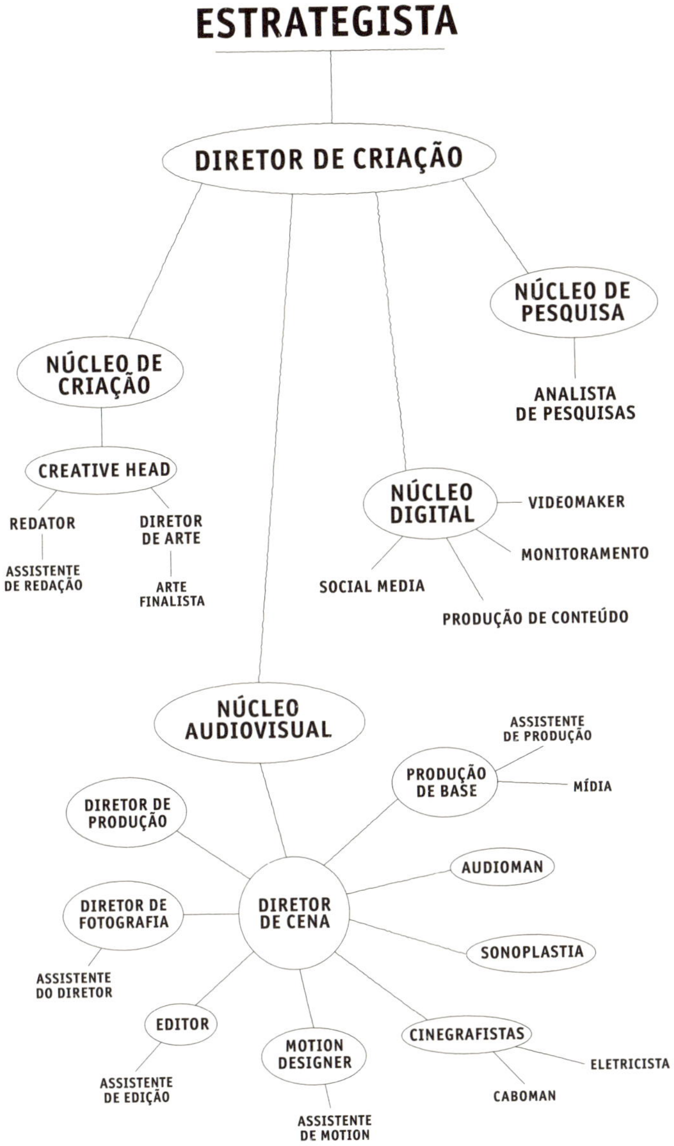

ESTRATEGISTA

DIRETOR DE CRIAÇÃO

NÚCLEO DE PESQUISA

ANALISTA DE PESQUISAS

NÚCLEO DE CRIAÇÃO

CREATIVE HEAD

REDATOR

DIRETOR DE ARTE

ASSISTENTE DE REDAÇÃO

ARTE FINALISTA

NÚCLEO DIGITAL

VIDEOMAKER

MONITORAMENTO

SOCIAL MEDIA

PRODUÇÃO DE CONTEÚDO

NÚCLEO AUDIOVISUAL

ASSISTENTE DE PRODUÇÃO

PRODUÇÃO DE BASE

MÍDIA

DIRETOR DE PRODUÇÃO

AUDIOMAN

DIRETOR DE FOTOGRAFIA

DIRETOR DE CENA

SONOPLASTIA

ASSISTENTE DO DIRETOR

EDITOR

MOTION DESIGNER

CINEGRAFISTAS

ELETRICISTA

ASSISTENTE DE EDIÇÃO

CABOMAN

ASSISTENTE DE MOTION

Fonte: elaboração do autor (2022).

Inteligência Política e Estratégia nas Campanhas Eleitorais

À frente do núcleo de criação, há o diretor de criação, que participa, junto ao estrategista, das definições iniciais da campanha, como a elaboração do conceito criativo. A partir desse conceito, o núcleo de criação e o estrategista direcionam as peças que precisam ser desenvolvidas e o encaminhamento criativo da campanha. Assim, junto com o time formado pelo *creative head*, diretores de arte, redatores e arte-finalistas, o diretor de criação é também responsável pelo padrão estético das peças da campanha, além de roteiros e demais conteúdos em texto. A gestão dessa equipe pelo diretor de criação pode ser no formato remoto e/ou presencial. Em alguns casos, há uma composição híbrida, com uma dupla de criação (diretor de arte mais redator) atuando no local da campanha, e outra, em trabalho remoto.

Diariamente, durante a pré-campanha e a campanha, o diretor de criação realiza uma breve reunião de pauta com a equipe, que dura cerca de trinta minutos, para deixar todos alinhados sobre o momento da pré-campanha e da campanha e as peças a serem criadas. Vale salientar que o formato de contrato que firmamos com os clientes não envolve a parte de produção gráfica, produção de eventos e pesquisas de opinião. A depender do orçamento disponibilizado, vamos adequando o tamanho e a lógica de funcionamento das equipes.

O formato remoto, utilizado na pandemia, em função das questões sanitárias, gerou um aprendizado que permitiu a utilização do formato híbrido em alguns contextos atuais. Para Daniel Zago, um experiente diretor de criação com quem tenho uma longa parceria, existe, sem dúvidas, uma perda de interação quando todos do time não podem estar *in loco*.

"O formato que surgiu na pandemia viabilizou a formação de equipes que reúnem talentos de todos os lugares do Brasil, o que é muito bom. Por outro lado, no pós-pandemia, as pessoas ficaram mais ávidas pelo contato pessoal. Nada substitui o olho no olho. Assim, é fundamental ter uma equipe local, mergulhada no clima da campanha e que pode dar respostas imediatas, na hora em que as coisas acontecem", descreve Zago[18].

Sempre que possível, o núcleo de criação deve contar, além do diretor de criação e do *creative head*, com profissionais sênior, que têm vasta experiência e qualidade técnica. No caso de campanhas maiores, é fundamental ter esse perfil mais maduro, ainda que se possa mesclar com duplas de criação menos experientes. O diretor de criação fica responsável por acertar o compasso desse time.

Particularmente, sempre tive o prazer de contar com a colaboração de profissionais de excelência para compor nossa equipe. Cada campanha tem o seu contexto, sua própria configuração; a composição da equipe vai dialogar com esse contexto.

Outros profissionais que compõem o núcleo de criação são o *creative head*, o diretor de arte e o arte-finalista, que organiza a finalização do material gráfico, atentando a todos os detalhes para garantir a qualidade do acabamento. Na dinâmica de uma campanha eleitoral, seu papel é fundamental para evitar que as peças saiam com falhas. Não se trata de um trabalho de menor importância, pelo contrário. É uma grande responsabilidade assegurar que tudo seja

---

18. Entrevista concedida ao autor, em 2022.

executado dentro do padrão de qualidade. O seu olhar se direciona para todos os elementos que compõem o material. Assim, ele checa se a tipografia está correta, se as cores estão dentro do padrão definido para a campanha, os tamanhos e enquadramentos dos elementos gráficos, as especificações da gramatura do papel, no caso daqueles que serão impressos, entre outros aspectos técnicos da produção gráfica. Além das peças gráficas, o arte-finalista também finaliza as peças que serão divulgadas nas redes digitais da campanha.

Lembro de uma ocasião em que ficou explícita a importância desse crivo de qualidade feito pelo profissional arte-finalista. Era uma campanha majoritária no Tocantins, em 2022, na qual produzimos um santinho postal, uma peça gráfica diferenciada, com aplicação de verniz localizado e gramatura de papel mais encorpado, sobre a qual teremos a oportunidade de falar mais à frente. O material foi impresso com um erro ortográfico, que passou despercebido por todos os envolvidos. Em situações desse tipo, o importante é buscar uma solução imediata. Assim, produzimos um selo para ser colado na peça, encobrindo o erro. A utilização desse selo proporcionou uma experiência sensorial e estética diferenciada, reforçando a qualidade do material. "Salvamos" a peça e ainda lhe demos mais um diferencial importante.

O papel do arte-finalista, após esse episódio, ficou ainda mais evidente. Seu perfil tem que ser proativo, aliado ao conhecimento técnico apurado sobre o universo da produção gráfica. Para que sua função seja exercida, além da experiência técnica comprovada, é preciso uma relação de confiança.

O redator, em conjunto com o *creative head* e o diretor de arte, são personagens centrais no processo criativo. Muitas vezes, há uma associação direta do trabalho desse profissional com inspiração. Na verdade, é um trabalho muito árduo, exige muita capacidade criativa e disciplina. Não é tão simples como às vezes pode parecer. O núcleo criativo precisa ter a capacidade de entender e traduzir em *layouts* o conceito criativo.

A função do diretor de arte é desenvolver *letterings*, desenhar a parte gráfica e audiovisual da campanha. Trabalha em dupla com o redator. Muitos imaginam que sua atuação é restrita à parte gráfica, mas ele é essencial também no audiovisual, para a criação de *letterings* e todas as interferências gráficas. Interage diretamente com o diretor de criação, assim como faz trocas com diversos outros membros do time.

A estrutura do *layout* é a primeira coisa a ser pensada no processo de criação das peças de campanha. A ideia não é tolher a criatividade, mas direcionar o processo criativo. A pergunta inicial é: como esse *layout* vai ser utilizado? O formato está condicionado à plataforma que vai ser utilizada.

Um debate muito comum no trabalho da campanha diz respeito ao falso dilema criatividade *versus* planejamento. Ao longo da minha trajetória como estrategista, entendi que a criatividade precisa estar presente com muita força, pois sem ela não se foge da mesmice, do habitual. É pela criatividade e ousadia que se sai do habitual. Com ela, é possível gerar sensações positivas nas pessoas.

> É pela criatividade e ousadia que se sai do habitual. Com ela, é possível gerar sensações positivas nas pessoas.

É necessária uma atenção especial às cores, para que comuniquem exatamente o que se deseja. O desafio é encontrar o equilíbrio na composição, evitando a superexposição. As cores também precisam obedecer ao conceito do que está sendo pensado. Costumo dizer que a escolha da cor é tão importante que estabelece até mesmo o tom que se quer dar à campanha. Na hora de definir a paleta de cores, não se pode esquecer de observar as cores utilizadas pelos adversários. Para que se possa fazer a combinação certa de cores e a leitura correta, mergulhar no contexto é essencial.

Outros elementos do processo criativo são a tipografia (tipo da letra) e a diagramação. Existem fontes apropriadas para cada coisa, para cada tipo de mensagem, para cada perfil de cliente. Hoje já existem plataformas com fontes gratuitas, que facilitam o manuseio e a aplicação. Já houve casos de o diretor de arte desenhar a fonte para o cliente, pela necessidade de ter algo sob medida, customizado, ideal para aquele cliente, naquele contexto. É uma possibilidade, a depender do projeto, mas não há a obrigatoriedade de se desenhar. As opções de mercado podem se adaptar bem. São detalhes que impactam na composição: por exemplo, a opção por fontes serifadas ou não, que ajudem a leitura.

Durante a pré-campanha, a equipe traz referências para o trabalho de criação e eu procuro não limitar esse processo, para que os profissionais se sintam à vontade para contribuir. Entendo que não é o momento adequado para o estrategista julgar a envergadura técnica dos profissionais, pois é natural que cada um tenha as suas "amarras". Sempre procuro impulsionar a criatividade da equipe desde o princípio.

Durante a campanha majoritária no Tocantins, em 2022, nas etapas iniciais do processo de criação, levei um profissional, com quem já atuo e admiro há muitos anos, que é um talentoso diretor de arte e artista plástico, Heitor Pontes, para um momento criativo com a equipe. A proposta era pintar um quadro juntos, contendo a imagem do candidato mais o conceito criativo. Na verdade, o que buscávamos era estimular a sinergia criativa de toda a equipe. O resultado foi atingido, com a interação de todos numa concertação única. O quadro ficou na agência que era a base da equipe durante toda a campanha. Olhar para ele diariamente era inspirador, era remeter à essência que impulsionou aquela campanha especificamente. Virou uma referência criativa. Além disso, ganhamos muito qualitativamente: os diretores de arte "soltaram a mão" a partir daquele marco. Posteriormente, esse mesmo profissional voltou ao time na função de *creative head* para coordenar a parte estética, resgatando essa propulsão criativa das pessoas.

Outra situação que me vem à memória é a de um cliente, que era candidato a prefeito e desejava se posicionar como oposição, em uma capital da região Centro-Oeste, em 2016. Naquele cenário eleitoral, já estava muito delimitado quem eram os atores políticos participantes da disputa e se tratavam de dois grupos políticos, polarizando o debate eleitoral, personagens muito marcados, conhecidos da população. Era uma disputa em dois turnos e sem a perspectiva de uma terceira via.

Por meio do diagnóstico, identificamos que ele poderia ser uma alternativa nesse cenário muito disputado. O *slogan* criado para a campanha era: "é um novo jeito", que tinha como desdobramento: "*nome do candidato* + é um novo jeito". Esse *slogan* permitiu várias aplicações: "novo jeito para a educação", "novo jeito para a saúde". Nossa escolha foi fugir das palavras "mudança" e "continuidade".

A estrutura da peça publicitária fez muita diferença para a mensagem ser passada dentro dos objetivos pretendidos. Nesse caso, a fonte foi escolhida com muito zelo. A mensagem era escrita em caixa baixa, para ajudar a passar leveza. Nesse, como em muitos casos, "menos é mais". A pré-campanha começou com dezesseis pré-candidatos e nós éramos mais um. Nela, usamos o *slogan*: "ouvindo + nome da cidade". Já sabíamos que o *slogan* a ser usado na campanha era o "novo jeito".

Esse "novo jeito" era demonstrado com algumas atitudes. Ele começou ouvindo ativamente as pessoas, como fez em toda a pré-campanha. O candidato incorporou essa questão da escuta ativa, não falava, fazia no máximo duas perguntas e ouvia tudo atentamente. No fim, no período oficial da campanha, restaram cinco candidaturas. O principal adversário era muito articulado e bastante recursos. Por exemplo, tinha à sua disposição trinta e dois carros de som. O meu cliente, por outro lado, tinha pouca estrutura para fazer a campanha. Criamos uma estratégia de comunicação para tornar a falta de recursos uma vantagem e não uma deficiência. Em algumas ocasiões, nosso cliente perguntava: "você já ouviu o meu *jingle*? Não, nem vai ouvir, porque não vamos desrespeitar o eleitor com poluição sonora".

O que a mensagem trazia implicitamente era: pensar a cidade de um novo jeito significava não utilizar carro de som. O monitoramento das redes sociais mostrava entre os *trend topics* na cidade "carro de som" e o nome do candidato.

Ficou evidenciada a força do *slogan*. Por outro lado, a tipografia e a diagramação colocavam o candidato em segundo plano e davam toda força ao texto. Isso é feito pelo diretor de arte, não pelo marqueteiro, mas esses dois profissionais precisam trabalhar em perfeita conexão.

O estrategista precisa dar os elementos para a equipe criar, da melhor forma possível. Fizemos a campanha mais criativa naquele estado. Não foi uma campanha vencedora, o cliente perdeu a eleição, mas ele se tornou maior do que entrou. Tornou-se conhecido em todo o estado e elegeu-se depois deputado federal. A campanha ajudou muito nessa trajetória. Transformou algo velho em algo novo, ousado. Grande parte disso foi responsabilidade do diretor de arte.

Outro fato marcante nesse mesmo contexto foi o lançamento da campanha, um momento extraordinário. Identificamos uma juventude super criativa, que foi convidada a fazer a sinalização do espaço. As peças que ornamentavam o local estavam impressas, mas não estavam finalizadas. A finalização foi feita no ato, com a participação do candidato. A ideia foi mostrar ele assinando as peças para marcar um novo jeito. As pessoas presentes eram chamadas para participar, para fazer uma intervenção nas peças. O momento gerou um grande envolvimento entre o candidato e o público. A pergunta que norteava era: o que é um novo jeito para você? As pessoas que participaram foram fotografadas com o candidato e postaram nas redes sociais. O próprio candidato entrevistava as pessoas. Foi fantástico, ousado, diferente. Assim, foi criado um material que os adversários não podiam copiar. Esse momento guardou conexão com todo o restante da campanha; foi mantido um padrão, nos vídeos, nos episódios da campanha. Até mesmo nos debates, em suas falas, o *slogan* saía. Essa foi uma das nossas campanhas premiadas internacionalmente. Deu muito prazer à equipe toda fazê-la.

Elementos da conjuntura ajudam a desencadear o processo criativo. Recordo de vários episódios em que a inspiração veio da sensibilidade para identificar, em um ambiente de miséria e caos, a força das pessoas, para enxergar nas comunidades carentes exemplos inspiradores para a campanha. Não se trata de explorar a miséria, mas de enxergar, com lentes sensíveis, como as pessoas verdadeiramente são, deixar o lado humano aflorar, contando histórias de vida. Entendemos que trazer a comunidade para participar dos vídeos enriquece a campanha. Ao deixarmos as pessoas falarem, deslocamos o protagonismo para outros atores. Mais uma vez, a experiência conta muito. A cada trabalho realizado, fazer uma autoavaliação é fundamental. Responder honestamente para si mesmo: a campanha deu certo com esse cliente?

O processo de captação das imagens que vão compor as peças da campanha deve ser minucioso, cuidadoso e detalhista. As imagens têm que ter qualidade alta, alta resolução, para permitir que o diretor de arte possa trabalhá-las. É muito importante ter essa produção de fotos para compor um banco de imagens ainda na pré-campanha. Fotógrafos experientes são fundamentais para a produção dessas fotos.

A equipe de fotografia se reúne com o marqueteiro para mergulhar no conceito da campanha e desenvolver o olhar para compor as fotografias. A integração da equipe criativa é essencial: fotógrafo com diretor de arte pensando juntos a composição das peças. A equipe é a guardiã do cui-

Comunicação

dado que temos com a estética. Nossa máxima é aliar a criatividade à estética refinada para entregar os melhores resultados, lembrando sempre que ser refinado é ser inteligente, e não pirotécnico. Aliar resultados efetivos à criatividade, inovação e estética refinada é um dos nossos diferenciais que perseguimos em nossas campanhas eleitorais.

Uma realidade de mercado é que nem todo diretor de arte tem aptidão para trabalhar com política. Primeiro, existe a parte téc-

> Aliar resultados efetivos à criatividade, inovação e estética refinada é um dos nossos diferenciais que perseguimos em nossas campanhas eleitorais.

nica, é preciso dominar todas as plataformas e se manter atualizado. Isso precisa estar no portfólio do profissional para que o contratante possa avaliar. Sem experiência comprovada, é difícil apostar no talento. Em segundo lugar, um requisito essencial é a inteligência emocional, detectada na entrevista. Saber administrar o ritmo de uma campanha é um grande diferencial.

O segredo de uma equipe de sucesso é que, além de uma vasta experiência, mesclada com jovens talentos, todos sejam loucos por inovação. Recentemente, estamos vivenciando uma transição das campanhas realizadas prioritariamente no Facebook para o Instagram e TikTok, que têm uma linguagem própria. Se não tivéssemos nos antecipado a essa tendência, não conseguiríamos entregar algo de excelência para o nosso cliente. É essencial buscar estar um pouco à frente do seu tempo. Se você caminha no mesmo passo, você não traz nada de diferente.

O marqueteiro precisa pensar à frente, questionar o *status quo*. Mas isso tem um preço alto, porque nem sempre as pessoas querem sair da sua zona de conforto. Essa zona de conforto é ilusória e, por isso, nosso lema é a busca incansável pela excelência. É um caminho que se percorre, não é um ponto-final. Não me encontro mais na fase de testar se eu sirvo ou não para a coisa. Olho cada cliente, cada entrega como se fosse a mais importante. Vejo que consigo melhorar a cada campanha. Isso é um processo de evolução que não se esgota em um primeiro, segundo ou terceiro trabalho, e eu não quero parar nunca.

A experiência deixa claro que é fundamental ter uma base, uma equipe local, conectada com a realidade do candidato e do contexto em que a disputa acontece. É um erro grave desconsiderar todo o conhecimento da equipe local. Por exemplo, o produtor residente na cidade conhece as pessoas, conhece a cidade, sabe como funciona o contexto local, sabe quem é quem. Por isso, adotamos o seguinte formato de trabalho:

> **Equipe sênior:** formada por pessoas de diversos locais, experientes, que dão o suporte ao estrategista na tomada de decisões, a partir da sua *expertise*;

> **Equipe local:** composta por profissionais que somam ao processo criativo.

No começo, para mim era um desafio lidar com o choque cultural entre esses dois times. As diferenças no jeito de trabalhar eram muito gritantes. Primeiro, o ritmo é diferente. Segundo, em alguns lugares, as pessoas são mais frias, em outros são mais acolhedoras. É preciso desenvolver uma habilidade para tirar o melhor de cada equipe. Respeitar o time local, mas imprimir um ritmo. Quando

Comunicação

chego para gerir uma campanha, entendo que tenho a responsabilidade de fazer algo diferente, senão a equipe local é quem teria sido contratada, mas, às vezes isso, é desafiador. Quando se tem a oportunidade de trabalhar uma pré-campanha mais extensa, ganha-se mais tempo para formatar as equipes, ajustar as diferenças, estabelecer o ritmo e a cadência. O importante é não perder o foco: sei para o que fomos contratados, estamos ali para ganhar.

As características do eleitorado local contam muito para o processo criativo. De modo geral, campanhas no interior do Maranhão são muito similares a campanhas no interior de outros estados do Nordeste. Ocorre-me o exemplo de "motocadas", um evento que reuniu cerca de cinco mil motos. Isso não seria possível na região do ABC Paulista. É preciso, mais uma vez, mergulhar na realidade local para entender essas dinâmicas, essas peculiaridades. Nesse contexto, fica mais uma vez evidenciada a importância da equipe local.

No dia a dia da campanha, os profissionais do núcleo criativo, sob a coordenação do diretor de criação, se reúnem para um encontro rápido de ideação, quando fazem um *brainstorming* e definem as tarefas de cada. Geralmente as tarefas são divididas por duplas (redator + diretor de arte): uma fica com as peças para os meios digitais e outra, com os comerciais e programas para a TV. Nesse momento, há a interação com o núcleo audiovisual, cuja atuação descreveremos mais à frente. Na composição dos elementos criativos da campanha, o material é desenhado pelos diretores de arte (*letterings* e outros elementos visuais) e encaminhado para os profissionais que vão fazer a animação (*motion*). Na ilha de edição, o material é finalizado. Nas etapas finais da

Inteligência Política e Estratégia nas Campanhas Eleitorais

campanha, a parte impressa vai deixando de ser produzida e as peças audiovisuais vão ganhando força.

Fechando a composição do núcleo criativo, temos os redatores, responsáveis pela produção textual, desde *jingles* a roteiros para comerciais de rádio e TV. É um profissional fundamental no processo criativo. Diariamente, participa de reuniões de *briefing* junto ao diretor de criação e ao diretor de arte. Interage com o núcleo audiovisual na elaboração de roteiros dos programas e de comerciais para rádio e televisão. Um dos redatores que compõem o time fica dedicado aos conteúdos digitais. Um bom redator é um profissional curioso, apaixonado por leitura, inquieto e desprendido. Não deve ter medo de errar e de parecer ridículo. Luiz Mariano Neto, conhecido como Netão, um redator super experiente, que atua comigo há alguns anos, dá uma boa definição do perfil profissional:

"É um clínico geral, que trata de todos os assuntos; especialista em persuadir; treinado para vender ideias". E complementa: *"É necessário ter senso de disciplina, comprometimento com a entrega, mas sem abrir mão da criatividade"*[19].

Quando o conheci, fiquei impressionado com sua irrequieta sensibilidade criativa, que é muito peculiar. O desafio imposto foi: como estimulá-lo a criar, sem tolher suas ideias, mas garantindo que o material saísse adequado ao conceito e no tempo determinado? Nossas conversas são tão instigantes que, na maioria das vezes, criamos campanhas a partir desse "despretensioso" bate-papo.

---

19. Entrevista realizada com Luiz Mariano Neto (Netão), profissional que trabalhou conosco como redator, na campanha para governador do Tocantins, em 2022.

O papel do marqueteiro, como maestro de um time, é dar a harmonia necessária ao processo criativo e ter cada integrante como um aliado. O formato do programa eleitoral para a televisão de um cliente nosso, candidato a governador no Tocantins, por exemplo, foi resultado de uma troca de ideias com o redator. Ou seja: ele foi além da sua atuação, contribuindo com a estratégia. Enxergar essas oportunidades é não desperdiçar talento criativo.

Deixo sempre o espaço para o profissional apresentar suas ideias, debatê-las, sendo muito franco e transparente sobre sua pertinência. É preciso dar o direcionamento, mas também saber acolher. O redator acaba conhecendo a forma de pensar do marqueteiro, o que ajuda muito a ser propositivo de uma maneira mais efetiva.

"Com o tempo, fui aprendendo a entender a forma de Paulo Moura pensar e se posicionar. Quando ele não gosta de uma ideia, de um texto ou de uma peça, ele simplesmente se cala. Quando ele gosta, aí ele fala"[20], conta Netão. Essa sinergia é muito importante para a afinação do time.

A mesa de futebol de botão posicionada em uma das salas da criação, durante uma campanha em 2022, no Tocantins, era muito simbólica desse acerto entre as peças do time que buscamos em nossas equipes. Quando se une técnica com sensibilidade, a criação flui com muita naturalidade. Todos têm talento, mas é preciso saber a hora certa para colher os frutos.

O cuidado com a equipe deve ser prioridade para o estrategista. Em determinados momentos, o time mostra

20. Mais uma colocação feita durante entrevista realizada em 2022.

cansaço, desgaste, o que reduz o fôlego criativo. Nessas horas, deve-se agir. Lembram do Heitor Pontes, diretor de arte e artista plástico, mencionado no início dessa seção, que conduziu o trabalho de pintura do quadro para explorar o conceito criativo? Pois ele voltou àquela campanha para ajudar a resgatar o fôlego criativo do nosso time. Na primeira participação, foi essencial para inspirar a equipe. Em seu retorno, mais de um mês depois, ele bateu um papo com todos os integrantes do núcleo criativo sobre as possibilidades gráficas que poderiam ser exploradas dali em diante. Não chegou para "colocar ordem", longe disso. A campanha já tinha seu conceito criativo estabelecido e uma série de peças gráficas e digitais criadas e publicadas.

Mas, naquela ocasião, escutou cada um, buscando criar conexões e dar uma "chacoalhada" na criatividade. Dito e feito: os profissionais se engajaram ainda mais, se sentiram motivados a trazer ideias e contribuições. Foi um momento muito rico enquanto time.

"Nossa participação tinha como propósito despertar algo que o time já tinha, fazer com que cada um desse o seu melhor. Fomos coletando insights e revisitando os conceitos. Assim, novas percepções foram surgindo e pudemos, coletivamente, refinar ainda mais o processo criativo daquela campanha", relembra Pontes.

Ter referências técnicas e artísticas, de acordo com Heitor Pontes, é o segredo de um bom profissional criativo.

"Sempre começo a conceber no papel. Para cada campanha, reservamos um caderninho de desenho, sem perder de vista

que, nesse segmento, o tempo de entrega é um elemento crucial. É preciso planejar e não descuidar da execução"[21], aconselha.

De fato, o próprio marqueteiro precisa ser também uma inspiração para a equipe. É necessário, além disso, ter empatia para acolher, acatar e fazer com que os profissionais tenham desejo de trazer o seu melhor sempre.

---

21. Entrevista concedida ao autor, realizada em 2022, durante campanha para governador em Tocantins, quando Heitor Pontes atuou liderando a parte criativa da empresa.

4.3 Definição de conceito e abordagem criativa

Antes de começarmos a discorrer sobre a definição de conceito é importante fazer um aparte entre o que ela significa e a sua diferença do *slogan*, que exploraremos mais adiante, porque aquilo que parece simples, nem sempre é. E, muitas vezes, alguns criativos costumam confundir um com o outro. Enquanto, nas definições mais clássicas, o conceito é a materialização de maneira sintética do pensamento central de uma estratégia; o *slogan* é a materialização, de maneira lúdica, desse conceito. Enquanto um é bula, o segundo é poesia. Um é razão, o outro é emoção.

O bom profissional tem a habilidade de conceituar de tal maneira a estratégia, que ela se torna extremamente simples e poderosa para a transformação em uma abordagem criativa tocante e relevante para os eleitores. Feito esse breve comentário, chegamos a uma fase do livro na qual iremos encontrar e nos permitir explorar, com maior ênfase, um paradoxo. Enquanto esta obra trata de inteligência, em uma abordagem consistente, levando em consideração um forte embasamento acadêmico e científico, nessa parte vamos adicionar uma boa dose de contradição. Nossa proposta é fazer uma abordagem somando inteligência com emoção, razão com intuição; somando a ciência com a arte, o pensar com o viver.

Afinal, os processos que envolvem comunicação proporcionam uma dinâmica entre o emissor e o receptor, que a academia consegue cada dia mais responder e simular. Campos de estudo e trabalho como inteligência artificial e

Comunicação

neurociência existem para comprovar grandes avanços, mas ainda não chegamos à fronteira final do conhecimento dos mecanismos emocionais e de inteligência, do cérebro e dos seres humanos.

Muitas vezes é possível, com uma boa dose de dados e estratégia, antever movimentos, mas certas coisas são difíceis de explicar. Quando tratamos de criatividade, tratamos de probabilidades, acúmulo de conhecimento, porém um tanto também de algo que podemos descrever como "mágico".

Afinal, que pesquisa, estudo, tratado, pode afirmar com certeza por que a Monalisa atrai tanta atenção? Da Vinci certamente tinha inúmeros talentos e, por acaso, era um gênio bem próximo do completo, com habilidades que iam da ciência à arte, da estética à ética, da forma ao conteúdo ou vice-versa. Mas quanto disso ele usou – tecnicamente – para pintar a nobre Gioconda? Qual certeza ele tinha, antes de torná-la tela e emoção, acerca das reações que a humanidade teria pelos anos e séculos vindouros?

O mesmo vale para outras habilidades onde a ciência e a arte se cruzam, se fortalecem. A arquitetura e a engenharia são um exemplo disto, dessa vez de forma genérica. Um pende na balança para a arte, outro pende para a ciência. Enquanto o arquiteto imagina uma edificação dentro de suas concepções e limitações de espaço, mas pensando em harmonia, em impacto visual, em funcionalidade e tantas coisas mais humanas de uma edificação, o engenheiro coloca os sonhos do arquiteto de pé, com precisão e segurança. Na verdade, são equipes trabalhando em conjunto, onde aquilo que move o sonho e o que é realidade convivem como elos de uma mesma corrente.

Inteligência Política e Estratégia nas Campanhas Eleitorais

Digo isso para defender que, por mais que este seja um livro com grande fundamentação acadêmica e vivência profissional passada, o campo da criatividade sempre pode, deve e irá explorar o que não foi feito ainda e pode vir a ser. E ainda dentro desse pensamento, algumas informações são necessárias para parametrizar o trabalho de conceituação e a abordagem criativa em uma campanha política, reforçando conceitos anteriormente já citados.

CANDIDATO NÃO É PRODUTO

Um candidato não é um produto, não pode ter a embalagem trocada nem mudar de posição no ponto de venda. Por mais que a mídia tenha dado notoriedade aos marqueteiros, suas equipes de trabalho, na maioria das vezes jocosa e erroneamente, desmerecendo esses profissionais colocando-os como fabricantes de candidaturas falsas e candidatos artificiais, esse é um princípio que norteia todo o processo criativo em campanhas políticas.

Um candidato é uma pessoa que representa uma corrente de pensamentos e atitudes. Tem um passado para ser julgado, um presente a ser analisado e um futuro a ser posto à prova das expectativas da sociedade. Saber disso faz com que todo caminho criativo represente o espelho da candidatura e de sua estratégia. Mendonça (2001) foi preciso quando advertia sobre a necessidade de se estudar bem o candidato antes de iniciar uma campanha, pois há traços que não se modificam, como o jeito de falar, o modo de agir, alguns gestos típicos e frases preferidas, por exemplo. Sendo assim, caso se tente mudar esses traços características, o candidato deixa de ser ele mesmo, mas não se torna aquilo que você, como marqueteiro, deseja.

Um criativo de comunicação política sempre começa sua jornada com a humildade de ouvir, ler, pesquisar e focar em entender muito,

O PRINCÍPIO DE TUDO – A FASE DA ESPONJA

muito, muito sobre o candidato, sobre a campanha e sobre o cenário no qual seu trabalho se insere. É uma fase que podemos chamar de "esponja".

Enquanto, na área de produtos e serviços, o criativo se envolve em partes da campanha, a criatividade em criação política é algo cada dia mais complexo, mas sempre ágil, muito ágil, de equipes menores, porém mais qualificadas. Por conta dessa necessidade de entendimento e soluções rápidas, a imersão da equipe é fundamental. Assim, enquanto em uma estratégia de *marketing* ainda são levados em conta os "quatro Ps", tão difundidos por Kotler e Keller (2006), que são produto, preço, praça e promoção, na estratégia e comunicação política, só o que nos interessa é a praça, ou seja, a geografia a ser atingida pela campanha.

Nessa fase esponja, além de entender, perceber, sentir a estratégia, entender o candidato é a melhor forma de não o transformar em um produto. A fase serve para isso: para absorver conhecimento. Para reconhecer todos os *inputs* e *outputs*, que para além da estratégia, dizem respeito ao candidato e a sua esfera, ou seja, a tudo que está ao seu redor e que pode influenciar na comunicação da campanha e no corpo que ela vai começar a ganhar.

HORA DE RALAR: MUITA ESPUMA, MUITA ESPUMA

Depois de conhecer e entender melhor a estratégia, o *briefing,* o conceito, o candidato (quem, como, para quem), é hora de voar nas ideias. Se a criatividade sempre foi e é um diferencial no *marketing* de produtos e serviços, na comunicação política sempre pairou o estigma de comunicação "careta", sem riscos, com palavras, cores, formas, tipologias clichês. Todavia, estamos entrando em uma nova era.

Em tempos de comunicação digital, muito pulverizada e muito rápida, vale o princípio de arriscar, acertar ou errar, corrigir rápido quando errar. Mas o melhor será sempre errar menos e evoluir mais rápido.

Na fase espuma, é hora de explorar a ousadia, de dar forma aos mais diversos caminhos e possibilidades. É hora de não ter medo nem travas, nenhum preconceito. É preciso usar esse momento criativo de inspiração para todos que fazem parte do processo. É um momento de ver referências, rabiscar no papel e no computador, colar nas paredes folhas com textos a mão, listas de frases, fotos do candidato, da cidade, dos concorrentes, matérias de jornal, tudo que ludicamente possa servir como contribuição para o processo criativo.

LIMPE TUDO: DEIXE O QUE REALMENTE TEM QUE BRILHAR

Depois de se permitir percorrer esse longo e denso caminho, que vai das ideias mais conservadoras às mais estapafúrdias, é hora de limpar o campo, do desprendimento, de filtrar. De valorizar as ideias mais fortes e deixar de lado as mais frágeis ou totalmente inadequadas.

É importante, mais uma vez, dizer que as ideias mais fortes não são necessariamente as de menor risco. Saber ter um olhar crítico dessa ousadia como um risco calculado é um trabalho de conhecimento, experiência e sensibilidade muito grandes e necessários, que poucos estrategistas possuem.

Nesse mundo plural e digital, onde recebemos e consumimos todo o tipo de informação, somos impactados diariamente por mais de 30 *terabytes*, cerca de 100.000 palavras e imagens, de modo que nossa capacidade de retenção é feita por relevância. Essa relevância pode ser um conteúdo inesperado, ou um coerente aos meus pensamentos, ou um conflituoso; enfim, temos que destacar nossa comunicação nesse mar imenso de *inputs*. Temos que ser boia e não âncora.

O que vai funcionar melhor? Quais dessas ideias e caminhos "finalistas" é um espelho sem distorções ou desfoque da estratégia elaborada? O que oferece mais perspectivas para seus desdobramentos? Com o conhecimento profundo da estratégia, com a sensibilidade e *expertise* do marqueteiro, com a capacidade criativa da equipe, que dá forma para as peças de comunicação, e por meio de outros instrumentos, como pesquisas quantitativas e qualitativas, essa escolha e definição se tornam mais seguras e eficientes.

Na abordagem criativa, nada é tão bom que não possa melhorar. As ideias finais podem ganhar seus ajustes finos para se encaixarem perfeitamente dentro da campanha

> O REFINAMENTO – POLIMENTO NO QUE JÁ É BRILHANTE

que ganhará corpo, dinâmica e, sim, muito pouco tempo de campo. Por meio de frutos de novas conversas, de avaliações internas dos comitês de trabalho, das pesquisas – nesse caso, principalmente as qualitativas – é possível se calibrar ainda mais o trabalho criativo elaborado.

A ideia, o caminho criativo, todos os itens que serão desenvolvidos precisam estar redondamente perfeitos. Tem que ser bola para gol; se estiver murcha, desvia a trajetória, e bola pra escanteio não conta em campanha que é feita para ganhar de goleada.

4.4 Identidade visual

"Quem vê cara, não vê coração." O ditado popular pode ser verdadeiro, mas em política é controverso. Afinal, nem todo candidato é bonito, charmoso, de sorriso branco, com dentes perfeitamente alinhados. O desafio é fazer com que, independentemente da aparência, sua imagem encante. Nem mais, nem menos. Sem excesso de truques e programas de edição de fotos (o famoso *"photoshopar"*), mas tendo retoques que valorizem seus bons aspectos e minimizem os negativos.

Faz parte de uma eficiente estratégia de comunicação política definir elementos, cores, tipologias e tudo que crie uma dinâmica visual que represente o candidato e sua mensagem. Esse composto começa muito antes da execução, nas diretrizes que são fruto do caminho criativo.

Nos últimos tempos, com o aprimoramento dos programas de editoração de imagem, seu uso se tornou exagerado ou, no mínimo, utilizado por mãos não tão habilidosas. Em uma peça de comunicação, é necessário cuidar bem e detalhadamente da imagem, literalmente falando, do candidato. Mas isso não significa transformá-lo em outra pessoa. Assim, como todo ator ou atriz, antes de ir para frente das câmeras, deve ter um toque de maquiagem para o suor não refletir e dar brilho excessivo, com um candidato não é diferente. São necessários cuidados para que sua imagem seja aprimorada, sem ser deteriorada.

A diferença entre um ator ou atriz e um candidato é que os primeiros estão acostumados a isso. É do seu dia a dia ficar fazendo poses em frente a *flashes*, sob controle de uma equipe, dizendo para onde olhar, quando e quanto sorrir. Por isso, é trivial. Já candidatos, por não estarem acostumados, muitas vezes, com esse momento da foto (ou até fazerem, mas não gostarem), é necessário que todos que estiverem no ambiente – e quanto menos gente, melhor – passem segurança para o fotografado, entendendo que a maquiagem é apenas para adequar a pele para as lentes. Nessa hora, confiança e empatia são tudo.

Ao contrário de outros marqueteiros que se ausentam, eu, nessa hora, prefiro estar presente para entender e colaborar no limiar entre o que o candidato tem que expressar e o que as fotos capturaram.

Depois da sessão de fotos realizada, como já dissemos, ajustes são necessários e não significam nenhum bicho de sete cabeças. São feitos pelo próprio fotógrafo ou profissionais de tratamento de imagens, que irão calibrar luzes, limpar alguns pontos da pele que eventualmente estejam irregulares e outros detalhes; enfim, nada demais, como se deve ser.

Quando a equipe é de profissionais que têm afinidade entre si, tudo isso é feito com bom tom, o que é extremamente importante. Essa sessão de fotos vai gerar a foto oficial escolhida para a campanha e algumas complementares. É um momento realmente importante, pois não é nem um pouco ideal trocar a foto que chamamos "oficial" durante a campanha. Depois de definida, será usada para uma série enorme de peças, distribuída em grande resolução para a mídia; enfim, esse momento deve ser meticulosamente tratado.

AS CORES DA CAMPANHA

A paleta de cores que compõem uma campanha eleitoral é muito mais do que uma combinação harmônica ou representação de um partido. Nas décadas de 80 e 90, principalmente, existia uma hegemonia de cores que enlouquecia os criativos, pois as cores tinham donos. O amarelo era de candidato A, o azul, do candidato B, o vermelho, do candidato C, e assim por diante. E a campanha era colorizada, toda amarelada ou azulada. Ia além da estratégia, era uma imposição para todas as peças a serem criadas.

Além disso, havia um efeito colateral: quando eleitos, os candidatos levavam para sua administração a cor da sua campanha. Então, placas de obras, pontes, escolas e muros, marcas de programa, tudo ganhava as cores de fulano ou cicrano. O que aparentemente era bom (e funciona até com marcas de bancos e carros que também exploram em seu *branding* cores prioritárias proprietárias), porque tinha estratégia, não se tornava eficiente, já que é preciso considerar o trato com a coisa pública. Era mais imposição do que estratégia.

Como nos lembra o talentoso publicitário Edison Martins, o tempo se encarregou de calibrar, profissionalizar e permitir que as cores fossem usadas de maneira verdadeiramente estratégica, dentro de uma paleta de cores com nuances, degradês e composições, muitas e muitas vezes indo além da cor do partido para cores que representam alianças e coligações. Hoje, representam isso e até mesmo simbologia.

Por exemplo, o verde para a conotação ecológica de determinado candidato, ou o branco, que se tornou presente nos últimos tempos, por transmitir paz, clareza e transparência em um mundo proliferado de cores e campanhas. E assim por diante.

A TIPOLOGIA

Os tempos evoluíram também na tipologia, no que diz respeito às fontes das "letrinhas" que fazem parte da comunicação visual de uma campanha. Enquanto, há alguns anos, a regra geral era usar as fontes e tipologias básicas e pesadas, por representarem a força do candidato, por conta da multiplicidade e facilidade de usos, hoje tudo mudou.

Devemos lembrar também que, além de conceitos gerais como "força", que estas letras clássicas e *bold* traduziam, existiam problemas técnicos, como, por exemplo, a permissão de uso de muros nas campanhas, que eram pintados à mão por pessoas não tão habilidosas, o que hoje não é mais permitido.

Nos tempos atuais, com a evolução da qualidade, da tecnologia e graças à redução de preços em peças gráficas e eletrônicas, é possível, mais ousado e permitido, navegar por esse universo estético de fontes com muito mais liberdade. A quantidade de fontes disponíveis na *internet* é imensa, sendo possível escolhê-las para passar a força que já citamos, mas também fontes itálicas (levemente inclinadas para a direita) que indicam dinamismo, fontes mais modernas para campanhas identificadas com discurso de jovialidade, fontes mais elegantes para candidaturas mais clássicas e até mesmo fontes manuscritas para conferir pessoalidade à candidatura.

Mais uma vez trazendo as lições do publicitário Edison Martins, o uso das fontes certas e suas famílias – que são

Comunicação

derivações da mesma fonte para ampliar seus usos – faz a campanha ganhar, além de muita identidade estratégica, identificação com o próprio candidato, permitindo um espaço amplo para criatividade na série de peças de comunicação, que serão objeto durante a campanha.

SÍMBOLOS E ELEMENTOS

Os elementos podem ou não ser usados em uma campanha. Para isso, não existe uma regra, além da busca dos melhores resultados. O importante, basicamente, é que somem e não dividam ou subtraiam a atenção para o conceito geral; que não poluam as peças e tornem-se ruído.

Assim, você pode incluir em uma marca um capacete, se o candidato se apresenta como um grande tocador de obras, mas isso não é estritamente necessário, pois o mesmo conceito pode estar reforçado pelo *slogan*, pela foto do candidato – ou uma delas – pelo contexto da campanha. O elemento pode ser usado em uma série de peças visuais, e não em todas, com ênfase nas mídias sociais e digitais, que hoje são muito mais profundas e rápidas.

A decisão sobre o uso ou não dos símbolos pode se basear na intuição, mas considero importante pré testar em grupos focais, sempre que for possível.

USO DAS DIVERSAS MÍDIAS E PLATAFORMAS

Ao encerrarmos nossa análise sobre os elementos da identidade visual de uma campanha, é importante reforçar que os tempos de hoje são ainda mais visuais, fruto dos tempos digitais. As pes-

Inteligência Política e Estratégia nas Campanhas Eleitorais 245

soas recebem milhares de informações por dia por meio de seus *smartphones*; nas ruas, pela mídia exterior; em locais de grande densidade de público, como *shopping*, *shows* etc., pelos diversos meios de comunicação. A leitura é dinâmica, com as imagens prevalecendo sobre textos longos. Os *feeds* mais desejados e com maior engajamento são os de vídeos e imagens que, sim, dizem mais do que mil palavras. Por isso, campanhas políticas passam por uma verdadeira revolução na comunicação e na decodificação de suas mensagens.

A sensibilidade para qual abordagem criativa se utilizar dá, como costumamos dizer "pano pra manga", mas é fundamental, considerando o amplo espectro a ser explorado nesse universo digital de múltiplas mídias e plataformas.

Comunicação

4.5 *Slogans* e semântica

Enquanto na vida das propagandas que passam nas TVs e rádios, nas redes sociais e pelas ruas, um bom *slogan* é aquele que diz tudo em poucas palavras e que gruda como chiclete, na comunicação política devemos ir além disso. É preciso agregar palavras-chave que sejam apropriadas pelo discurso do candidato. O *slogan* deve buscar sintetizar, de forma bem objetiva, o discurso do candidato. Em poucas palavras, é a tradução do discurso-base.

Como diz o publicitário Edison Martins, esse trabalho começa em uma cesta de possibilidades para uma peneira de finalidades. Já que um bom *slogan* impulsiona

> O *slogan* deve buscar sintetizar, de forma bem objetiva, o discurso do candidato. Em poucas palavras, é a tradução do discurso-base.

toda a campanha política e fortalece a comunicação política de candidatos já eleitos, vale lembrarmos alguns *slogans* mais marcantes para percebermos a dinâmica do seu entendimento e memorização. São alguns exemplos que escolhemos para exemplificar a eficiente e histórica comunicação política.

Nesta categoria podemos colocar como exemplos vários *slogans* e

HISTÓRICOS

formulações cujo critério de seleção foi sua resistência ao tempo. *Slogans* que passam pela memória tanto de candidatos seniores, como pelos mais jovens e pessoas ligadas à política. São aqueles que muitos nem lembram de quem foi ou quando foi, mas que são referência de simplicidade, criatividade e memorabilidade.

Inteligência Política e Estratégia nas Campanhas Eleitorais

50 ANOS EM 5 – O famoso até hoje *slogan* de JK (Juscelino Kubitschek) traduziu um presidente que realmente fez muitas obras, mudou a capital do Brasil, se apresentou e foi um verdadeiro desenvolvimentista. Em tempos nos quais era necessário um país crescer por meio da ampliação da sua infraestrutura, o *slogan* foi perfeito. Tornou-se uma referência de tempo *versus* eficiência, que ainda hoje ganha adeptos por meio de outras traduções que seguem o mesmo princípio.

BRASIL: AME-O OU DEIXE-O – Esse *slogan* foi usado na década de 70 pelo então presidente militar Emílio Garrastazu Médici. Em tempos de ditadura, um *slogan* tão impositivo funcionava como um pensamento, mas também como um comando de ordem, até certo ponto opressor.

BRASIL ACIMA DE TUDO. DEUS ACIMA DE TODOS – O *slogan* mais recente utilizado em uma campanha presidencial, que foi vitoriosa, coloca em questão uma polêmica: o quanto um Estado, sendo laico, pode usar elementos de tom religioso em sua composição? Decisões estratégicas à parte, é importante notar que palavras como Deus, fé e esperança fazem parte de um arsenal de termos sempre presente em um país religioso como o Brasil. Quando não estão no *slogan*, estão nos discursos e textos de quase todos os candidatos, sejam eles de pouca boa-fé, ou não.

YES, WE CAN – A campanha de Barack Obama ao Governo dos Estados Unidos é um *case* completo de estratégia, *marketing*, conceito e *branding*. Era o candidato certo, no momento certo, na apresentação certa. Com um país ferido após uma longa crise econômica, um mundo pedindo e precisando de transformações, o *slogan* SIM, NÓS PODEMOS era curto, simples e mostrou-se engajador e eficiente.

Traduzia uma campanha de esperança, sem usar essa palavra já tão desgastada. E, por fim, era inclusivo, propunha a união para a realização, mais do que adequado para o primeiro candidato negro com potencial de vitória e que teria a missão de unir o país, jamais de separá-lo.

LULA DE NOVO, COM A FORÇA DO POVO – Resolvi citar esse *slogan* para que se entenda que, às vezes, ele fica até menos conhecido do que outras frases que surgem da espontaneidade e força de uma campanha. Lula foi um presidente popular que se identificou como alguém próximo das massas, da base social. E sua reeleição permitia que se criasse um *slogan* não tão curto, mas que comprometesse o "povo" com sua eleição. Ele foi bem-sucedido no intento.

Alguns casos também se tornaram clássicos, no jargão da comunicação "pegou", mesmo não sendo um *slogan* formal de campanha.

POPULARES

O CAÇADOR DE MARAJÁS – Uma capa da revista Veja de 1988, se não foi a origem, foi o grande impulsionador dessa designação que acompanhou Fernando Collor até sua vitória. Imprimindo força e virilidade, honestidade e luta por justiça, tudo em uma frase só, o caçador de marajás iria se materializar nesse personagem político que entrou como herói e saiu como vilão da história.

LULA LÁ – Na verdade, não foi um *slogan*. Era uma frase de um *jingle*, mas sua simplicidade o fez alçar o que se cantava e falava pelas ruas. Um fragmento de música política que, pela força, se tornou um grito pelo candidato.

MEU NOME É ENÉAS – Para um candidato com alguns segundos de programa eleitoral, quando não existia mídia social para ter canais alternativos de expressão, dentro do quesito memorabilidade, essa frase foi genial. O bordão, muito mais do que um *slogan*, era entoado em voz forte pelo próprio candidato, que não tinha tempo mais do que uma frase de uma ideia e seu nome para memorizar. Ele não chegou nem perto de ser eleito, mas nunca mais foi esquecido.

EY, EY, EYMAEL. UM DEMOCRATA CRISTÃO – Outro dos nanicos a ganhar relevância quanto aos *slogans* foi José Maria Eymael, que, com seu *slogan* cantado por inúmeras candidaturas, grudou como um chiclete nos eleitores da época. Mais um bom de memória e ruim de urnas.

EXÓTICOS

Também podemos incluir na categoria de exóticos, aqueles que também ficaram famosos.

VOTE TIRIRICA: PIOR DO QUE ESTÁ NÃO FICA – Pode parecer engraçado – para não ser tragicômico – mas a verdade é que funcionou. Esse *slogan*, usado pelo ex-palhaço humorista Tiririca, não só pegou, como expressou o desânimo e indignação de um grupo expressivo de eleitores. O resultado é que o sufrágio daquele ano o consagrou como o deputado mais votado da história do Brasil e, ainda, pela regra do quociente partidário, arrastou consigo vários outros candidatos.

VARRE, VARRE, VASSOURINHA – Assim como outros exemplos, o *slogan* é fruto de uma música, que fazia parte da campanha de Jânio Quadros. Sua força foi tão grande que o então candidato e depois presidente, em mui-

Comunicação

tas situações, estava com sua vassoura na mão, levando seu conceito de limpeza na política às vias de fato. Pena que não deu muito certo, mas isso é um assunto que não cabe nesta parte do livro.

ROUBA, MAS FAZ – Segundo se conta, os eleitores de Paulo Maluf pegaram essa frase atribuída ao ex-governador de SP, Adhemar de Barros, e passaram a usar. A princípio, parece negativo, mas, acredite, naqueles tempos colou e, de certa forma, de maneira positiva.

Primeiramente, é importante ressaltar que dizemos *slogan* adequado ao invés de certo, pois o certo é relativo nesse ponto crucial de uma estratégia. O *slogan* pode ser totalmente certo, mas se o candidato e todos ao redor não forem envolvidos pelo entendimento do mesmo, mesmo sendo comprovadamente ideal, o *slogan* gerará inimigos ao invés de defensores.

ENTÃO, COMO CHEGAR AO *SLOGAN* CERTO?

Decidir o *slogan* adequado é um trabalho árduo, como já citei antes, mas extremamente prazeroso, pois requer suor, lágrimas e sorrisos. Apego e desapego. Conforme expusemos anteriormente, quando tratamos da elaboração do *briefing*, apresentamos não um, mas três caminhos criativos para que o cliente possa fazer sua escolha do *slogan*, pois, para que funcione, é preciso primeiro, que se crie um sentimento de identificação.

A elaboração do *slogan* é um processo que começa por um *brainstorm* bem direcionado, que resulta em uma série de combinações de verbos, substantivos, adjetivos e por aí vai. A língua portuguesa é rica, a nossa cultura e bairrismos são plurais, e todas as possibilidades podem ser exploradas, enriquecendo o processo.

As frases geralmente passam por *slogans* clássicos, de eficiência, e mais óbvios, avançando pelo mais inusual, mas sempre, sempre, dentro do crivo da inteligência, da estratégia e do conceito que se busca.

O *SLOGAN* NÃO É DO CANDIDATO, É DE TODOS

Definido o *slogan*, ele precisa "pegar", grudar na mente da equipe. Ele é um dos passos iniciais fundamentais de uma campanha, ao mesmo tempo que os eleitores o conhecem, se encantam e compartilham nas redes sociais, gerando engajamento.

Aliás, considero uma das partes relevantes do processo da estratégia: a "venda" do conceito para todos que fazem parte do universo da campanha. Um bom *slogan* sempre virá com um *jingle*, que ajudará a fixar na mente das pessoas o primeiro.

Mendonça (2001, p. 31), mais uma vez, nos traz de forma clara: "em uma campanha, todas as peças dialogam entre si, pertencem a um mesmo conjunto. O slogan que aparece escrito no *outdoor* é cantado no *jingle*". E arremata: "*Jingle* é um discurso musical dirigido a um eleitor. Se for bem feito, vai chegar ao coração dele, até mesmo antes de ter passado por sua cabeça" (MENDONÇA, 2001, p. 31).

A EVOLUÇÃO DOS *SLOGANS*

Para os tempos contemporâneos ainda vale uma consideração: o que se entendia por *slogan* antes, hoje tem um sentido muito mais amplo nas novas plataformas digitais, mídias sociais e meios de comunicação. Conceitos que se traduzem em *slogans*, em tempos digitais, se materializam também na forma de memes, *hashtags*, páginas verdadeiras voluntárias ou involuntárias, *fakes news*, enfim, o *slogan* continua tendo muita força e sendo expressão de candidaturas. É necessário dar o devido valor – que quase parece ser em *bitcoins* – a que as palavras têm.

Então hoje, quando uma estratégia entra na fase de definição de *slogan*, a equipe de comunicação, o candidato e sua ampla equipe de campanha, precisam entendê-lo como o pilar para a construção de um prédio sólido, firme, enorme, em que a capacidade de síntese dessa frase será a tradução imediata de toda uma pessoa, sua diretriz máxima e síntese de propostas.

PEÇAS ESTRATÉGICAS DE CAMPANHA

Muito se propaga a respeito da alteração da forma de se fazer em campanhas eleitorais com o advento das mídias digitais e a ampliação das estratégias de comunicação para abarcar o universo *on-line*. Sendo assim, é essencial conhecer quais as peças para amparar essas estratégias, obviamente sem que seja mandatório o desenvolvimento e produção de todas elas. Trata-se, mais uma vez, de uma escolha que deve se basear em decisões que levem em conta o conceito, o público-alvo, as metas e o alcance da campanha.

No "enxoval" que é produzido para as abordagens fora do mundo das redes digitais, muitas peças já não fazem mais tanto sentido, quando consideramos as mudanças de hábitos e comportamentos dos indivíduos, sobretudo quanto à forma de consumir e absorver informações.

Há também a própria legislação eleitoral, que, nos últimos anos, impôs uma série de limitações às propagandas, como, por exemplo, a restrição do uso de espaços em propriedades privadas e públicas para a fixação de propagandas de campanhas. A pintura em muros, que era um "clássico" das campanhas brasileiras, agora deve atender a especificações de tamanho e outros requisitos legais, como a vedação expressa do pagamento de valores em troca da cessão do espaço para a sua realização[22]. Da mesma forma, a legislação brasileira passou a vedar alguns artefatos muito comuns nas campanhas, que funcionavam como meio de divulgação do nome, número e marca dos candidatos, como camisetas, chaveiros, bonés, canetas, brindes, pois passaram a ser conceituados como materiais que podem proporcionar vantagem ao eleitor[23].

Assim, permanecem relevantes como mídia *off-line* adesivos, *folders*, folhetos, santinhos, cartazes e volantes. Os adesivos funcionam como um instrumento muito interessante para permitir o engajamento dos eleitores e demonstração de apoio ao candidato. Nessa categoria se enquadram também os adesivos perfurados para carros, permitidos pela legislação, desde que não haja nenhum tipo de barganha ou de dinheiro envolvido.

O santinho é uma peça fundamental para orientar o eleitor até o momento da urna. Serve também para a demonstração dos apoios políticos do candidato, quando se coloca a foto de lideranças para se promover a associação

---

22. Conforme a legislação eleitoral (Lei n. 9.504/97 e Resoluções do Tribunal Superior Eleitoral -TSE).
23. Lei n. 9.504/97, art. 39, § 6º.

das imagens. Usada por vezes na chamada "boca de urna", essa peça gera controvérsias pelo seu potencial poluidor das ruas, visto que, muitas vezes, é descartada de forma descuidada pelas pessoas.

Porém, pensando de maneira estratégica, não se pode abrir mão de um instrumento que funciona tão bem como "cola" para os eleitores mais desatentos que, ao longo da campanha, não se apropriaram do número dos seus candidatos. Mas a coordenação da campanha não pode abrir mão de orientar corretamente as pessoas sobre o descarte correto e quanto a práticas ilegais, como o "derramamento" de santinhos em frente a locais de votação, o que pode ser enquadrado como prática de boca de urna e pode levar os responsáveis a responder por crime eleitoral.

Um exemplo emblemático de uma peça impressa que funcionou muito bem em uma campanha para governador foi o santinho postal, que produzimos para um cliente em Tocantins, em 2022. Identificamos no diagnóstico que havia três temas estruturantes naquele contexto: educação, saúde e agronegócios. A partir do conceito e *slogans* escolhidos ("Coração curraleiro"), fomos relacionando os temas ("Coração curraleiro, para fazer mais pela saúde", por exemplo). O primeiro ponto a se destacar é que esse *slogan* se mostrou "forte": um *slogan* bem construído, permite desdobramentos. Segundo, foi a aplicação em uma peça culturalmente muito requerida pela militância, que é o santinho. Aquela estrutura mais clássica, formada por "Nome do candidato + foto + foto da urna", que serve como "cola" dos números dos candidatos para o eleitor, ganhou uma nova roupagem. Sabemos que, nesse período, as gráficas têm muito interesse em vender serviços em grande volume para os partidos e candidatos. A militância também cobra que esse material seja disponibilizado em grande quantidade para distribuir ao maior número possível de pessoas.

Optamos, mais uma vez, por inovar, utilizando um santinho postal, feito em um papel com gramatura diferenciada, mais encorpado. Na parte da frente, apresentamos um dos temas, em uma disposição gráfica sofisticada, com aplicação de verniz e foto com qualidade. Atrás, havia um texto versando sobre o tema, assinado pelo candidato, tal qual era a proposta de um cartão postal, de ser algo personalizado, para ser guardado pela pessoa que o recebia.

O resultado foi alcançado esteticamente, chamando a atenção do leitor para o conteúdo. Com a aplicação de verniz e a gramatura do papel, a experiência do eleitor não era a mesma de quando simplesmente pegava um papel na rua. Como se trata de um material de campanha mais caro, a tiragem é menor, o que implica em uma estratégia de distribuição mais assertiva, com menos desperdício. Mas, claro, a produção de uma peça assim requer orçamento robusto que o cliente confie no resultado.

O folheto tem um papel semelhante ao do santinho, mas, por ser uma peça com tamanho maior, pode servir para adicionar informações relevantes, como o histórico do candidato e suas principais bandeiras. Essa peça requer uma estratégia assertiva de distribuição, considerando locais, públicos e ocasiões, visto que, muitas vezes, as pessoas que recebem esse tipo de material o descartam sem ler, representando um desperdício de esforços e recursos.

Para minimizar esse risco, o conteúdo precisa ser extremamente bem construído, associado a um *layout* chamativo e primoroso. Outro uso comum dos folhetos é para divulgação de informações para desconstrução da imagem dos adversários, muitas vezes recorrendo à estratégia de distribuí-los de forma a suprimir a autoria. Porém, isso pode ser extremamente arriscado pela possibilidade de enquadramento como crime eleitoral, além de gerar respostas dos adversários, que levam à percepção de que se trata de um "desespero" de quem sente que a derrota é iminente.

O *folder*, por sua vez, é um material para campanha política um pouco mais robusto, que contém informações mais profundas e completas sobre o candidato. Além dos dados mais comuns como o nome, legenda, partido, número e foto, é essencial que se use esse espaço para elencar os pontos principais do discurso-base, a trajetória política e profissional e as principais bandeiras e proposições.

O esforço é criar uma peça criativa, atrativa, relevante e que faça a diferença para um segmento do eleitorado que consome informações em meios impressos. Lembramos, ainda, que é um material que enseja reflexões e análises por parte de quem o consome, portanto, é necessário um cuidado redobrado com o que é posto e quanto à linguagem e disposição visual do conteúdo. Deve também remeter aos outros meios de comunicação da campanha, como as redes digitais. Em todos os eventos presenciais da campanha é fundamental que haja distribuição de algum tipo de material impresso, que possa visualmente contribuir para a campanha e gerar o engajamento dos presentes. Essa presença no mundo "físico" não pode ser menosprezada.

Só após o registro oficial da campanha, com a definição do CNPJ, as peças podem ser finalizadas. Mas na pré-campanha, respeitando as devidas limitações impostas pela legislação, produzimos algumas peças, como adesivos.

No planejamento das peças de campanha, consideramos dois momentos importantes: a convenção, que é o momento de apresentação para os apoiadores e para a sociedade; e a campanha propriamente dita, quando o foco é massificar a imagem e sobretudo o número do candidato.

Sendo assim, podemos listar algumas peças do universo *off-line*:

CONVENÇÃO

- Bandeira
- Praguinha
(tipo de adesivo redondo para colar em camisas, com 10 cm de diâmetro)
- Pragão
(adesivo redondo, com 50 cm de diâmetro)
- Pirulito
(tipo de *banner* que requer uma pessoa para transportá-lo)
- Mãozona
(material de divulgação no formato de mão gigante, que traz informações sobre o candidato de maneira chamativa)
- Painéis e empenas diversos
- Leque
- Faixa
- *Banner*
- Vídeos e vinhetas para telão

Comunicação

CAMPANHA

- Adesivo de carro
  (para o para-brisa e o para-choque; e o perfurado,
  conhecido como *see thru*, em algumas regiões
  do Brasil)
- Adesivo de moto
- Placa de rua
- *Banner*
- Praguinha e pragão
- Cartaz
- Bandeira
  (com a foto, número e nome do candidato;
  ou apenas o nome e número)
- Santinho
- *Flyer*
- Folheto informativo
- *Jingle*
- Carro de som
- Programa de rádio
- Programa de TV
- Inserção comercial

A sinalização do comitê também é uma oportunidade para massificar a imagem do candidato. Para ele, as principais peças produzidas são bandeiras e adesivos, além de lonas. Muitas vezes produzimos um *backdrop*, uma espécie de painel onde estampamos marca, nome e número, servindo para as pessoas tirarem fotos para postar nas redes sociais.

Inteligência Política e Estratégia nas Campanhas Eleitorais   259

Nos meios digitais, há diversas possibilidades de formatos a serem explorados na campanha. A seguir, elencamos as principais peças que produzimos nas campanhas:

Facebook
- *Card* estático
- Vídeo
- Vídeo ao vivo
- *Story*
- Álbum de fotos

Instagram
- *Card* estático
- Carrossel (até 10 cards)
- Vídeo *reels*
- Vídeo *widescreen*
- Transmissão ao vivo
- *Story*
- Avatar
- Figurinhas PNG para *story*

TikTok
- Vídeos
- Transmissão ao vivo (acima de 1000 seguidores)

YouTube
- Vídeos (vídeo *clip*, programas, vinhetas, *videocast*, comerciais)
- Transmissão ao vivo
- Histórias (story da plataforma)
- YouTube *Short*

WhatsApp
- Figurinhas
- Lista de transmissão
- Compartilhamento de arquivos de *mídias*
- Compartilhamento de *links* com CTA
(*Call-to-Action*: consiste em *link* ou um botão, com uma cor de destaque, que utiliza termos no imperativo como *"acesse"* e *"clique"*)[24].
- Grupo fechado

Telegram
- Transmissão ao vivo em grupos
- Grupo fechado
- Criação de pesquisa em grupos
- Compartilhamento de arquivos de *mídias*
- Compartilhamento de *links* com CTA

Algo extremamente relevante que costumo enfatizar é que todas essas peças mencionadas (e quaisquer outras que possam vir a compor a campanha) devem seguir o mesmo conceito e identidade visual. Pode parecer uma afirmação óbvia, mas muitas vezes deparamos com campanhas que tratam o universo *on-line* e o *off-line* como algo separado um do outro. No entanto, é preciso compreender que o eleitor transita entre essas duas realidades e as conecta em seu processo de assimilação de informações. Além disso, uma estratégia bem elaborada é capaz de unir o *marketing* digital ao *marketing off-line*, possibilitando abranger diferentes públicos presentes em diferentes canais.

---

24. Conceito explicado por Siqueira (2020).
Disponível em: https://bityli.com/EllGvEfAB. Acesso: 12 nov. 2022.

A ideia é parecer onipresente, fazendo com que as pessoas se deparem com a mensagem transmitida em qualquer ocasião. O que é dito nos canais tradicionais de divulgação pode ser reforçado nas mídias digitais; as repercussões nas redes sociais podem pautar aquilo que é transmitido nos canais *off-line*. O que é imprescindível é a comunicação fluir.

Comunicação

4.6 Influenciadores digitais e criativos

Fazendo parte da estratégia de comunicação digital e, portanto, de todo composto estratégico de plataformas de campanha, os influenciadores e os criadores de conteúdo (*influencers* e *creators*) ganharam muita força nos últimos tempos, tendo seu valor medido pelo seu número de seguidores, perfil e capacidade de engajamento principalmente. Um *post* de um *influencer* de grande relevância pode custar dezenas de milhares de dólares. O uso de *creators* para sua participação em campanhas não sai por menos.

Mas o que significa isso traduzido para estratégias de campanhas políticas? Bem, significa que eles farão parte (contra ou a favor) dos movimentos políticos do país em todas as eleições daqui para frente. Apesar de muitos evitarem entrar em uma preferência política ou outro, cada vez mais a sociedade cobra, de todos, seu posicionamento, postura transparente de valores e defesas, sob pena da alcunha de "isentões" e de serem "cancelados".

O alcance desses personagens no processo eleitoral foi evidenciado com a publicação da Resolução 23.671/2021, pelo Tribunal Superior Eleitoral, estipulando que páginas, canais, ou assimilados, em redes sociais ou aplicações de *internet* assimiladas, bem como em seus sítios eletrônicos não podem veicular propagandas pagas feitas por pessoas físicas ou jurídicas de cunho político-eleitoral em seus perfis. Traduzindo: esses influenciadores podem manifestar apoio a determinado candidato, com base no princípio da liberdade de pensamento e de expressão, mas não pode haver a contrapartida em dinheiro.

O tema ainda é bastante controverso no universo jurídico, pois ainda há brechas na interpretação da norma. Por exemplo, e se um influenciador conceder em seu canal ou em sua página espaço, gratuitamente, para que um candidato se promova, falando para seus possíveis milhões ou milhares de seguidores? A questão é que não pode haver qualquer propaganda dentro do vídeo, mesmo que seja uma propaganda do próprio canal, porque seria um tipo de influência vedado pela legislação. O profissional de *marketing* que coordena a campanha necessita de amparo jurídico para tomar a decisão sobre quais estratégias, que utilizam influenciadores digitais, não representam violação das regras eleitorais.

Um limite claro a ser observado é a forma dessa manifestação de apoio acontecer. Jamais deve se buscar, usando essas pessoas, ofender a honra de candidatos, promover discursos de ódio ou veicular notícias falsas. Além de infringir a lei, isso pode ser um grande equívoco estratégico capaz de mobilizar a opinião pública contra o *influencer* e, consequentemente, contra o candidato.

Guardados esses cuidados, podemos dizer que, no que se diz respeito aos influenciadores digitais, deve ser seguido o melhor dos princípios: se não pode vencê-los, una-se a eles. As estratégias políticas poderão e deverão contar com essas personalidades do mundo digital para impulsionarem suas campanhas.

A pesquisa "O Brasil e os Influenciadores Digitais", do IBOPE Inteligência[25], realizada em 2019, apontou que 52% dos internautas brasileiros seguem algum tipo de influencia-

---

25. Disponível em: https://bityli.com/dpBTVbIiK. Acesso: 15 nov. 2022.

dor digital, dos quais 59% são mulheres e 44% homens. A região Norte concentra o maior número de internautas que afirmam serem seguidores de alguma celebridade digital (60%), seguida do Nordeste (56%), Sudeste e Centro-Oeste (52%) e Sul (41%). Aprofundando um pouco mais o perfil dos internautas, a pesquisa observou que 75% tem de 16 a 24 anos e 56% são da classe A. Ao escolher quem seguir, 53% dos internautas escolhem quem irão acompanhar nas redes por ideias parecidas, 20% deles, por influenciadores abordarem assuntos variados e 28%, por compartilharem suas ideias sem as impor como verdade. "A interatividade, as estratégias de convencimento, tudo isso constrói a autoridade pretendida, mas, principalmente, a noção de intimidade entre o influenciador e seu público é que faz toda diferença", conforme Abidin em entrevista a Karhawi (2021).

Abidin *apud* Karhawi (2021) apresenta três mecanismos que ajudam a compreender, de forma mais precisa, o influenciador digital e a dimensão de sua influência:

1. audiência e visibilidade (o termômetro do público);
2. o trabalho digital (profissionalização da atividade digital);
3. ecologia da informação (o quão relevante é a fala de determinado influenciador para seu nicho).

Quase sempre se apresentam de maneira despojada, transparecendo casualidade, mas o fato é que os influenciadores digitais são profissionais com metas e objetivos claros, o que possibilita executarem toda a relação em cadeia, chamada "funil de vendas" do mercado digital: atrair; converter; relacionar; vender (OLIVEIRA; TEZZI, 2021).

Os autores mostram ainda que influenciadores digitais são afirmadores constantes de visões de mundo, com impacto direto no modo de viver, de ser e de compreender as pessoas que os seguem. Eles atraem o olhar das marcas, porque, antes, atraem um público. Especificamente no campo político, é cada vez mais comum vermos o emprego dessas mesmas técnicas. A transferência de credibilidade do influenciador digital para o político é a grande potência que vem chamando a atenção dos estrategistas, especialmente para determinados públicos.

Várias questões importantes, no entanto, devem ser observadas. No universo em que as informações se propagam com muita velocidade (e praticamente sem controle), é necessário um estudo aprofundado da vida do influenciador, especialmente sobre os seus posicionamentos públicos, para, então, decidir se vale a pena utilizá-lo para uma campanha eleitoral, sob o risco de o público apontar a incoerência desse apoio. A perda de credibilidade pode ser, em alguns contextos, devastadora.

O processo de recrutamento desses profissionais também é um aspecto importante a ser considerado. Obviamente, a quantidade de seguidores é um critério a ser observado, mas não menos importante é o universo temático que ele aborda. Daqui para frente esse será um tema muito importante e desafiador para as estratégias e inteligência política. Veremos na prática os resultados.

Comunicação

4.7 Produção de conteúdo digital

4.7.1 As redes sociais

As mensagens eleitorais ganharam novos impulsos e características desde quando os *smartphones* se tornaram o meio principal de conexão das pessoas ao mundo virtual. No Brasil, desde 2016 a Pesquisa Nacional por Amostra de Domicílios (PNAD), realizada pelo IBGE, já trazia o dado de que, em 2015, o uso do celular predominava para o acesso dos brasileiros à *internet*. A rodada de 2020 da mesma pesquisa confirmava esse fenômeno: três em cada quatro brasileiros tinham acesso à *internet*, predominantemente pelo celular[26].

Entre os anos de 2017 e 2018, o percentual de pessoas com mais de dez anos, que acessaram a *internet* pelo equipamento passou de 97% para 98,1%. Não varia muito também o percentual de quem o utiliza na zona rural (97,9%) e nos centros urbanos (98,1%). O uso de outros dispositivos vem entrando em declínio. A PNAD confirmou que o uso de computadores caiu de 56,6% para 50,7%; e de *tablets*, de 14,3% para 12% de 2017 para 2018.

Em 2020, com a pandemia, a tendência de crescimento da conexão nos lares brasileiros foi acelerada. 152 milhões de pessoas passaram a usar a *internet* no Brasil, conforme apontou a pesquisa TIC Domicílios, realizada pelo Centro Regional de Estudos para o Desenvolvimento da Sociedade da Informação[27]. Isso significa que 81% da população está

---

26. Disponível em: https://bityli.com/iHLZ4. Acesso: 8 set. 2022.
27. Disponível em: https://cetic.br/. Acesso: 8 set. 2022.

conectada, ante 74% da rodada anterior do mesmo estudo. O salto mais expressivo foi na área rural, que passou de 53%, em 2019, para 70%, em 2020. Nas áreas urbanas o aumento foi de 77% (2019) para 83% (2020).

A pandemia também ampliou as finalidades do uso que a população brasileira faz da *internet*. 80% afirmaram utilizá-la para realizar chamadas de voz e de vídeo; 53% para pesquisas sobre saúde; 43% para transações financeiras; 42% para pesquisas em *sites* do governo; 38% para atividades de trabalho e 21% para cursos à distância.

A pesquisa da Cetic apontou um aumento da conexão à *internet* pelas Smart TVs, superando, inclusive, o acesso pelo computador. Em 2019, as Smart TVs eram usadas por 37% dos entrevistados, subindo para 44%, em 2020. O acesso pelo computador permaneceu em 42%.

De acordo com a pesquisa Global Digital Overview 2020[28], feita pelo *site We Are Social*, em parceria com a ferramenta *Hootsuite*, o Brasil ocupa o terceiro lugar no ranking mundial de tempo de conexão das pessoas às redes sociais, com uma média diária de 3 horas e 31 minutos, perdendo apenas para as Filipinas (3h53) e para a Colômbia (3h45). A média mundial é de 2 horas e 24 minutos de uso por dia. O estudo trouxe informações valiosas para os estrategistas, entre elas sobre qual a principal razão pela qual as pessoas acessam a *internet*: encontrar informações, conforme revelado por quase dois terços dos usuários da em todo o mundo.

Lidos de forma desprendida de um pensamento estratégico, esses dados podem não ter o devido peso interpretativo. À luz da estratégia, eles ganham relevância decisiva. A elabo-

---

28. Disponível em: https://bityli.com/sKnFtCEjA. Acesso: 12 set. 2022.

Comunicação

ração de conteúdo das mensagens eleitorais deve sempre considerar o meio pelo qual essa mensagem será predominantemente acessada. Isso foi sacado há um certo tempo pelos estrategistas da campanha de Obama, em 2008. Imagine que, naquela época, o candidato democrata anunciou que os eleitores que enviassem seu número de telefone para o comando central da campanha saberiam, em primeira mão, o nome do escolhido para compor a chapa como vice-presidente. Aquele se tornaria um canal preferencial para se comunicar com os eleitores.

A revolução digital materializou a comunicação em rede e fez emergirem novos comportamentos individuais e coletivos. As tecnologias da informação fizeram com que os indivíduos pudessem acessar lugares remotos e adquirir novos estilos de vida. A liberdade de conexão permitiu que as pessoas tivessem novas referências e, portanto, novos modos de ressignificar o mundo (GUIDINI, 2017). Castells (2013) ressalta o comportamento ativo dos indivíduos como uma revolução dentro dessa nova era. Reconstruir as estratégias de *marketing* e comunicação dentro desse novo paradigma é imperioso.

Os *smartphones* concentram as atividades do dia a dia, os contatos e as comunicações, conforme conceitua McLuhan (1971), para quem os meios de comunicação são uma extensão do ser humano. Essa relação gera um processo denominado pelos pesquisadores da *tecnopsicologia* como sendo de "total intimidade e dependência" (KERCKHOVE, 2009).

Outra importante lógica de funcionamento do ambiente digital é o *déficit* de atenção. O desafio não é elementar: captar a atenção do usuário frente a uma ampla variedade de conteúdos disponíveis na *internet*. É por isso que as redes sociais adotam algoritmos de maximização de atenção (McNAMEE, 2018), que favorecem mensagens mais simples e provocativas, com maior probabilidade de gerar engajamento. Os conteúdos negativos também têm mais chance de ganhar atenção do que as mensagens positivas. Fica evidente que captar a atenção no espaço digital requer a elaboração de conteúdos viralizantes, com mensagens "que apelam diretamente para a parte mais rudimentar de nossos cérebros – para emoções primitivas como medo, ódio e raiva" (KAKUTANI, 2018, 151).

É fundamental para os estrategistas, sejam de mercado ou de campanhas políticas, saber ler o contexto da era atual e encontrar as pistas corretas para a sua atuação. O Professor Lavareda sintetizou de maneira brilhante o que a *internet* proporcionou às campanhas eleitorais:

> De fato, a internet deu o principal impulso à campanha, ao criar outras janelas de participação, entusiasmar os jovens, construir um poderoso banco de dados e executar uma estratégia ímpar de arrecadação (LAVAREDA, 2009, p. 164).

Muita coisa já mudou no universo das disputas eleitorais do fenômeno Obama para cá. Mas sem dúvidas, essa campanha presidencial inaugurou uma nova era, com o emprego sem precedentes das chamadas mídias sociais. Eu destacaria alguns aspectos técnicos que servem de referência a estrategistas políticos da era atual. Um deles foi a forma como algumas redes foram exploradas, com simpatizantes atuando como produtores de conteúdos.

A partir das ferramentas do YouTube, foi criado o You-bama, um canal para o qual as pessoas enviavam vídeos de si próprias expondo motivos para votar ou não em Barack Obama[29]. Aplicativos foram também explorados para publicação de fotos do candidato, muitas delas revelando bastidores e momentos mais íntimos dele. Na época, o *Flickr* era o maior espaço de compartilhamento de fotografias da *internet*.

O uso do *Twitter*[30] em campanhas eleitorais foi praticamente inaugurado naquela ocasião. Além da agenda de campanha, exibia os encontros e anunciava, instantaneamente, quando Obama iria aparecer na TV ou outra novidade lançada em sua campanha. Estava, assim, demonstrando como utilizar estrategicamente o que cada meio proporciona, por sua natureza. Outro ponto em relação ao Twitter oficial do candidato é que ele "seguia" mais perfis do que tinha seguidores, passando a mensagem de que ele queria ouvir as pessoas e que estava disposto a conversar.

O *link* patrocinado foi muito explorado desde as prévias, fazendo com que a equipe do candidato tivesse grande domínio sobre essa estratégia, para alocar da melhor forma possível os recursos nos buscadores. No período oficial da campanha, a equipe do democrata decidiu anunciar em várias possibilidades de buscas relacionadas aos principais problemas do país. Essa decisão foi tomada com base em pesquisas que apontavam que a maior parte dos internautas usava os buscadores para saber qual era a plataforma

---

29. Um resgate minucioso da campanha de Obama foi feito por Gomes; Fernandes; Reis e Silva (2009), disponível em:https://bityli.com/LwLkEhjvHL. Acesso: 23 out. 2022.

30. Foi lançado em agosto de 2006 pela Obvious Corp., uma pequena empresa californiana de produtos de internet. Um ano depois, o Twitter passou a ser a holding Twitter, Inc., ganhando de cinco a dez mil contas novas por dia.

dos candidatos para determinados assuntos e menos para conhecer melhor os candidatos. Páginas cuidadosamente montadas com as propostas do candidato sobre diversos temas foram criadas dentro do *site* oficial do democrata, para onde os internautas eram direcionados quando clicavam nos *links* patrocinados via buscadores. Além de segmentar por tema de interesse, foi feita a segmentação geográfica, com anúncios específicos para cada região do país.

A estratégia de incentivar partidários a criarem *blogs* e participarem de fóruns foi fundamental para garantir que a produção de conteúdo pró-democrata disponível na *internet* se espalhasse, o que também proporcionou a defesa da imagem do candidato de ataques de adversários.

4.7.2 O conteúdo é rei

"Quem corre atrás dificilmente chega na frente", ensina o publicitário Dimas Rohn[31]. As mudanças na legislação eleitoral brasileira[32], que permitem o impulsionamento pago nas redes sociais, acabaram gerando uma superexposição de conteúdos. Reduziu a eficácia, aumentou os custos. Atualmente as redes permitem antecipar o início da campanha, ampliando as vantagens competitivas para quem investe na pré-campanha.

O *Google* recentemente apontou que, para se fortalecer uma marca no ambiente digital, há três tipos de conteúdo relevante, cada um deles adequado ao perfil de cada cliente/consumidor: *help, hub* e *hero*[33]. O que eles significam e como se aplicam?

• *Help*: fornecem informações para o dia a dia, como dicas, *reviews* e tutoriais. É o tipo de conteúdo que traz benefícios para os seguidores, cujo tráfego vem prioritariamente por buscadores ou redes sociais.

• *Hub*: remete à periodicidade, abrangendo conteúdos para aqueles que já têm algum tipo de relacionamento ou já se conectam em certa medida com a marca. Podem ter o formato de coluna, com temas de interesse da população ou programetes, com periodicidade regular.

---

31. Entrevista concedida ao autor, em 2022.
32. Lei n. 13.877/2019 e Lei n. 13.878/2019.
33. Para saber mais sobre a metodologia: https://bityli.com/VnWqnEaYI.

• *Hero*: de consumo mais restrito, geralmente aborda temáticas mais específicas e aprofundadas. Predomina a estratégia de contar histórias (*storytelling*) para promover uma marca, posicionando-a como um "herói" que ajuda os consumidores a resolverem seus problemas e a alcançarem seus objetivos. Exemplos de formatos desse tipo de conteúdo são *e-books*, *webinars*, *posts* voltados para datas ou nichos específicos.

Esse modelo, defendido por Rohn, se aplica também ao *marketing* político e eleitoral. Um preceito que nos inspira é: "o conteúdo é o rei; a mídia é a rainha". Ou seja, não adianta ter uma boa mídia, sem bom conteúdo. Em uma campanha, é fundamental fazer os dois funcionarem em conjunto.

> Não adianta ter uma boa mídia, sem bom conteúdo. Em uma campanha, é fundamental fazer os dois funcionarem em conjunto.

Atualmente, sabe-se que a lógica de funcionamento das redes sociais se dá por meio de algoritmos. Dessa forma, mesmo conteúdos de boa qualidade precisam de um "empurrãozinho", que é o impulsionamento. Assim, a segmentação do público deve estar no coração da estratégia. Na era atual, não existe mais a "bala de prata", que agrada o público de A a Z. O que conta é o esforço diário.

Outra tarefa crucial do estrategista é deixar claros os objetivos estratégicos da comunicação, que podem ser:
- fortalecer a imagem do candidato;
- dinamizar o ambiente político;
- renovar a imagem de um candidato perante o público, incluindo a imprensa e os formadores de opinião.

Para alcançar esses objetivos, é preciso estabelecer o vínculo com o público de forma adequada. Como se faz isso? Trabalhamos com uma metodologia própria, sob medida para cada candidato, mas ancorada em três pilares:

1. Marketing:
elaboração do diagnóstico estratégico, avaliação da imagem, reposicionamento político; utilização de sistemas de monitoramento *online*.

2. Estratégias:
definição do discurso-base e do posicionamento político; análise e interpretação de pesquisas de opinião; elaboração da mensagem central da pré-campanha e da campanha.

3. Comunicação:
criação da identidade visual; abordagem criativa; criação de *slogans*; semântica das mensagens; geração de conteúdo digital adequado para cada canal.

A essência do objetivo estratégico de comunicação é a descoberta dos pontos positivos e negativos a serem explorados pelo planejamento de comunicação. A base de tudo é o diagnóstico multidisciplinar. A partir dele, se promove o alinhamento interno das necessidades de comunicação, com o aprofundamento do conhecimento sobre os públicos. Assim surge o planejamento estratégico de comunicação, que abrange a geração de conteúdos, a partir dos conceitos e dos seus desdobramentos, gerando *cards* diários, a serem postados nos perfis do candidato nas redes sociais.

A nossa equipe assume a gestão de todos os canais das campanhas que coordena. Periodicamente, relatórios são gerados e apresentados presencialmente ao candidato. É assim que realizamos a calibragem das estratégias. Como dissemos anteriormente, adotamos o formato *Taylor Made* – feito para cada projeto. Para cada campanha, uma equipe é montada, por meio de um banco de parceiros já formado. Além disso, compõe o time uma equipe local, que deve ser integrada ao nosso grupo. A proposta é atuarmos sempre de forma participativa, somando talentos para conseguir os melhores resultados. Estou sempre à frente, não terceirizo nem a montagem nem a direção geral dos trabalhos. Assim, tenho alcançado os resultados.

O braço digital da empresa é composto por profissionais desde o *videomaker* até o *social media*. Para cada projeto, a partir do orçamento disponível, modelamos a equipe. O que a prática nos mostrou é que a mesma equipe atuando em campanhas diferentes gera resultados completamente diferentes, a depender do contexto. Outra questão é que o conhecimento que fundamenta o *marketing* eleitoral é completamente diferente de dez anos atrás. Errar na composição das equipes é fatal para os resultados. A urna é muito cruel. Conduzir uma campanha eleitoral, nesse sentido, é semelhante ao trabalho do técnico de futebol: o cliente quer resultado. E, para tanto, é preciso contar com uma equipe competente.

Anteriormente, eu era bastante radical, pois, a partir do momento em que a nossa equipe entrava no processo, o candidato não tinha mais autonomia para alimentar as suas redes sociais. Após a vivência e o curso de *marketing* digital de que participei em Harvard, percebi que existem dois

Comunicação

tipos de conteúdo: o factual e o conceitual. O factual é simples, dinâmico, volátil. Na verdade, ele já nasce velho: fala de um fato daquele momento. Mesmo assim, é estratégico em uma campanha. Percebemos que, quando o candidato pode manusear suas redes, o processo fica muito mais dinâmico e ele se sente engajado, partícipe do processo. Assim, deixamos para ele o conteúdo factual, que é gerado com o suporte da equipe local. Antes disso, alinhamos alguns conceitos e realizamos um treinamento para aperfeiçoar a técnica das postagens, sobretudo quanto à luz, ao ângulo e ao enquadramento.

Não tenho qualquer receio de que, ao capacitar a equipe local, nosso trabalho se torne dispensável. Primeiro porque acredito que a generosidade profissional gera ciclos positivos, possibilitando trocas de informações e o aprendizado mútuo. Com a capacitação, as pessoas se empoderam. Já aconteceu de o cliente cancelar o contrato comigo e ficar com a equipe local. Sem problemas. Não se pode paralisar pelo medo de perder o cliente. O objetivo é ter resultados de excelência.

O conteúdo conceitual é feito por nós, com rigor técnico e requinte.

O que mudou da era das campanhas analógicas para a atual, das campanhas digitais? Podemos olhar essas mudanças sob duas perspectivas: a primeira delas é a da indústria, de todos os envolvidos na produção e execução: quem faz a comunicação, o *marketing*, as pesquisas e as produtoras. O segundo ângulo é o do cliente e o do mercado: como eles percebem a nova forma de fazer campanhas.

Um ponto relevante por trás dessas mudanças é o debate criatividade *versus* resultados. Existe uma tendência

Inteligência Política e Estratégia nas Campanhas Eleitorais

dos profissionais de criação de desejarem apresentar algo diferente, inusitado. Mas quais os limites disso? Quais os critérios norteiam o processo criativo? O primeiro deles é que nem tudo precisa ser novo. Esse parece ser um dilema de quem está iniciando na área. Isso tem que ser resolvido na cabeça de quem está criando.

Existe uma máxima para a comunicação: menos é mais. É clichê, mas é super verdadeiro. Um material sobrecarregado de recursos, de informação, se torna quase um amontoado de coisas, sem sentido algum. Torna a peça diferente, mas pelo excesso de recursos. O *clean* e o objetivo às vezes falam muito mais. O segredo está na harmonia do *layout*, na aplicação das cores nos elementos visuais.

É preciso seguir critérios, como a paleta de cores do partido. Não é um processo totalmente livre. A criação deve prezar pela fácil assimilação, buscando atrair a pessoa que vai ser exposta àquele estímulo. O objetivo é conquistar o coração das pessoas. Para funcionar, primeiro elas precisam ser atraídas. A atração é só a porta de entrada. Depois é que toma decisão sobre gostar ou não. Nesse processo, há sempre a indagação: por que gostou? Ou por que não gostou? Que tipos de sentimentos foram despertados?

Hoje, existe a questão da exposição excessiva a estímulos, uma grande poluição de informações. No centro da criação, deve ser considerado como é a experiência do indivíduo, a partir do contato com a informação. O foco é conceber coisas simples, mas que têm um grande impacto. Exemplo: a equipe cria uma peça bonita, mas o papel de impressão não é de qualidade. O cliente tenta retirar o papel adesivo e não consegue. Ele foi atraído, mas a experiência não foi positiva.

Além disso, vários elementos subjetivos podem ser considerados em um nível mais sofisticado, como a preocupação com os sentimentos que você quer despertar. É possível fazer uso do olfato, do áudio, indo além do visual. Deve ser um compromisso de todos que trabalham com comunicação política: buscar a inovação. Cada campanha dispara um processo de almejar por inovação, que deve ser contínuo. A eleição passada serve como um referencial, mas não como uma fórmula de prateleira.

A pergunta central deve ser: qual o resultado que se busca? É preciso ter clareza. Em um primeiro impulso, a resposta é sempre: "ganhar". Não deixa de ser verdade, mas é preciso buscar um pouco mais de sofisticação. Isso precisa ser pactuado com o candidato. Exemplo: um prefeito que busca a reeleição, mas já pensa em sair como deputado em um ciclo eleitoral posterior.

Independentemente de qualquer expectativa, uma máxima é marcante: ao se fazer uma campanha, deve-se entrar para ganhar. Em *marketing* eleitoral, competir apenas não funciona; vencer deve ser o objetivo norteador. Todo o *mindset* tem que estar voltado para isso. Claro que o estrategista deve ser realista, ser maduro, mas precisa entrar com esse foco, até porque reviravoltas acontecem. A história está repleta delas.

Repito: o cliente tem que sair maior do que entrou. Esse é um compromisso do qual não abro mão. Às vezes perdemos, o que é normal, apesar de não ser desejável; mas o cliente precisa sair melhor, com sua capacidade de comunicação aprimorada, com a rede de contatos ampliada, dominando o uso das plataformas e com relacionamento estabelecido com os grupos de interesse.

Esse foi o caso de um empresário do ramo da fruticultura, de uma cidade nordestina. Ele é um jovem produtor rural, com muitas ideologias, desejos, preocupado com sua cidade. Decidiu construir um projeto político-eleitoral. Inicialmente, não tinha viabilidade alguma. Representava apenas as suas ideias, mas, depois foi agregando outras pessoas, transformando sua candidatura em um projeto. O empresário nunca havia disputado uma eleição e, até então, não participava de grupos sociais. Seguimos o mesmo critério inicial: fizemos ele refletir e elaborar uma resposta para as questões: por que você quer ser candidato? Por que acha que as pessoas votariam em você? É por meio desse exercício que percebemos como está a cabeça dele, como ele enxerga o processo. Como já explanamos anteriormente, quase todos os candidatos se dão muito mal nesse exercício.

Nosso candidato entrou na disputa sem conteúdo estruturado, muito "verde". Sabia muito pouco sobre gestão pública. Realizamos uma pré-campanha de mais de seis meses, o que foi decisivo para a sua evolução. Todos ao redor observavam a melhoria do seu desempenho, tanto do ponto de vista do conteúdo quanto da forma. Era um postulante muito disciplinado, que tem uma memória extraordinária, absorvendo conteúdos com muita facilidade. Não vencemos as eleições. Ficamos em quarto lugar. Em uma primeira análise, pode-se avaliar que o desempenho foi muito ruim. Mas quando se avalia o quanto ele cresceu, pode-se dizer que ele teve um bom resultado. A prova disso? O candidato vencedor o chamou para conversar após assumir a Prefeitura, pois queria ouvir as suas ideias para o agronegócio. Ele virou uma referência na cidade, fazendo com que partidos o procurem visando o próximo ciclo eleitoral.

O *case* acima demonstra o poder da comunicação digital na construção da *persona* do candidato. O processo de mudança dos meios analógicos como prioritários na comunicação política para o digital foi um processo que envolveu não apenas a escolha de canais, mas o formato de interação com os eleitores. Considero que a comunicação analógica vai até quando se começa a usar o telefone celular como veículo para transmissão e recepção de mensagens. Naquele contexto, a televisão e o rádio eram os veículos prioritários, mas em uma condição de passividade, de modo que era necessário recorrer a diversos mecanismos para se entenderem os impactos da mensagem sobre o eleitor. A interação com o eleitor era praticamente restrita a eventos presenciais: comícios, reuniões, carreatas. Havia a restrição da agenda, já que o candidato só podia estar presente em apenas um evento por vez.

A transformação provocada pela comunicação digital influenciou vários aspectos do trabalho de quem produz a comunicação. Antes, era preciso montar um "QG" para alocar a equipe que trabalharia para o candidato. Os profissionais eram alocados quase sempre no mesmo espaço. Isso ainda permanece, mas com a pandemia de covid, esse modelo começou a se transformar. Para mim, foi determinante o viés de responsabilidade social, de não desejar expor as pessoas para trabalhar e poder causar até mesmo a morte de alguém.

A transformação digital não é uma questão de tecnologia, mas um problema da cabeça das pessoas. Elas precisam estar preparadas para utilizar a tecnologia. Antes da pandemia, eu já utilizava esse formato de não ter a equipe necessariamente próxima a mim. Inovação e transformação devem estar presentes na cabeça de quem vai comandar o processo. Primeiro a transformação deve acontecer na cabeça de quem lidera, de quem vai estar à frente. Não tem outra saída: ou as empresas estão abertas para essa transformação ou ficarão paradas no tempo. O mercado digital é mais agressivo, dinâmico.

O trabalho remoto não tem nada a ver com o desempenho do profissional. É lógico que isso não é uma decisão simples. Há uma equação para resolver: Quais os canais que vão ser utilizados? Quais as conexões que vamos estabelecer? Quais os relacionamentos serão executados por meio desse trabalho? Qual o conteúdo? Qual o contexto? Qual o significado para as pessoas? Qual o tempo de trabalho?

As condições de trabalho impactam muito o resultado. Computador, *internet* de qualidade, as condições têm que ser negociadas em um tempo que seja conveniente. São elementos que devem ser considerados para propiciar essa transformação. Um celular bem equipado é praticamente uma editora. Antes, tínhamos produtoras gigantes, com estrutura pesada, mas que perderam relevância por uma questão simples: como concorrer com *videomakers*? A produção de vídeos na era digital proporcionou, entre outras coisas, um ganho em agilidade, ao concentrar em uma pessoa todas as etapas do processo produtivo. Um só profissional cria, capta, edita, monitora.

Como as empresas saem do padrão analógico para o digital? Imagine que grandes sedes e equipamentos demonstravam força, o que exercia um papel na campanha, tinham um peso, mas também tinham limites. A inteligência, não. Ela é ilimitada. A transformação cultural leva a uma transformação operacional. A equipe precisa ser preparada para isso.

Defendo, no entanto, que a transformação deve começar a ser feita em pequenas áreas e não na empresa toda de uma vez. O ideal é começar pelo núcleo de criação e manter o atendimento presencial. Em seguida, outras mudanças vão sendo implementadas. É preciso desapegar do pensamento: "vou fazer do mesmo jeito que fazia antes". Tentar reproduzir o jeito antigo para uma nova plataforma é inócuo. Simplesmente não funcionará. É preciso correr riscos.

Nesse aspecto, a experiência das eleições de 2020 foi marcante. Naquele ano, atuamos em cinco campanhas majoritárias. O núcleo de criação participou todo de maneira remota. Havia um risco, poderia dar muito errado, mas deu muito certo. Não só pelo número de vitórias, quatro no total, mas porque simplesmente o trabalho fluiu, atendendo às restrições sanitárias impostas pela pandemia, valorizando a saúde e o bem-estar dos nossos colaboradores. O uso de plataformas deu base para o nosso trabalho.

Plataforma é um conjunto de infraestrutura que permite a interação entre as pessoas em tempo real. Existem diversas disponíveis no mercado. Mas, para usá-las, é preciso romper com a ideia de como se fazia antes. Enquanto você ainda está pensando sobre essa mudança, há várias pessoas tomando seus clientes. As pessoas evoluem.

Contudo, inovar não é criar necessariamente uma nova plataforma; é saber fazer uso delas. Nosso negócio é a inteligência e não a tecnologia. O fator de trabalhar com toda a equipe de maneira remota ter dado certo uma vez não é garantia de que dará certo no futuro. Mas já estou pensando em como posso ter modelos para outras campanhas.

O atendimento foi feito de maneira híbrida. Eu estava em um lugar e atendia ao cliente de outra localidade. Para isso, é fundamental a abertura do cliente para essa mudança. A tendência é que ele se pergunte inúmeras vezes: onde está meu marqueteiro agora? Você deve fazê-lo enxergar as vantagens de ter o estrategista cem por cento conectado. Essa é uma mudança cultural que definirá quem sobreviverá no mercado.

Essa opção pelo trabalho remoto não foi a realidade do mercado. A escolha pelo presencial ainda predominou. Há um detalhe: a pandemia não era suficiente para convencer o cliente, porque o candidato também estava na linha de frente. O principal foi a capacidade de apresentar ao cliente o desenho da estratégia e o planejamento de forma mais concreta, com todas as entregas claras. Também foi apresentado um plano de ação operacional, direcionado à equipe do cliente. Definimos fazer um piloto na pré-campanha. Assim, quando começou a campanha propriamente dita, eles estavam mais ambientados, seguros, já sabiam como ia funcionar.

Investi muito nisso: desenvolvi um plano tático e operacional para que o cliente percebesse o que seria feito. Muitos profissionais têm a ideia toda na cabeça, mas muita dificuldade para colocá-la no papel, gerando uma dependência do cliente. Confesso que é possível que isso seja uma escolha, motivada pelo medo de o cliente desvendar os segredos do marqueteiro. Particularmente, eu não tenho nenhum problema com isso, em colocar a receita no papel. Receitas apontam caminhos, mas o decisivo mesmo é a digital, o DNA de quem vai executar.

Um ganho importante no trabalho remoto é o cliente poder participar das reuniões virtuais e acompanhar o processo de produção. No entanto, essa possibilidade exige do profissional uma capacidade ainda mais aflorada de planejamento. A equipe precisa estar pronta para trabalhar em duas, três plataformas ao mesmo tempo, de acordo com o contexto de cada campanha.

O papel do estrategista está em constante evolução, daí a necessidade e o compromisso de buscar o aperfeiçoamento permanentemente. O desafio é diário. Para cada meio, há uma linguagem diferente a ser explorada. Até mesmo dentro de cada meio há formatos e linguagens distintas, que precisam ser conhecidos e dominados.

> O papel do estrategista está em constante evolução, daí a necessidade e o compromisso de buscar o aperfeiçoamento permanentemente. O desafio é diário.

Certa vez, fomos contratados para fazer a campanha de um candidato a governador, no Estado do Maranhão, pela oposição. Nosso cliente tinha muita dificuldade para "pegar" o texto. Eram limitações na dicção, que não podiam ser corrigidas a curto prazo. Propus-lhe algo inusitado: produzir um vídeo em que ele não falaria, para veicular na inserção do partido. O candidato odiou a ideia: "como assim?" Pediu para reavaliar. Fiquei desapontado, porque ele não quis nem ler o roteiro. No dia seguinte, ele me comunicou que decidiu apostar, mas se não desse resultado, não pagaria pelo serviço. O vídeo tinha uma trilha sonora espetacular, produzida especificamente para ele. Era repleto de imagens cinematográficas, com cenas que retratavam a situação de pobreza e miséria em que vivia a população, mas, ao mesmo tempo, mostrava os talentos das pessoas. Contava a história de uma garota de 11 anos, Fernanda, que queria ser médica. As pessoas eram protagonistas, o candidato só aparecia no fim, olhando as cenas. A mensagem que desejávamos passar era de que o candidato tinha um novo olhar para o Estado. A repercussão foi gigante.

Esse episódio demonstra que há várias maneiras de se fazer uma crítica aos adversários. A campanha negativa não precisa ser esteticamente feia, algo descuidado. Pode ser sutil, com direção de fotografia, mas mesmo assim contundente.

Qualquer comunicação tem que mexer com o emocional. E não nos referimos apenas a fazer chorar ou sorrir. Despertar o interesse é uma maneira de provocar emoção. Para isso, é preciso elaborar um conceito emocional, definir que tipo de emoção se quer provocar: curiosidade, indignação, raiva. A partir disso, é possível escolher qual o tom será usado. O exemplo do vídeo relatado mostra que essa combinação intencional de elementos pode dar muito resultado.

Muitas vezes se erra o tom, fica tudo muito apelativo. É fundamental ter sempre o cuidado para produzir. Primeiro aspecto a ser considerado: para qual mídia? Com a comunicação digital, as pessoas estão cada vez mais conectadas, interagindo muito mais. As informações se tornam obsoletas muito mais rápido. Hoje se disputa a atenção com muito mais coisas. É nesse contexto que o marqueteiro precisa apresentar o candidato.

Não se pode desconsiderar o papel dos influenciadores digitais. Antes, uma das principais bases de voto para um candidato eram as lideranças, que se apresentavam portanto uma relação de potenciais votos, uma lista formada com nomes, número do título de eleitor, endereço, a ser negociada. O candidato aceitava facilmente esse tipo de material.

Em uma determinada ocasião, um candidato de uma capital no Nordeste pediu para eu conversar com uma liderança, que tinha uma relação com oito mil nomes e garantia cinco mil votos. Dei meu veredito: "acho isso uma roubada. Se ele tem esses votos todos, por que não é candidato?" Na prática, ele não tinha esses votos.

Hoje existem os influenciadores digitais, que se apresentam aos candidatos, dizendo que "fazem e acontecem". Em vez da lista tradicional de "votos", eles vêm com seguidores para vender, mas que, muitas vezes, não geram qualquer engajamento. Na relação de seguidores, geralmente constam pessoas de todos os lugares do mundo, que sequer votam naquela cidade; portanto, não são potenciais eleitores.

O estrategista precisa ter conhecimento técnico para respaldar a tomada de decisão do candidato. Às vezes, este tem disposição para investir, mas pode investir errado. É necessário ter uma estratégia bem pensada para trabalhar com esses influenciadores, pois eles têm que fazer parte da campanha. Pode ser um ganho ter como aliada uma celebridade digital, com grande alcance, pois amplia a visibilidade do candidato e empresta a sua credibilidade. Porém, mais uma vez ressalto: é importante ter critérios, além do número de seguidores.

Outro aspecto fundamental é instruir o cliente para saber ouvir críticas. A *internet* é um lugar subversivo. Existem os robôs, a inteligência artificial. O importante é que seu cliente esteja alinhado com o conceito-base e devidamente instruído para fugir das polêmicas. Existe uma linha tênue entre o que está sob o controle da equipe técnica e o que não está.

O alinhamento conceitual deve ser feito com a equipe principal, deixando o time local do candidato trabalhar nas postagens do dia a dia, factuais. O papel do marqueteiro é estar sempre conectado e medir o impacto das postagens feitas. Há diversas ferramentas acessíveis no mercado, com várias opções, para essa finalidade. Não tem que inventar a roda, mas ter inteligência para fazer uso delas.

É preciso estruturar um sistema de CRM e um núcleo que, orientado pelo marqueteiro, leia e filtre as mensagens enviadas pelas pessoas às redes sociais do candidato. Não é mais possível conduzir uma campanha de forma profissional sem ter plataformas para monitorar os perfis do cliente e dos adversários. Diariamente, gerar gráficos para mostrar assuntos, *posts*, horários, tudo isso respalda a tomada de decisões. A equipe precisa contar com profissionais de mídia para avaliar os investimentos no impulsionamento.

O estrategista e sua equipe precisam ter domínio técnico para fazer uso do *Big Data*, que pode ser entendido como um grande processador de informações. Antes de mais nada, deve-se desenhar a estratégia para saber o que fazer com esses dados. Tão importante quanto receber o relatório de uma pesquisa *quanti* e *quali*, é o relatório das redes sociais. Assim, é preciso ser capaz ler o que significam as informações. Para isso, deve-se dedicar tempo ao conhecimento daquilo que é importante, sabendo, inclusive, lidar com a instabilidade de novos meios que surgem.

Uma ferramenta de que temos feito uso é georreferenciamento. Utilizamos em algumas campanhas uma plataforma que dispara um vídeo para pessoas que moram em determinada localidade, na qual será realizada uma caminhada, por exemplo, para anunciar que o candidato estará presente, despertando a atenção dos moradores para aquele evento da campanha. Após a caminhada, é feito o disparo de mensagens agradecendo pela presença. Esse tipo de mensagem tem um impacto emocional muito grande, gera engajamento. A experiência comprova que funciona muito bem.

Esse tipo de ferramenta veio para ficar. Tecnologia não é uma sofisticação, é algo essencial. Não se pode esquecer de que estão à disposição dos adversários também. O grande diferencial é a inteligência de quem faz uso desses instrumentos. Isso é a prova de que o fator humano não ficará em segundo plano e de que a tecnologia vem para se somar à sensibilidade humana. Particularmente, não tenho receio de que o advento de ferramentas tecnológicas torne o meu trabalho dispensável, irrelevante. Não enxergo ameaça alguma nas ferramentas que tornam o processo mais assertivo, mais focado. Por isso, são essenciais e não apêndices do *marketing* eleitoral.

Por fim, é fundamental conhecer o ambiente da *blogosfera*, que é o termo utilizado para o conjunto de blogueiros que atuam em uma determinada região. Ser blogueiro é uma profissão. A maioria não produz conteúdo, apenas o reproduz de uma fonte. Alguns têm um número de seguidores não desprezível. Há profissionais sérios, mas também não se pode negar que muitos são parceiros para realizar o "lado B" das campanhas, do qual vamos tratar na próxima seção, mas que já podemos resumir como a prática de desconstruir a imagem dos adversários. É muito comum, nesse universo, a prática de chantagear o cliente. Esse é o submundo das campanhas eleitorais. É fundamental conhecer tudo isso para orientar melhor o cliente.

4.8 *Mídia* e monitoramento

Um bom planejamento de campanha parte de objetivos e metas claros, com parâmetros mensuráveis. A construção de uma personalidade política, que envolve uma imagem e sua reputação, requer a escolha adequada dos formatos, bem como a construção de conteúdos assertivos que gerem engajamento das pessoas. E isso tem a ver com a frequência e a disposição adequada nos canais. Esse é o papel da *mídia*: ser responsável pelo planejamento e estratégia da programação e veiculação de uma campanha publicitária e ações de *marketing*.

É no plano de mídia que são sugeridos os meios e veículos de comunicação, são levantados os custos, programadas as inserções, planejadas as ações e é feito o acompanhamento das veiculações. Para isso, deve-se trabalhar com algumas métricas, que podem ser conceituadas como parâmetros mensuráveis.

Campos (2020) sintetiza que há três tipos de métricas: de atração, conversão e receita. As métricas de atração, usadas para atrair o eleitor, sinalizam a necessidade de adotar estratégias para que o número de seguidores aumente, preferencialmente com qualidade. Já as métricas de conversão são feitas com base nas de atração. O raciocínio é: quanto maior o universo de indivíduos atraídos para a mensagem, maiores serão as chances de se converter essas pessoas em eleitores. A grande questão é que muitas vezes se constroem estratégias que focam apenas na atração e não na conversão. Não é suficiente ter excelentes métricas de atração se não se cuidar da conversão.

Por fim, as métricas de receita são as que permitem avaliar se os eleitores atraídos e convertidos permanecem com o mesmo pensamento de votar no contato, ou seja, medem a permanência do interesse. Possibilitam analisar se os investimentos realizados estão realmente valendo a pena e trazendo o retorno esperado.

Transpor esses índices utilizados no mercado para o *marketing* eleitoral requer o domínio da lógica que está por trás de cada um deles, assim como ter as ferramentas adequadas para realizar esse acompanhamento. De forma básica, o acompanhamento mínimo deve contemplar a observação dos seguintes aspectos:

- Crescimento diário, semanal e mensal
- *Posts*/dia *versus* interação
- Comentários, compartilhamentos e reações
- Engajamento (incluindo os diversos tipos de interação, tais como cliques, curtidas, comentários, compartilhamentos, menções, salvos, mensagens diretas, entre outros).
- Engajamento *versus* taxa de crescimento
- Reação, comentário e compartilhamentos
- Formatos
- *Posts versus* formatos
- Top *posts versus* formatos

O Plano de Mídia deve prever o uso de mídias pagas, o que já é permitido pela legislação eleitoral brasileira[34]. Das 539,5 mil candidaturas em todo o Brasil, em 2020, mais de 11 mil candidatos, entre prefeitos e vereadores, declara-

34. Resolução 23.671/21 do TSE, o art. 3º- B.

ram ter aplicado recursos em anúncios *on-line*. O total de recursos gastos naquele ano foi de R$ 33,8 milhões[35]. Não considerar o uso de mídias pagas pode restringir significativamente o alcance da campanha e do conteúdo produzido, o que pode ser crucial em disputas cada vez mais acirradas.

Para retroalimentar o processo de planejamento de mídia, é fundamental o trabalho de monitoramento e de inteligência para compreender as engrenagens do contexto no qual a campanha está inserida. Assim, deve-se, de forma estruturada e inteligente, coletar menções relacionadas ao candidato no ambiente *on-line*. Essas menções podem ser espontâneas, ou seja, perfis em redes sociais ou portais de notícias que citem o nome do candidato sem um estímulo direto de sua parte, ou comentários em suas publicações nas redes sociais.

Após essa etapa de coleta, o trabalho da equipe de monitoramento, sob a coordenação do estrategista, é analisar e categorizar as menções, de acordo com os assuntos que abordaram. E o que deve ser alcançado por esse monitoramento? Citamos a seguir alguns elementos essenciais:

- *sites* de portais de notícias;
- *hashtags* no Instagram;
- páginas no Facebook de portais de notícias;
- menções, respostas e *hashtags* no Twitter;
- comentários nas publicações do Facebook.

E, assim, é possível observar:
- menções, impacto e usuários, comparando-os com períodos anteriores;

---

35. Fonte: Tribunal Superior Eleitoral (TSE).

Comunicação

- proporção de menções por canal;
- volume de menções diárias;
- termos mais frequentes;
- sentimento geral das menções (positivo; neutro ou negativo);
- principais temas relacionados a cada um dos sentimentos;
- menções por mídia monitorada;
- sentimento por mídia monitorada;
- temas mais mencionados;
- termos mais citados (frequência por canais).

A constância no acompanhamento dessas métricas é que permite a tomada de decisões de maneira assertiva. E é a inteligência que proporciona planejar de forma diferenciada, fugindo do lugar comum, mas sem deixar de fazer aquilo que é fundamental na lógica da comunicação eleitoral exitosa. Sem a inteligência, não é possível interpretar, por exemplo, os fatos subjacentes e o contexto em que essas menções aconteceram. É a elucidação dos *porquês*.

4.9 Produção audiovisual

O conjunto de mídias audiovisuais, que engloba formatos como o vídeo, o cinema, a televisão, a *internet* e outras mídias digitais, é um dos mais importantes em uma campanha eleitoral. Todas elas somam características da imagem ou visual – originadas da fotografia, da pintura e de outras artes – e do som, herdadas do rádio, da música e da história oral.

Para criar uma peça audiovisual em uma campanha, o ponto de partida é a percepção de que o produto final resulta da combinação de três códigos: o icônico (imagem), o linguístico (texto) e o sonoro (REZENDE, 2000). A combinação vai além da junção: temos o fenômeno da hibridização, com a junção do som com a imagem em movimento. Outro aspecto fundamental é a fusão dos processos de emissão e recepção de conteúdos. Ora se está na condição de emissor, ora, de receptor. Não há mais passividade.

A linguagem audiovisual é composta por um conjunto de técnicas, que precisam ser dominadas pela equipe da campanha: planos, enquadramentos, ângulos, movimentos das câmeras, iluminação, cor, edição e som. O plano é o princípio de tudo: resulta da técnica de enquadramento, quando se faz a escolha por determinados elementos para compor a cena, em detrimento de outros. Essa escolha é decisiva para o sentido que se quer dar, para a história que se deseja contar e para as emoções que se pretende despertar. É o recorte do instante, composto por cenário, iluminação, ação dos atores e conexão com os objetos. A composição final é impactada pela conjugação dessas imagens, em uma sequência que faça sentido (BOURDIEU, 1997).

Os movimentos são essenciais nessa formatação do sentido, com as câmeras captando pessoas, expressões, objetos e paisagens, por meio da sensibilidade e das determinações técnicas que guiam o olhar dos profissionais envolvidos. O ângulo, que diz respeito à posição do equipamento em relação ao objeto a ser filmado, é também fundamental nesse processo. A escolha do ângulo está diretamente relacionada à iluminação e às cores ideais para a composição gráfica. Aliás, as cores não são apenas um detalhe da composição, pelo contrário. O uso das cores tem o poder de despertar sentimentos, criar o clima em que a cena se passa, além de enfatizar determinados aspectos das pessoas, da paisagem e dos objetos.

Por exemplo, quando a intenção é enfatizar a atividade e dar "calor" à cena, as cores quentes são primordiais. Ao mesmo tempo, quando se deseja transmitir a ideia de tranquilidade, repouso, calmaria, deve-se optar pelas cores frias. Além disso, é preciso o máximo de cuidado com as cores que refletem a luz, como o branco. O seu mau uso pode prejudicar a composição da imagem e, consequentemente, a mensagem a ser transmitida.

A complementação do sentido se dá pelos elementos sonoros. Os sons naturais, próprios do ambiente, dos ruídos, das falas e interações das pessoas, assim como os efeitos sonoros, feitos com a inserção de uma trilha musical, por exemplo, harmonizam-se com os elementos visuais para a produção do sentido e para despertar os efeitos desejados na audiência (BOURDIEU, 1997).

No contexto das disputas eleitorais atuais, os vídeos têm o mesmo valor e a mesma força que os *cards* têm na pré-campanha. Para a produção de um vídeo, o profissional deve sempre estar atento ao princípio primordial, que é a conjugação da forma ao conteúdo. O ponto de partida é a clareza que um deve sempre ajudar o outro, em um diálogo harmônico, que só pode acontecer se estiver claro qual o conceito da pré-campanha, o *slogan,* o conceito emocional. Essa é a base para se estabelecer que tipo de emoções se quer despertar com esse produto.

Algo comum no mercado são comerciais e filmes com muita pirotecnia, achando que isso é acertar na forma. Forma não significa pirotecnia, mas sim a criatividade em dispor os elementos, obedecendo aos limites técnicos, tempo adequado, aos canais escolhidos para veiculação, lugar da gravação e, principalmente, ao que se espera do conteúdo.

Defendo que a peça audiovisual para uma campanha exitosa deve perseguir quatro princípios básicos: surpreender; informar; convencer; e emocionar, chegando ao coração do telespectador.

Se algum desses aspectos for negligenciado, o vídeo não marca e, dessa forma, não vai ser lembrado pelo eleitor. Mais uma vez, defendo a ideia de que o conceito emocional não deve ter como pretensão fazer o eleitor se apaixonar. Se isso não ficar claro, pode haver uma frustração por parte do cliente, além de não se entregarem os resultados pactuados. Temos, como opções, diversos sentimentos que podem ser acionados: alegria, empatia, empolgação, força, vibração, que seriam decorrentes

Comunicação

de emoções positivas. Mas também pode se atuar no campo das emoções negativas, buscando despertar sentimentos como medo, aversão, raiva e ira.

Tenho atuado muito fortemente no campo das emoções positivas. Uma experiência exitosa foram os programas de televisão para o horário eleitoral, as quais fizemos para um candidato a governador no estado do Tocantins, em 2022. Nosso propósito era chamar a atenção das pessoas pela diversão. Isso mesmo: fazer com que as pessoas se divertissem com programas eleitorais, sem ser apelativo ou cair no ridículo. Criamos o formato de um programa de auditório, no qual o candidato fazia o papel de apresentador. Era o "Canal 10", com todos os elementos que compõem um programa dessa natureza: plateia no formato de arquibancada, *breaks*, previsão do tempo e quadros específicos.

Era um formato inovador, pois conseguimos aliar o conceito criativo ao conceito emocional. Uma questão importante naquele contexto era a limitação de horários do candidato para gravar programas. Com o estúdio preparado nesse formato, ganhamos produtividade, porque não havia limitação de horário para gravações: podíamos gravar pelo menos dois programas e três comerciais por noite.

Além disso, tínhamos o ganho em naturalidade, espontaneidade, porque, no papel de apresentador, o candidato "se soltava", não precisa ter falas ensaiadas. Era mais fácil fazê-lo seguir o roteiro sem ficar com a fala engessada. No cenário, um DJ participava executando os diversos *jingles* da campanha; havia o quadro da previsão do tempo, em que fazíamos uma analogia de prognósticos de avanços e realizações em diversas áreas do estado, sempre intercalando os blocos de programa com comerciais da própria campanha. O resultado eram programas extremamente dinâmicos, "para cima", com linguagem acessível e tom emocional que prendia a atenção das pessoas. A repercussão era sempre muito positiva.

A primeira pergunta que o marqueteiro deve se fazer ao iniciar o processo criativo do programa eleitoral em uma campanha é: tenho um conceito? A partir da resposta é que se parte para elaboração do roteiro. Porém, o conceito já deve estar alinhado com o cliente.

Um dos aspectos que fez esse formato funcionar foi o envolvimento da equipe, que compreendeu desde o início o conceito emocional e teve a liberdade para sugerir diversas coisas. Da liberdade, surgiram sacadas incríveis. O alvo a se alcançar precisa estar claro, mas o processo de criação deve ser livre. Voltando ao mesmo exemplo, pudemos experimentar, na prática, a relação entre o conceito criativo e o emocional. Defendo que o conceito emocional pauta o criativo. Pensar dessa maneira não é trivial nas campanhas.

> Defendo que o conceito emocional pauta o criativo. Pensar dessa maneira não é trivial nas campanhas.

Questões básicas que devem estar no planejamento do trabalho: quantos vídeos vou fazer? Quanto tempo terá cada vídeo (se for para veicular em TV, o ideal é que tenha 30 ou 45 segundos)? O candidato terá voz? Haverá figurantes? E locutores? Quantos *sets* (locais) serão necessários? No cenário ideal, o roteiro deve passar pela aprovação do cliente, mas, às vezes, não há tempo hábil para isso.

Em cada resposta, o conceito emocional deve estar presente, ao lado do conceito criativo. Você se lembra do

Comunicação

exemplo do programa de auditório que realizamos na campanha majoritária no Tocantins em 2022? Ele é um caso clássico de conceito emocional, aliado ao conceito criativo e a um primoroso processo de produção e de execução. Trouxemos uma proposta ousada dentro daquele contexto: realizar um programa com crianças, para trabalhar o conceito criativo de "futuro", aliado ao conceito emocional de diversão, esperança e alegria. A própria equipe, inicialmente, recepcionou a ideia com estranhamento. A assessoria do candidato não compreendeu muito bem, mas acatou e apoiou pela confiança que já havia sido depositada em nosso trabalho.

Convidamos os servidores para trazerem seus filhos, entre 6 e 12 anos, para a gravação, em um cenário adaptado ao universo infantil, com pirulito, algodão doce e outros elementos que remetiam à infância. Os pais também compunham a plateia. O roteiro versava sobre as perspectivas de futuro do estado, o olhar para as próximas gerações. Essa era a mensagem central. Dentro do conceito emocional, exploramos a sensibilidade para as questões da infância, por isso, deixamos as crianças livres para fazerem perguntas ao candidato, sem prisão a um roteiro imposto pela equipe.

Produzimos, para a ocasião, uma máscara com o rosto do candidato. Pensamos em uma dinâmica com papel, lápis de colorir e tinta para que as crianças pudessem pintar o coração e o número dez, que era o número do candidato. Uma trilha sonora criava o clima ideal para elas se conectarem com aquele momento. A mesa de som era comandada por uma criança. Identificamos um garoto com nove anos para fazer o papel do governador mirim.

Inteligência Política e Estratégia nas Campanhas Eleitorais

A prefeita da capital, cuja gestão era muito bem avaliada, foi uma das participantes do programa. A proposta era apresentá-la como aliada, mas de uma forma menos tradicional. A aliança entre ela e o candidato a governador tinha um impacto super importante, pois era a primeira vez na história que havia o alinhamento entre o governo do Estado do Tocantins e a prefeitura de Palmas. Ela ficou entre os demais participantes, interagindo, com leveza.

As crianças se alternavam nas perguntas, que eram aparentemente despretensiosas, mas que davam vários ganchos para o então candidato a governador falar sobre as realizações do seu governo e suas propostas para o segundo mandato. Uma das crianças o indagou sobre a brincadeira que ele mais gostava quando criança. Em sua resposta, ele falou da sua infância com privações, mas em um estado que gozava de segurança e permitia que as crianças brincassem na rua. Aproveitou a deixa e falou sobre como pretendia aprimorar as políticas de segurança em seu governo. A interação se deu de forma tão positiva e leve, que não precisamos sequer regravar os programas para chegar ao resultado final.

O trabalho de produção e execução de um programa como esse é gigante. Exige demais da equipe, mas graças ao comprometimento do nosso time, o resultado foi fantástico. A prefeita nos agradeceu pela oportunidade de vivenciar um momento como aquele. O cliente ficou extremamente satisfeito e pediu para repetirmos a veiculação do programa. Foi determinante o apoio, a entrega e a confiança do cliente para levarmos adiante uma proposta como essa. É preciso ter coragem para ousar.

4.9.1 Atuação da equipe audiovisual

Além de uma boa ideia, é preciso trilhar um caminho para que a execução seja exemplar. A etapa de pré-produção precede a filmagem, com a atuação da equipe, que tem como tarefa identificar as providências a serem tomadas para se executar o que está previsto no roteiro. Um dos aspectos observados por esse time é justamente o lugar de gravação, para checar a sua adequação aos objetivos pretendidos. Não é uma tarefa trivial, pois exige conhecimento técnico a respeito da luz adequada, o impacto da posição do sol (onde nasce e se põe), se as cenas serão estáticas ou haverá movimentos. Ademais, é preciso conhecer quantos *takes* (tomadas) serão feitos, em quantos locais e quantas vezes.

Temos como padrão, em minha empresa, a condução do trabalho por um produtor experiente (sênior), que conhece nosso estilo, tem experiência com o nosso crivo de qualidade. Esse profissional tem a responsabilidade de identificar um produtor ou uma equipe de produção local (fundamental), com fácil acesso aos locais e ao *casting* (elenco), para que a execução das filmagens aconteça com o menor número de intercorrências possível.

Para que o trabalho seja executado com êxito, um produtor local é uma peça chave. O produtor sênior filtra as demandas para que o produtor local possa mobilizar as pessoas para compor o elenco dos vídeos. Esse profissional tem os contatos e conhece a região, facilitando a logística para deslocamento das equipes. Também é essencial para tornar o produto mais real, por refletir de forma genuína o contexto local. Ao mobilizar as pessoas, ele ganha a confiança, inclusive para tratar informações sensíveis que possam vir a compor os comerciais e programas eleitorais.

Geralmente, esse profissional recruta as pessoas e apresenta mais de uma opção para o diretor de cena e o estrategista escolherem, dentro da linha criativa e estratégica da campanha. No programa gravado com crianças que mencionamos anteriormente, na campanha no Tocantins, em 2022, a participação da produtora local Perlane Loiola foi essencial para que pudéssemos executar com êxito o planejado. Ela abriu portas, garantiu as conexões certas. Além de atuar no "antes", também ajudou a captar o clima externo, a repercussão dos programas, com ouvidos atentos para trazer os *feedbacks* que escutava das pessoas.

O roteiro é discutido com o diretor de cena, responsável por comandar todo o processo de captação das imagens. O produtor interage com ele. Como estrategista, não abro mão, sempre que possível, de codirigir o trabalho junto com o diretor de cena.

Outro profissional envolvido é o diretor de fotografia, responsável por coordenar a equipe que traduz em imagens a expectativa gerada pelos textos. Com sua equipe, ele executa a gravação das cenas. Lida diretamente com o assistente de câmera, técnico de som, iluminador, eletricista, maquiadores. A depender do orçamento, ele pode comandar até mais de uma equipe sênior e uma equipe júnior. Ele também se responsabiliza pela planta baixa do *set* de gravação, decidindo sobre a disposição das câmeras, a partir da composição do quadro. Cada detalhe técnico é pensado com cuidado estético: tipo da lente, luz, cores, movimento, perspectivas. Em outras palavras, ele é responsável pela "plástica" da cena. Costumo dizer que esse profissional é aquele que escreve e desenha uma ideia com a luz.

Geralmente, faz uso de seis a dez lentes diferentes, cuja utilização é discutida entre o diretor de fotografia e o diretor de cena, mais uma vez por meio de sua sensibilidade e experiência, mas sobretudo direcionados pelos resultados desejados. A dinâmica da execução se completa com o assistente de câmera, que a regula, preparando-a para o diretor de fotografia.

O trabalho anterior à gravação propriamente dita tem muito impacto no resultado. Por isso, o diretor de fotografia faz uma visita técnica ao lugar da gravação, juntamente ao produtor, a fim de checar o ambiente, observando os prós e os contra. Essa análise é decisiva para definir como executar o que está pensado para a cena.

O produtor local realiza previamente as marcações com as pessoas, a partir da definição se a gravação será de uma cena parada ou em movimento. Quando o *set* fica pronto, inicia-se a gravação, com as pessoas posicionadas no lugar certo. Sempre digo que o excesso de gente no *set* pode atrapalhar na concentração, mas é essencial a presença do estrategista, do diretor de cena, do diretor de fotografia, produtor de *set*, entre outros.

Para que o ambiente não fique tenso, seja leve, é necessário investir no planejamento, mas sem amarrações excessivas. Penso no *set* como um espaço de criação, que desencadeia *insights* pela equipe, formada por profissionais com alta capacidade técnica, muita habilidade criativa e entrosamento fazendo com que o trabalho flua com leveza.

Um caso concreto de como essa leveza impacta nos resultados foi um comercial que fizemos em uma campanha para governador do Tocantins, em 2022. O tema era economia e gestão financeira do estado. Os personagens eram os secretários, que apresentariam os dados técnicos da área sob seu comando. Ou seja, seria um conteúdo denso. Redobramos o cuidado para não haver nenhum barulho no lugar da gravação, de modo a não interromper o raciocínio de quem estava gravando. Orientamos, como sempre, que todos mantivessem os celulares silenciosos. No momento da gravação, tocou justamente o celular de um membro da nossa equipe. Na hora todos riram, quebrou o clima. Simplesmente recomeçamos. Mas isso só foi possível porque o ambiente estava leve, o clima era de entrosamento, harmonia e interação. Um clima saudável. Após o episódio, o secretário que estava gravando fez uma fala excelente, sem necessidade de qualquer retoque.

Outro episódio que me remete a essa questão do entrosamento foi em uma pré-campanha para governador em Goiás. O diretor de fotografia, Marcelo Lacerda, e o diretor de cena, Leo Crivellare, tiveram muita sensibilidade para tomar decisões. As condições técnicas de iluminação do lugar escolhido não permitiam gravar a cena pensada. Foi proposta uma mudança no enquadramento, que era extremamente desafiadora. A equipe acatou o desafio e executou de maneira exemplar. O resultado ficou simplesmente sensacional.

Pode parecer algo trivial, mas a etapa de pré-produção é essencial para o alcance dos resultados, cuidando para evitar desencontros de horários, por exemplo, que podem implicar em significativo desperdício de tempo. O trabalho demanda situações que requerem planejamento e uma etapa de pré-produção organizada. Há situações em que a falta de planejamento pode gerar desgastes, como, por exemplo, durante uma pré-campanha a governador no Estado de Alagoas. Quando a equipe chegou à casa do cliente para iniciar a gravação, às cinco horas da manhã, ele não havia sido devidamente avisado acerca do horário, gerando um certo constrangimento e atraso. Para evitar esse tipo de situação, é preciso que a equipe tenha pautas bem determinadas e alinhadas com o cliente.

Outro profissional importante na campanha é aquele que faz a captação das imagens externas para as redes sociais, o *videomaker*. É ele quem lida diretamente com o cliente, com suporte de um assistente e do produtor. Tem que ser um profissional com grande capacidade técnica, mas também extremamente dinâmico e paciente para saber lidar com as adversidades.

Os roteiros que vêm do núcleo criativo orientam a captação das imagens externas. Mas há imagens que são padrão em campanhas eleitorais: o candidato interagindo com as pessoas, de forma espontânea, abraços, acenos e apertos de mão, militância com bandeiras.

Após as gravações, entram em cena outros profissionais. Primeiro, vem o assistente de edição ou *logman*, que é responsável pela separação das cenas na ilha de edição e sua catalogação, descarregando os cartões de memória que vêm dos equipamentos. Esse trabalho é facilitado por uma técnica simples no processo de gravação, que é o uso da claquete. Cada cena é marcada pelo uso da claquete, com as devidas especificações de *takes*, quem a dirige, data e horário.

Assim, o material é descarregado no servidor nas pastas, de acordo com a retranca. Após isso, vem o processo de sincronizar áudio e vídeo e, posteriormente, de transformar o arquivo bruto em um mais leve, para não ficar travando durante a edição. É ele quem também fica responsável por inserir legendas, que são obrigatórias, de acordo com a legislação eleitoral, assim como as tarjas com informações da campanha, como partidos e CNPJ.

O assistente de edição precisa ter domínio sobre gerenciamento de arquivos e programas de edição, como o *Adobe After Effects*. Atuar em campanhas eleitorais permite desenvolver novas habilidades e até fazer uso de conhecimentos já consolidados. É uma experiência intensa e gratificante.

Outro membro da equipe que faço questão de ter, sempre que o orçamento permite, é o diretor de produção. Esse profissional auxilia o estrategista no processo de gestão do processo criativo, interagindo tanto com o núcleo de criação quanto com o núcleo audiovisual, dando fluência às etapas: roteiro/produção/captação/edição/entrega dos programas às emissoras. O diretor de produção faz também o *link* entre as equipes e o marqueteiro, atuando na distribuição das demandas entre as equipes e na aprovação das peças.

A ideia é evitar que, na correria da campanha, haja sobreposição das decisões. Em vez de cada equipe ir aprovar as coisas com o marqueteiro, a gente centraliza esse processo e faz as validações necessárias. Para isso, é preciso dominar cada etapa e saber claramente o papel de cada um (PLÁ, 2022)[36].

O diretor de produção fica na base, sendo a primeira pessoa com que o marqueteiro interage para dar início à execução. Quando o orçamento da campanha permite ter

---

36. Fala de Roberto Y Plá, profissional que cumpriu exitosamente a função de diretor de produção na campanha para governador do Tocantins, que fizemos em 2022.

Comunicação

esse profissional no time, é um privilégio, pois desafoga o marqueteiro na gestão das equipes, deixando-o mais livre para que desempenhe as tarefas que só ele pode fazer.

Após a catalogação das imagens no servidor, é a vez do editor atuar junto ao diretor de cena e ao marqueteiro. O sênior é o profissional que conhece o roteiro e age como um contador de história. A edição é a junção das cenas, primeiro com os devidos cortes e montagem, resultando ainda em um material bruto. O diretor de cena acompanha toda essa montagem.

Com os cortes brutos, o marqueteiro observa, realiza os ajustes importantes, como ênfases e detalhes técnicos que podem ser melhorados. Para a formatação final, o material passa pelo crivo de três "olhares": do editor, do diretor de cena e do marqueteiro. Após isso, faz-se o fechamento da edição e monta-se o filme, que é remetido ao *color man*, responsável pela coloração das cenas. O objetivo é ajustar as cores, tendo em vista que, muitas vezes, as cenas são gravadas em momentos diferentes, com luzes destoantes.

O diretor de arte entra para realizar a parte dos *letterings* (legendas) e o profissional responsável pela trilha sonora para fazer o refinamento do som e retirar ruídos. Mais um profissional em atuação nessa etapa é o músico, que pensa na trilha propriamente dita. E o profissional de *motion*, que confere movimento a algumas cartelas, para dar qualidade.

É com a participação de todo esse time que temos forma e conteúdo se valorizando mutuamente. Uma palavra em destaque, por exemplo, faz toda a diferença na apreensão da mensagem, assim como uma trilha que marca os momentos colabora na percepção das pessoas. A trilha ajuda a conduzir as emoções do telespectador.

O editor, junto ao diretor de cena, então, fecha o vídeo e o marqueteiro volta a analisá-lo, para novos ajustes. É a hora de focar nos detalhes. Por exemplo: a regionalização do locutor e sua capacidade de interpretação. O locutor pode destacar o vídeo a partir da sua narração, pelo jeito de interpretar o texto. A trilha adequada também colabora. O texto pode ser frio, mas uma simples entonação pode fazer toda a diferença. As pausas, que devem acontecer em momentos específicos. Não dá para ser de improviso. É por isso que uma equipe experiente e competente faz a diferença.

Buscamos a excelência em cada vídeo produzido. Imagine o que é ter três dias de gravação para se fazer um vídeo de um minuto. O custo de produção é alto, pois tem muita gente envolvida, além dos equipamentos.

Lembro-me do caso de um cliente, em uma pré-campanha a governador de Alagoas, já mencionado anteriormente, que era um fenômeno na cidade na qual era prefeito, com grande aprovação da população, era desconhecido no restante do estado. A partir do diagnóstico, o conceito que elaboramos foi "Quem conhece, aprova". Fizemos um trabalho intenso nas redes sociais. Produzimos, em seguida, oito vídeos conceituais, cada um deles sobre um tema e uma área diferente, tendo como pano de fundo o conceito, para apresentá-lo ao restante do estado.

Como resultado, um dos seus vídeos teve milhares de visualizações, ante uma média anterior de cento e poucas visualizações. Para se chegar ao resultado pretendido, é preciso haver uma estratégia que guie o processo.

Comunicação

Há a necessidade de se impulsionar o material nas redes sociais, para que o alcance seja aumentado, com base em georreferenciamento para atingir a região e o público adequados. Essas escolhas devem ser feitas pelo profissional de mídia. Isso reflete no desempenho que se busca com os vídeos produzidos.

Seguimos uma sequência planejada antes de realizar esse impulsionamento. Primeiro, apresentamos o material à família do cliente. Observamos atentamente as expressões dele e da sua família, que serve como "termômetro" das emoções dos eleitores. Nesse caso de Alagoas, estávamos vivendo a pandemia. Por isso, tomamos todos os cuidados sanitários. Para evitar aglomerações, quinze pessoas diferentes recebiam um fone para ouvir o *jingle* do candidato e eram levadas a reagir espontaneamente.

Essas reações eram capturadas pela equipe audiovisual. Todas as pessoas acabaram dançando, levadas pelo *jingle*. A sensibilidade do diretor de fotografia, Marcelo Lacerda, para captar as imagens foi decisiva e o resultado foi sensacional. O candidato se emocionou assistindo, assim como a mãe dele.

Esse foi um vídeo que deu um prazer imenso em se executar, apesar do trabalho gigantesco envolvido. Forma e conteúdo se combinaram. Conseguiu surpreender, informar e convencer. Sem dúvidas emocionou.

Após a divulgação, foi feita uma pesquisa *quali* com os vídeos, na qual o do fone foi o mais bem avaliado. Não tinha grande produção de cenário, era algo simples, todavia muito criativo, profissional. Digo que o segredo é obedecer a critérios técnicos, mas com muita ousadia. Essa é a principal marca que quero deixar e ser reconhecido por ela.

Além disso, uma equipe afinada faz toda a diferença. Em muitos casos, a gente se comunica só pelo olhar. Tem que haver confiança, cumplicidade, de modo que as pessoas se divirtam, fazendo com que não fique uma coisa sisuda, séria, pesada. A condução deve permitir que cada um possa dar o seu melhor, alcançar a excelência. Ter cuidado máximo com o ambiente, com os sons ao redor, com a captação adequada das emoções das pessoas.

É preciso ter pessoas sensíveis, ousadas, competentes, usando os recursos técnicos corretamente, com o olhar atento a tudo. O cliente precisa estar bem, com o texto bem assimilado, para que seja possível captar a espontaneidade e parecer mais autêntico e mais convincente. Também considerar o perfil do cliente, o momento em que ele está, o que se deseja alcançar. É por isso que o *set* é um ambiente de muita superação.

O resultado almejado não é apenas ter audiência, mas gerar engajamento, emocionar, chamar a atenção das pessoas. No contexto atual, mostrar o político de forma autêntica é uma resposta ao excesso de pirotecnia. Em dado momento, houve um uso excessivo da plasticidade, mas eliminar toda a técnica também é um exagero.

Os vídeos assinados pela nossa empresa têm como premissa ser autênticos, criativos, mas sem abrir mão do cuidado estético. Sem dúvidas, as redes sociais provocaram uma nova forma de se comunicar, mas não é a única forma. As tecnologias devem ser usadas, mas dentro de um conceito. Um dos principais equívocos estratégicos é se perder na imagem que se almeja construir. Para uns, a espontaneidade dá super certo, para outros não. Por isso, o que busco é a harmonia entre a forma, o conteúdo e a estratégia.

Comunicação

A motivação para escrever sobre campanhas eleitorais vem de uma trajetória profissional guiada pela incessante busca pelo aprimoramento técnico e acadêmico. Há anos nos preparamos, também, para contribuir com o mercado do *marketing* político e eleitoral brasileiro registrando, no formato de livro, o que consideramos importante no processo para refinar a nossa forma de atuação.

Não se trata de ter a pretensão de ensinar como fazer campanhas vencedoras. Nossa intenção é contar como enxergamos as conexões entre *marketing*, estratégia e comunicação, assim como os gatilhos que levam as equipes a serem ousadas, criativas e a entregarem resultados, dentro do orçamento, do contexto e com os recursos disponibilizados pelos clientes, adequando-se, ainda, à realidade em que a disputa se processa.

Encaramos cada desafio como uma oportunidade para ir além, trazendo sempre algo novo, sem perder de vista os caminhos já conhecidos, que levam aos objetivos almejados. A experiência torna firmes os passos a serem dados, e a inquietude criativa nos permite alçar novos voos, alcançar espaços até então desconhecidos.

> Encaramos cada desafio como uma oportunidade para ir além, trazendo sempre algo novo, sem perder de vista os caminhos já conhecidos, que levam aos objetivos almejados.

Olhando para nossa trajetória e estudando o universo das campanhas, estruturamos, nesta obra, o conceito de inteligência política, apresentando-o de forma viva, como algo que pulsa e dá conexão aos pilares do *marketing*, da estratégia e da comunicação. Tentamos demonstrar que um não pode funcionar ignorando a dinâmica que o outro imprime à campanha.

Definitivamente, não consideramos este livro uma obra acabada. Nosso desejo genuíno é partilhar experiências, conhecimentos, com relatos reais de situações vivenciadas, que nos orgulham por tudo que nos ensinaram. É assim que acreditamos na possibilidade de esta obra servir de inspiração a quem trabalha, gosta, admira, estuda, pesquisa ou almeja atuar profissionalmente em campanhas eleitorais.

Hoje, passadas duas décadas de trabalho em campanhas eleitorais, nos mais diversos formatos, conheço muito mais de perto a importância de cada profissional, assim como conheço, de forma aprimorada, a mim mesmo. Aprendi, ao longo dos anos, a pedir ajuda e a receber contribuições que, sim, fizeram toda a diferença.

Acredito que, ao fim desta jornada para materializar a escrita deste livro, sou muito mais compreensivo e tolerante com as falhas e defeitos dos outros, sobretudo porque aprendi a ser mais tolerante com as minhas próprias limitações. Por isso, me entusiasma a certeza de que é apenas o início de uma longa caminhada em busca do formato ideal e conceitual da inteligência política.

GLOSSÁRIO

Arte-final

É o processo de preparação de um arquivo gráfico para ser enviado à impressão, com especificações sobre retículas, áreas de cor, fotografias, ampliações, reduções, entre outros aspectos, para garantir que o resultado da arte siga os padrões de qualidade observados durante o processo de criação.

Big Data

Nome dado ao conjunto e complexo de dados que circulam nos diversos meios que compõem o mundo digital. Alguns atributos são: volume, variedade, processamento dos dados e retorno das informações procuradas em tempo real e de forma automatizada (velocidade), isenção de erros e ambiguidades, assim como geração de informações úteis e com valor agregado.

Brainstorming

É uma técnica de geração de soluções para um problema ou questão apresentada a uma equipe, explorando a inteligência coletiva para diversificar as possibilidades criativas dos seus componentes. Além de ser utilizada para a solução de problemas, também é importante para desenvolver novas ideias ou projetos, para juntar informação de diversas áreas e para estimular o pensamento criativo.

Briefing

Conjunto de informações preliminares para orientar a criação de uma campanha publicitária, coletadas por meio de pesquisas e diagnósticos, que podem apoiar as equipes de criação na escolha das fontes, cores e conceito a ser trabalhado. Deve apoiar, ainda, a elaboração do conceito criativo e emocional.

Business intelligence

Identificado pela sigla *BI*, é o processo que consiste na captação de dados e na transformação deles em informações para serem utilizadas como base na tomada de decisões. É o conjunto de técnicas e de ferramentas que visam oferecer suporte à tomada de decisão e ao monitoramento de resultados dos investimentos da campanha.

Chroma key

Recurso visual utilizado na captação de imagens, em estúdios, que permite a substituição de uma cor sólida (o verde ou azul) por outra imagem. Para obter o efeito, é utilizado como pano de fundo um tecido, uma lona ou uma parede nas cores verdes ou azul. Por meio dessa técnica, é possível inserir na imagem gravada um cenário virtual.

Conceito criativo

É uma espécie de pano de fundo, que fornece as diretrizes para a criação dos elementos da campanha. Deve ser algo simples, efetivo, mas, ao mesmo tempo, dar conta de situar o processo criativo. O conceito retrata a interpretação do contexto político em que a campanha acontecerá, fornecendo diretrizes para a comunicação visual (*design*) e verbal (mensagens).

Conceito emocional

Interage com o conceito criativo para nortear a criação da campanha. Explicita que tipos de emoções a campanha deseja despertar no eleitorado, desdobrando-se para as diversas peças de comunicação. É fundamental para definir que tipo de emoção se quer provocar com cada peça da campanha: curiosidade, indignação, raiva, admiração, entre outras.

Dashboard

Quadro visual com indicadores de desempenho e engajamento, utilizado como ferramenta de *Business Inteligence*. É um painel, utilizado como ferramenta de gestão visual, que apresenta, de forma clara e objetiva, informações para monitorar a evolução dos resultados e garantir o atingimento das metas.

Deep Learning

Conjunto de algoritmos desenvolvido a partir do estudo das redes neurais, que são modelos computacionais inspirados no sistema nervoso central do cérebro humano, capazes de realizar o aprendizado de máquina e o reconhecimento de padrões. É uma forma aperfeiçoada do *Machine Learning*, que é a capacidade de uma máquina aprender e aperfeiçoar seus padrões, com base em grandes volumes de dados gerados por meio de um sistema baseado no cérebro humano.

Diagnóstico multidisciplinar

Estudo que se propõe a encontrar respostas para questões norteadoras do planejamento da campanha, entre elas: quais são as expectativas do público em relação aos seus representantes? Qual o perfil ideal almejado? Quais as competências não podem faltar em um governante ou representante no parlamento? Que atributos pessoais os candidatos precisam ter? Deve ser construído com métodos academicamente alicerçados, sob o olhar de profissionais com distintas formações e sob a condução de um estrategista experiente. É capaz de fornecer as bases para uma campanha exitosa.

Direção de arte

É o processo de elaboração do projeto visual de um projeto, contextualizando visualmente a peça de uma campanha e cuidando para manter o resultado coeso ao longo de todo o trabalho.

E-book

É um texto produzido para publicação em formato eletrônico, para leitura em dispositivos como celulares ou *tablets*, com características próprias relativas à linguagem escrita e visual, com o uso de recursos como fontes e elementos gráficos, que tornam a leitura mais dinâmica e menos exaustiva.

Feedback

É o processo de retorno de informações dentro de uma relação estabelecida, seja entre membros de uma equipe, seja entre cliente e empresa contratada. Significa realimentar ou dar resposta a um determinado pedido ou acontecimento. No caso da campanha eleitoral, trata-se do retorno do cliente acerca do material idealizado e criado pela equipe de *marketing* e comunicação.

Feeling

No mundo dos negócios, expressa algo além da tradução literal de "sentimento" ou "sensação". Passou a significar a impressão, baseada na experiência e na vivência, sobre qual caminho tomar para alcançar os resultados almejados.

Geopolítica

É um campo de estudos dentro da Geografia, cujo foco é interpretar os fatos atuais e o desenvolvimento dos países, observando as relações e estratégias entre o poder político e os espaços geográficos dessas nações. Além da Geografia, a Geopolítica utiliza práticas e teorias de áreas da História, Geologia e Teoria Política, como forma de observar as estratégias adotadas pelos países nas relações internacionais.

Gestão de riscos

Conjunto de técnicas e ferramentas de gestão, que têm como objetivo prevenir, gerenciar e controlar potenciais ameaças, seja qual for a sua manifestação. Envolve atividades de planejamento e uso de recursos humanos e materiais para minimizar os riscos ou, então, tratá-los, caso ocorram.

Haters

Traduzindo do *inglês*, refere-se aos indivíduos que manifestam ódio na *internet*, direcionado mensagens a outras pessoas das quais discordam, mas com tom agressivo ou que incite agressões. Por isso, o termo *hater* é utilizado na *internet* para classificar algumas pessoas que praticam "*bullying virtual*" ou "*cyber bullying*".

Insight

É um fenômeno cognitivo associado a uma capacidade de compreender ou de conceber algo. No processo criativo de uma campanha, está relacionado à perspicácia de se observar uma situação e gerar algo a partir dela; ou à capacidade de apresentar uma solução de forma repentina.

Jingle

É uma composição musical idealizada para promover uma marca ou um produto em peças publicitárias para o rádio ou televisão. Focado em cativar o público, tem letra e melodia construídas para serem facilmente memorizadas e recordadas de maneira inconsciente pelo público. Pelo seu poder de persuasão, o formato foi facilmente exportado das campanhas de mercado para o universo da política.

Layout

É um esboço ou rascunho da estrutura de uma peça publicitária. Engloba elementos como texto, gráficos, imagens e sua disposição em um determinado espaço.

Lettering

É o processo de desenhar letras, combinando formas projetadas e executadas com um propósito específico. Difere da tipografia, que usa formas pré-fabricadas. A proposta é combinar diferentes formas e pesos para que o texto se assemelhe a uma ilustração.

Logman

Profissional responsável pela separação das cenas na ilha de edição e por sua catalogação. Seu trabalho consiste em descarregar os cartões de memória, que vêm dos equipamentos, para realizar a classificação, a fim de facilitar o trabalho de edição de imagens.

Persona

Oriunda do campo do *marketing* digital, sobretudo do *marketing* de conteúdo, a *persona* é um personagem fictício, criado para representar o público-alvo de uma marca, retratando as características comuns dos clientes considerados ideais pela empresa. Utilizada no *marketing* eleitoral, permite conhecer melhor para quem são direcionadas as mensagens dentro da estratégia de comunicação da campanha.

Plano de mídia

É uma peça de planejamento utilizada na identificação dos canais a serem utilizados para divulgar as peças da campanha. É no plano de mídia que são sugeridos os meios e veículos de comunicação, são levantados os custos, são programadas as inserções, planejadas as ações e é feito o acompanhamento das veiculações.

Pós-produção

Dentro do processo de produção audiovisual, a pós-produção identifica a etapa que vem após a captação das imagens, que envolve a montagem e a finalização do vídeo. Assim, envolve edição de vídeo, correção de cor, acréscimo de elementos gráficos, animação e tratamento do som.

Post

Trata-se da mensagem ou conteúdo publicado em uma rede social, geralmente composto pela combinação de texto, som e imagem, com recorte temporal. Pode conter também *links* para outras publicações.

Produção

É o conjunto de ações que viabilizam a captação de imagens em um determinado ambiente, como a contratação de equipe, escolha de personagens, locação de espaços e equipamentos, confecção de cenários, iluminação, entre outras.

Rafe

É uma espécie de rascunho ou desenho preliminar de um projeto, elaborado antes de se desenvolver efetivamente determinado serviço para um cliente.

Set

Lugar no qual é realizada a captação de imagens para a produção de uma peça audiovisual. Nele estão todos os elementos necessários para a gravação, tais como equipamentos e instrumentos para garantia da qualidade do som e da imagem.

Takes

É o mesmo que "tomadas", ou seja, todas as imagens e sons que são registrados pela câmera, desde o momento em que ela é ligada, até o momento em que é desligada ou pausada.

Taylor made

É a produção de algo sob medida para o cliente. No *marketing*, designa aquilo que é personalizado de acordo com a necessidade do cliente.

Webinar

Pode ser conceituado como um seminário ou exposição *on-line* em vídeo, que geralmente permite a interação da audiência. Pode ser gravado ou ao vivo, em diversas plataformas digitais. A proposta é a propagação de um determinado conteúdo para uma audiência digital. Pode contar com a participação de uma ou mais pessoas.

REFE RÊN CIA

ALDÉ, A.; MARQUES, F.J. (Orgs.). Internet e poder local. Salvador: EdUFBA, 2015.

ALENCAR, E.M.L. A gerência da criatividade: abrindo as janelas para a criatividade pessoal e nas organizações. São Paulo: Makron Books, 1997.

ALENCAR, E.M.L. Criatividade. Brasília: Edunb, 1993.

ALMEIDA, J. Sistematizando os pressupostos sobre a hipótese do *marketing* de contra hegemonia. Salvador: Digital, 2002.

BARRY, B. Political argument. London: The Humanities Press, 1965.

BENOIT, W. Seeing spot: a function analysis of presidential television advertisement, 1952-1996. Westport: Praeger Publisher, 1999.

BENOIT, W. Image repair discourse and crisis communication. Public relations review, v. 23, n. 2, p. 177-186, 1997.

BERELSON, B.R.; LAZARSFELD, P.F.; McPHEE, W.N. Voting: a study of opinion formation in a presidential campaign. The University of Chicago Press, 1954.

BONGRAND, M. O *marketing* político. Portugal: Europa América, 1986.

BORBA, F. Propaganda negativa nas eleições presidenciais brasileiras. Opinião Pública, v.21, n.2, p.268-295, 2015a.

BORBA, F. The Strategy of electoral spot in Brazilian presidential campaign: The decision on when and where to broadcast an attack. In: NAI, A.; WALTER, A. (Ed.). New Perspectives on Negative Campaigning. Colchester: ECPR, 2015b, p.181-198.BORBA, F. Propaganda negativa nas eleições presidenciais brasileiras. Opinião Pública, vol. 21, n. 2, p. 268-295, 2015.

Borba, F. Medindo a propaganda negativa na TV, rádio, debates, imprensa e Facebook: o caso das eleições presidenciais de 2014. Intercom – RBCC, vol. 42, n. 1, p. 37-56, 2019.

BOURDIEU, P. Sobre a televisão – seguido de a Influência do Jornalismo e os jogos olímpicos. Trad. M.L. Machado. Rio de Janeiro: Jorge Zahar Editor, 1997.

BRADER, T. Campaigning for hearts and minds: how emotional appeals in political ads work. Chicago: The University of Chicago Press, 2006.

BRAGA, P.N.; FLEITH, D.S.; ALENCAR, E.S.; ALENCAR, E.M.L.S.; FORMIGA SOBRINHO, A.B. Processo criativo de publicitários brasileiros: fatores motivadores e inibidores à criação. Revista de Psicologia, vol. 36, n. 2, 2018.

CALDAS, C.O.L.; CALDAS, P.N.L. Estado, democracia e tecnologia: conflitos políticos e vulnerabilidade no contexto do Big Data, das fake news e das shitstorms. Perspectivas em Ciência da Informação, vol. 24, n. 2, p. 196-220, 2019.

CAMPOS, D. (2020, mai. 4). Como usar métricas em Marketing Político Digital. ES360. Disponível em: https://bityli.com/PdQkfkrEL. Acesso: 7 dez. 2022.

CARVALHO, F.L. O centro do labirinto: um estudo sobre a competição eleitoral na TV. 1994. Dissertação (Mestrado em Ciência Política). Instituto Universitário de Pesquisas do Rio de Janeiro, Rio de Janeiro.

CASTELLS, M. Redes de indignação e esperança: movimentos sociais na era da Internet. Rio de Janeiro: Zahar, 2013.

CERVI, E.U.; Massuchin, M.G.; Carvalho, F.C. (Orgs.). Internet e eleições no Brasil. Curitiba: UFPR, 2016.

Colley, R.H. Defining advertising goals for measured advertising results. Nova York: Association of National Advertisers, 1961.

COMPOL -USA (2017). Compol 100 clase del 2017. MRP group. Disponível em: https://bityli.com/FnUuBvxZO. Acesso: 14 out. 2022.

DALBOSCO, V. A imagem pública no xadrez político e eleitoral. In DALBOSCO, V. (Org). Elementos de comunicação e *marketing* político. Chapecó: Argos, 2016.

DAYAN, D.; KATZ, E. Media events: the live broadcasting of history. Cambridge: Harvard University Press, 1992.

DEBORD, G. A sociedade do espetáculo. Rio de Janeiro: Contraponto, 1997.

DEGENT, R.J. A importância estratégica e o funcionamento do serviço de inteligência empresarial. RAE, vol. 26, n. 1, p. 77-8, 1986.

DOWLING, Conor M.; WICHOWSKY, Amber. Attacks without consequence? Candidates, parties, groups, and the changing face of negative advertising. American Journal of Political Science, v. 59, n. 1, p. 19-36, 2015.

ELMELUND-PRÆSTEKÆR, C. Beyond American negativity: toward a general understanding of the determinants of negative campaigning. European Political Science Review, vol. 2, n. 1, p. 137-156, 2010.

FAGGION, G.A.; BALESTRIN, A.; WHEYB, C. Geração de conhecimento e inteligência estratégica no universo das redes interorganizacionais. Anais do Congresso Anual da Sociedade Brasileira de Gestão do conhecimento, São Paulo, 2002.

FIGUEIREDO, M. Mídia, Mercado de Informação e Opinião Pública. In: GUIMARÃES, C.; JUNIOR, C. (Eds.). Informação e Democracia. Rio de Janeiro: Editora da UERJ, 2000.

FIGUEIREDO, M.; ALDÉ, A.; DIAS, H.; JORGE, V.L. Estratégias de persuasão eleitoral. Opinião Pública, vol. 4, n. 3, p. 182-203, 1997.

FIGUEIREDO, R.; MALIN, M. A Conquista do Voto. São Paulo: Brasiliense, 1994. GARRAMONE, G. M. (1984). AUDIENCE MOTIVATION EFFECTS: More Evidence. Communication Research, 11(1), 79–96. https://doi.org/10.1177/009365084011001004.

GARRAMONE, G. M. (1985). Motivation and Selective Attention to Political Information Formats. Journalism Quarterly, 62(1), 37–44. https://doi.org/10.1177/107769908506200106.

GEER, J. In defense of negativity: attacks ads in presidential campaigns. Chicago: The University of Chicago Press, 2006.

GOMES, W. Participação política online: questões e hipóteses de trabalho. In: MAIA, R.; GOMES, W.; MARQUES, F.P. (Orgs.). Internet e participação política no Brasil. Porto Alegre: Sulina, 2011.

GOMES, W. Transformações da política na era da comunicação de massa. São Paulo: Paulus, 2004.

GOMES, W.; FERNANDES, B.; REIS, L.; SILVA, T. Politics 2.0: a campanha on-line de Barack Obama em 2008. Rev. Sociol. Polít., Curitiba, v. 17, n. 34, p. 29-43, out. 2009.

GUIDINI, P. O smartphone como nova mídia em uma sociedade conectada. Dito Efeito – Revista de Comunicação da UTFPR, vol. 8, n. 12, 2017.

HAMADA, H.H.; MOREIRA, R.P. A inteligência estratégica como atividade essencial para as instituições de segurança pública. Cadernos de Segurança Pública, n. 12, 2020.

HERON, J. A six-category intervention analysis. British Journal of Guidance & Counselling, vol. 4, n. 2, p. 143-155, 1976.

HOSTGATOR (2022, mai.18). Big Data: entenda o conceito e onde ele é utilizado. Hostgator. Disponível em: https://bityli.com/CVUFliHrY. Acesso: 6 mar. 2022.

JOHNSON-CARTEE, K.S; COPELAND, G. (1989). Southern Voters' Reaction to Negative Political Ads in 1986 Election. Journalism Quarterly, 66(4), 888-986. https://doi.org/10.1177/107769908906600417 .

KAHANER, L. Competitive intelligence: how to gather, analyze, and use information to move your business to the top. Nova York: Touchstone, 1996.

KAKUTANI, M. A morte da verdade: notas sobre a mentira na era Trump. Rio de Janeiro: Intrínseca, 2018.

KARHAWI, I. Influenciadores digitais, celebridades da internet e "blogueirinhas": uma entrevista com Crystal Abidin. Intercom – RBCC, vol. 44, n. 1, p. 289-301, 2021.

KENT, S. Informações estratégicas. Rio de Janeiro: BIBLIEx: 1976.

KERCKHOVE, D. A pele da cultura. São Paulo: Annablume, 2009.

KING, J. D.; MCCONNELL, J. B. The effect of negative campaign advertising on vote choice: The mediating influence of gender. Social science quarterly, v. 84, n. 4, p. 843-857, 2003.

1.   KITZINGER, J. Focus groups with users and providers of health care. In: POPE, C.; MAYS, N. (Org.). Qualitative research in health care. 2. ed. London: BMJ Books, 2000.

KOTLER, P.; KELLER, K.L. Administração de *marketing*. 12. ed. São Paulo: Pearson, 2006.

LAVAREDA, A. Emoções ocultas e estratégias eleitorais. Rio de Janeiro: Objetiva, 2009.

LESCA, H.; FREITAS, H.M.R. de; CUNHA JÚNIOR, M. V. M. da Instrumentalizando a decisão gerencial. Decidir, [s. l.] v.3, n.25, ago.1996.

LOURENÇO, L.C. Abrindo a caixa-preta: da indecisão à escolha – a eleição presidencial de 2002. 2007.Tese (Doutorado em Ciência Política). Instituto Universidade de Pesquisas do Rio de Janeiro.

MANIN, B. As metamorfoses do governo representativo. Revista Brasileira de Ciências Sociais, vol. 29, p. 5-34, 1995.

MANIN, B. A democracia do público reconsiderada. Trad. O. Nunes. Novos Estudos, n. 97, 2013.

MARCIAL, E.C.; GRUMBACH, R.J.S. Cenários prospectivos: como construir um futuro melhor. 5. ed. Rio de Janeiro: Editora FGV, 2008.

MARQUES, F.P.; SAMPAIO, R.C. Internet e Eleições no Brasil: rupturas e continuidades nos padrões mediáticos das campanhas políticas. In: MARQUES, F.P; SAMPAIO, R.C.; AGGIO, C. (Orgs.). Do clique à urna: Internet, redes sociais e eleições no Brasil. Salvador: Edufba, 2013.

MASSUCHIN, M.G. Campanha negativa online: websites dos candidatos Como espaço de ataques aos opositores. Revista Política Hoje, vol. 28, n. 1, p. 367-394, 2019.

MCLUHAN, M. Os meios de comunicação como extensões do homem. 3. ed. Rio de Janeiro: Cultrix, 1971.

MCNAMEE, R. How to fix Facebook-before it fixes us. Washington Monthly, 2018. Disponível em: https://bityli.com/btuxTRCad. Acesso: 13 fev. 2021.

MEIRA, S. O que é estratégia? São Paulo: Paradoxum, 2021.

MENDONÇA, D. Casos e coisas. São Paulo: Globo, 2001.

MENEZES, P.B. Fake News: modernidade, metodologia e regulação. 2. ed. São Paulo: Juspodivm, 2021.

MORRIS, D. Jogos de poder. Trad. R. Bittencourt. Rio de Janeiro: Record, 2004.

MOUGALAS, 2005, apud SANGEETHA, S.; SREEJA, A.K. No Science, No Humans, No New Technologies, No changes: Big Data, a Great Revolution. International Journal of Computer Science and Information Technologies, Vol. 6 (4), 2015.

NORRIS, P. A virtuous circle – political communications in postindustrial societies. Nova York: Cambridge University Press, 2000.

NOVAES, M.H. Psicologia da criatividade. Petrópolis: Vozes, 1971.

OLIVEIRA, A. (s/d). 6 modelos de planejamento estratégico para você levar para o campo de batalha. Klickpages. Disponível em: https://bityli.com/oOmwSDngI. Acesso: 30 mar. 2022.

OLIVEIRA, A.; ROMÃO, M.C.; GADELHA, C. Eleições e pesquisas eleitorais: desvendando a caixa-preta. Curitiba: Juruá, 2012.

OLIVEIRA, S.S.; TEZZI, M.M.D. O papel dos influenciadores digitais na formação da opinião pública: a indústria do posicionamento. Revista do Instituto de Ciências Humanas, vol. 17 n. 27, 2021.

OSBORN, A.F. O poder criador da mente: princípios e processos do pensamento criador e do brainstorming. Trad. E.J. Monteiro. 4. ed., São Paulo: Ibrasa, 1975.

PLATT, W. A Produção de informações estratégicas. Rio de Janeiro: Agir, 1974. Pogliese, M.; AIETA, V. (2021, ago. 27). Robôs, perfis falsos e propaganda eleitoral suja. Justiça e Cidadania. Disponível em: https://bityli.com/LBkXtspV. Acesso: 30 mar. 2022.

PORTIOLLI, C. (2019, jul. 04). Inteligência em comunicação: 6 passos para orientar ações por dados. Knewin. Disponível em: https://www.knewin.com/blog/inteligencia-em-comunicacao-6-passos/. Acesso: 4 out. 2021.

REZENDE, D.A. Alinhamento estratégico da tecnologia da informação ao business plan: contribuição para a inteligência empresarial das organizações. REAd, vol. 9, n. 1, 2003.

REZENDE, G. =J. Telejornalismo no Brasil: um perfil editorial. São Paulo: Summus, 2000.

RIBEIRO, E.; BORBA, J.; HANSEN, J.R. Participação on-line e off-line no Brasil: relações e condicionantes. Revista do Serviço Público, vol. 67, n. 4, p. 497-523, 2016.

RIBEIRO, P.J.F. Campanhas eleitorais em sociedades midiáticas: articulando e revisando conceitos. Revista de Sociologia e Política, n. 22, 2004.

RIBEIRO, R.M. Marketing político: o poder da estratégia nas campanhas eleitorais. Belo Horizonte: C/Arte, 2006.

RICE, C.; ZEGART, A.B. Political risk: how businesses and organizations can anticipate global insecurity. Stanford: Stanford University, 2018.

RODDY, B. L.; GARRAMONE, G. M. (1988). Appeals and strategies of negative political advertising. Journal of Broadcasting & Electronic Media, 32(4), 415-427. https://doi.org/10.1080/08838158809386713.

SALGADO, S. Electoral campaigns and media coverage: theoretical approaches on the interactions between politics and media Revista Brasileira de Ciência Política, n. 9, 2012,

SAMPAIO, D. Campanhas tradicionais ou modernas? Estratégias de gastos nas eleições municipais de 2016. Revista Brasileira de Ciências Sociais, vol. 36, n. 105, 2021.

SANTANA, R.S. Participação política dos eleitores de Salvador usuários de mídias sociais nas eleições presidenciais de 2014. Anais do Congresso da Associação Brasileira de pesquisadores em Comunicação e Política. Rio de Janeiro, 2015.

SANGEETHA, S.; SREEJA, A.K. No Science, No Humans, No New Technologies, No changes: Big Data, a Great Revolution. International Journal of Computer Science and Information Technologies, Vol. 6 (4), 2015.

SARTORI, G. Videopolitica. Rivista Italiana di Scienza Politica, vol. 19, n. 2, p. 185-198, 1989.

SAWYER, R.K. Introduction. In: Sawyer, R.K.; John-Steiner, V.; Moran, S.; Sternberg, R.J.; FELDMAN, D.H.; NAKAMURA, J.; Csikszentmihalyi, M. (Eds.), Creativity and development. Nova York: Oxford University Press, 2003

SAWYER, R.K. (2012). The science of human innovation: explaining creativity Nova York: Oxford University Press, 2012.

SCHWARTZ, P. Cenários: as surpresas inevitáveis. Rio de Janeiro: Campus, 2003.

SCHWARTZENBERG, R.G. O Estado espetáculo. São Paulo: Círculo do Livro, 1978.

SERPA, M. Marketing e planejamento nas campanhas eleitorais. In DALBOSCO, V. (org). Elementos de Comunicação e Marketing Político. Santa Catarina: Unichapecó, 2016.

SIQUEIRA, A. (2020, jul. 17). Call to Action: tudo o que você precisa saber sobre CTA. Resultados digitais. Disponível em: https://resultadosdigitais. com.br/*marketing*/tudo-sobre-call-to-action/. Acesso: 12 nov. 2022.

SYED, N. Real Talk About Fake News: Towards a Better Theory for Plataform Governance. Tha Yale Law Journal Forum. 2017.

TARAPANOFF, K. Inteligência, informação e conhecimento. Brasília: IBICT, 2006.

TAYLOR, LA. & GETZELS, J.W. Perspectives in creativity Chicago, Aldine Publishing Co., 1975, apud Alencar, E. M. L. S. de .. (1986). Criatividade e ensino. Psicologia: Ciência E Profissão, 6(Psicol. cienc. prof., 1986 6(1)). https://doi.org/10.1590/S1414-98931986000100004

THIMOTEO, R. (2022, jan. 05). Diferença entre indicadores quantitativos e qualitativos. Agência Mestre. Disponível em: https://bityli.com/hFNRMWpnT. Acesso: 4 jan. 2023.

TYSON, K.W.M. The complete guide to competitive intelligence. Lisle: Kirk Tyson International, 1998.

WALLAS, G. The art of thought. In: VERNON, P. (Ed.), Creativity. Harmondsworth, England: Penguin Books, 1982.

WALTER, A. Negative campaigning in Western Europe: beyond the vote-seeking perspective. Zutphen: Wohrmann Print Service, 2012.

Conecte-se conosco:

f facebook.com/editoravozes

◎ @editoravozes

𝕏 @editora_vozes

▶ youtube.com/editoravozes

✆ +55 24 2233-9033

www.vozes.com.br

Conheça nossas lojas:
www.livrariavozes.com.br

Belo Horizonte – Brasília – Campinas – Cuiabá – Curitiba
Fortaleza – Juiz de Fora – Petrópolis – Recife – São Paulo

EDITORA VOZES LTDA.
Rua Frei Luís, 100 – Centro – Cep 25689-900 – Petrópolis, RJ
Tel.: (24) 2233-9000 – E-mail: vendas@vozes.com.br